大国税改

中国如何应对美国减税

贾康 梁季 刘薇 孙维 ◎ 著

中信出版集团·北京

图书在版编目（CIP）数据

大国税改：中国如何应对美国减税 / 贾康等著. --
北京：中信出版社，2018.9 (2018.12重印)
ISBN 978-7-5086-7638-8

Ⅰ.①大… Ⅱ.①贾… Ⅲ.①税收政策-税收改革-
研究-美国②中美关系-双边贸易-对策-研究 Ⅳ.
① F817.123.2 ② F752.771.2

中国版本图书馆 CIP 数据核字 (2018) 第 053962 号

大国税改：中国如何应对美国减税

著　　者：贾康　梁季　刘薇　孙维
出版发行：中信出版集团股份有限公司
　　　　　（北京市朝阳区惠新东街甲4号富盛大厦2座　邮编　100029）
承　印　者：北京通州皇家印刷厂

开　　本：880mm×1230mm　1/16　　印　张：20　　字　数：230千字
版　　次：2018年9月第1版　　印　次：2018年12月第2次印刷
广告经营许可证：京朝工商广字第8087号
书　　号：ISBN 978-7-5086-7638-8
定　　价：69.00元

版权所有·侵权必究
如有印刷、装订问题，本公司负责调换。
服务热线：400-600-8099
投稿邮箱：author@citicpub.com

导 论

曹德旺话题的热议与"特朗普减税"的冲击

2016年末，中国知名企业家，福耀玻璃集团创始人、董事长曹德旺关于中国与美国企业负担对比的一番讨论，引起了社会各方的关注和网上热议。"中国制造业的综合税务（负）跟美国比的话高35%"，曹董事长此言，可谓一石激起千层浪，又引出天津财经大学李炜光教授关于中国企业面临"死亡税率"的说法。在中国社会各界、上下各方就企业负担和税收如何合理化问题广泛热议、见解层出不穷之际，美国新任总统特朗普要实施大力度减税措施的消息，又如重磅炸弹落入舆论界，使关于中国如何减税的大讨论一时间似烈火烹油。

全球化时代"世界是平的"，同一个"地球村"里的各国经济关联度不断提高，某项重要经济政策调节往往会"牵一发动全身"，又演变为"举一策而动全球"，更何况美国作为头号强国，做出特朗普总统启动的大力度减税的决策，全球生产要素向美国的流动岂不是更如入"一马平川"之境？"制造业重回美国"——当然是与新技术革命、人工智能前沿创新等相结合的"螺旋式上升"的

I

"重回",早已给人们留下了深刻印象,再加上减税这一招儿,其"外溢性"将举世瞩目,全球经济中的竞争格局将会发生怎样的重大演变?作为美国主要贸易伙伴之一的中国,将会受到多大的冲击?

中国人好不容易有了改革开放40年来形成的发展基础,面对以美国减税为代表、可能迅速到来的外部竞争冲击,怎么才能"做好自己的事情"?税收制度在作为"国家治理的基础和重要支柱"的财政制度安排中,是解决"钱从哪里来,怎么来"问题的主力机制,企业负担又是和税收问题紧密联系但却绝不限于税收问题的更为复杂宏大的重大现实问题,这些相关方面的状态怎样才能得到优化,都直接关系着中国在振兴发展中实现现代化战略目标的前途与命运。所以,从美国、中国的税制及相关社会、经济情况着眼去做条理化的考察分析,以求尽可能全面、理性、深入地把握美中税收与企业负担问题的实际内容,以及我们主观而言可做之事的关键性要领,具有重大现实意义。

本书几位合作者应中信出版集团之邀,基于在相关领域内多年的研究,愿把这方面的认识与可以引出的基本结论与建议,奉献给广大读者,以期有助于"抓住真问题,做好中国事"。书中先对"头号强国"美国在现代化崛起称雄过程中的百年税制改革历程做了回顾,继而分析美国减税的影响,并预测、展望其前景,再扩展至不同国家税收特点的比较,勾画财政所客观受到的"三元悖论"制约,最后展开讨论中国如何应对美国减税的基本要领和深化中国税制改革的基本思路。

目 录

导论　曹德旺话题的热议与"特朗普减税"的冲击　/　I

第一章　美国百年税制改革历程回顾　/　001
第一节　美国进步时代的社会改良与税制变革　/　003
第二节　鸟瞰美国现代化进程　/　020
第三节　里根政府之前的两次减税改革　/　024
第四节　里根政府的减税改革　/　029
第五节　小布什政府的减税改革　/　043
第六节　奥巴马政府的减税改革　/　052

第二章　美国减税的影响和预测　/　055
第一节　特朗普税改序曲与背景　/　057
第二节　特朗普税改为企业和个人减负　/　068
第三节　特朗普税改的效应与前景展望　/　076

第三章　税制基本特点与比较研究和财政的"三元悖论"　/　085
第一节　主要经济体的税制特点　/　087
第二节　中美税制改革的比较　/　097
第三节　中美都要减税，但中国需防止"东施效颦"　/　123
第四节　财政"三元悖论"与"中等收入陷阱"　/　132

第四章　中国如何应对美国减税　/　155

　　第一节　中国企业减负需要正税与税外齐减　/　157
　　第二节　减负与大部制改革　/　192
　　第三节　税改的中国样本：营改增及相关变革　/　202
　　第四节　中国税改难点聚焦：个人所得税、
　　　　　　房地产税等直接税　/　210
　　第五节　深化中国税收制度改革　/　243
　　第六节　财政减收增支压力下的 PPP 机制创新　/　257
　　第七节　中国税改中宏观政策调控的协调　/　280
　　第八节　思想再解放，改革再深入　/　305

参考文献　/　311

后记　/　313

第一章　美国百年税制改革历程回顾

第一节　美国进步时代的社会改良与税制变革

一、美国进步时代总体情况

美国进步时代是指从19世纪90年代到20世纪20年代（1890—1920年），在这个时期，美国进行了广泛而深刻的变革，其中的税收制度、政府预算制度建设是重要组成部分，从而为美国日后崛起为世界头号强国，实现近百年的振兴奠定了制度基础。19世纪90年代初，美国城市中产阶级首先以纽约等大城市为中心，掀起了一场实质性变革政府体制和政治体制的运动，随后改革推进到州，再到联邦，并最终于1912年演化成一场全国性的改革论战，提出了"进步主义"（progressivism）口号。

（一）美国进步时代的经济社会情况

美国进步时代的初期，经济已有蓬勃发展，但形成了高度垄断，分配不均，政治腐败盛行，社会问题频发。

以电气化为标志的"第二次工业革命"后，美国工业高速发展，一跃成长为全球第一的工业大国。工业发展中资本日趋集中。1898年以前，美国资本在1000万美元以上的大企业有20家，

1900年达到73家。在高关税和保护主义政策的庇护下，垄断资本主义独占原料和市场，排挤竞争对手，肆意提高价格，疯狂攫取超额利润。

工业化促进了财富的积累，却带来了严重的贫富分化。19世纪末期，美国1%的家庭占有的财富比99%的家庭还要多；城市病严重，工人阶层遭受资本无情剥削。历史学家佩琦·史密斯（Page Smith）称之为"资本与劳动之间的战争"。同时，随着千百万移民涌入美国，城市挤满了数百万贫困劳动者，变得拥挤且不健康，工作条件恶劣，学龄儿童被迫辍学去工厂工作。商业资本操纵着国家政治和经济，大资本收买政客，党魁政治猖獗，腐败盛行。独立企业主和农场主地位下降，垄断资本家势力崛起，新型中产阶级力量不断壮大，劳动者与资本之间的矛盾趋于激化。

从1892年美国人民党在奥马哈召开的民粹党大会上发表的部分演讲中，可以窥探当时美国社会的窘境。"我们在一个道德、政治和物质损坏的国家中相遇。腐败占据着投票箱、立法机关、国会。人民士气低落，大多数州被迫在投票地将选民隔开，以防止普遍的恐吓或贿赂。报纸大部分是言论受限的,社会舆论保持沉默,商业堕落，我们的房屋贴满抵押贷款，劳动者贫困，土地集中在资本家手中。城市工人被剥夺组织自我保护运动的权利。数百万人的劳动成果被大胆地盗用，用来创造人类历史上前所未有的巨大财富。而这些拥有者反过来鄙视共和国，危害自由。我们滋生了两个伟大的阶级——流浪汉和百万富翁。"

学者王绍光在其颇具影响的文章《美国进步时代的启示》开篇即说：美国在19世纪末面临的问题与中国今天面临的问题非常相像。那时的美国社会图景是：

第一，腐败横行。亨利·亚当斯（Henry Adams）在小说《民主》（Democracy）中借主人公雅可比（Jacobi）的嘴说："我已经活了75岁，这一辈子都生活在腐败中。我走过很多国家，没有一个国家比美国更腐败。"

第二，假冒伪劣。1906年，厄普顿·辛克莱尔（Upton Sinclair）描写屠宰业黑幕的小说《丛林》（The Jungle）出版后，很多美国人连肉都不敢吃了。这本书所引发的讨论促使美国政府建立了"食品与药品管理局"，并通过了1906年的《肉品检疫法》。

第三，重大灾难屡屡发生。当时影响最大的灾难是"三角衬衫厂大火"，由于工厂老板无视建筑物防火标准，导致145名女工被活活烧死。

第四，其他社会矛盾异常尖锐。对此，斯蒂汶·丁纳（Steven J. Diner）在他的《非凡年代——进步时代的美国人》（A Very Different Age: Americans of the Progressive Era）中有过很恰当的描述。

危机也是转机，美国在这个时期进行了一系列深刻的制度建设（state-building），其现代国家的基础就是在这个时期奠定的。到20世纪20年代，美国建立了一个高效的现代国家机器（regulatory state）。如果没有在进步时代打下的基础，罗斯福的"新政"不可能成功，"福利国家"（welfare state）不可能出现，美国资本主义的命运也许完全会是另外一种结局。

（二）美国进步时代的改革

在这一时期，为应对现实生活中的突出问题，美国进行了全方位的改革。

第一，政治上引进倡议制、公民投票制、召回制。为了确保政府忠实地代表人民的意愿，政治上引进了倡议制，也就是允许公民在州或地方一级通过请愿书提出立法建议，要求政治机构处理关切的问题，或公民直接在选票上提出问题；实行公民投票制，即允许选民对立法提案作出判断，比如，可否发行债券募集资金，以改善公共服务；实施召回制，允许选民要求举行特别的评选会，召回或"罢免"不称职的官员。

第二，民主改革。许多进步人士试图让公民更直接地管理政府机构及政客。主动机制（initiative）和全民公投（referendum）可以直接实现立法的功能，而不需要依靠立法机关。召回制度可以罢免不称职的官员。直接原则允许选民直接投票选出候选人，避免了由专业人士主导的惯例。在俄勒冈州州议员威廉·S.悠伦（William S. U'ren）和他领导的直接立法联盟的努力下，俄勒冈州的选民批准了1902年的投票机制，为公民创造了主动和公投程序，以直接引入或批准提议的法律或宪法修正案，使俄勒冈州成为第一个采用这种制度的州政府。威廉·S.悠伦还协助1908年的修正案通过，使选民有权罢免官员，并在国家一级建立美国参议员和美国总统候选人的大众选举。这些渐进式的改革很快在包括加利福尼亚州、爱达荷州、华盛顿州和威斯康星州在内的其他州运行，今天美国约有一半的州在其州宪法中规定主动机制、公投和召回制度。联邦宪法第十七修正案于1913年获得批准，要求所有参议员由人民选举产生（他们以前由州立法机构任命）。

第三，实施城市改革。以改革为导向的中产阶级选民、学者和对政治机制厌倦的改革者在19世纪90年代开始结成联盟，并在美国城市进行了一系列改革，旨在通过引入科学方法、推行义务教育、实施行政创新来减少浪费和低效率。在密歇根州底特律市，共和党市长黑曾·S.平格里（Hazen S. Pingree）首先组建了改革联盟。之后，许多城市设立了市参考局，研究地方政府的预算和行政结构。在进行城市改革时，进步人士首先攻击"隐形政府"——那种幕后操纵的政治机器破坏民主进程。政客被专业的公务员取代，相应市政府内部行政官员不再受政治风向的影响。进步人士也鼓励地方政府采用科学管理技术，市政厅开始将精准的预算和会计应用于行政管理中。经选举的地方官员以大学教授、工程师和其他专家为顾问，与商人进行合作，进行公益事业的改革。同时，进步人士推动政府更好地参与公共事务，希望能够改善公共服务，建设学校发展强制性义务教育，便利贷款，修路，加强环境保护和卫生服务，推动公共卫生、社会福利、残疾人护理、农业援助和运输安全的改进。

第四，妇女选举权运动。妇女取得选举权也是19世纪初数十年努力的产物，1919年最终批准的联邦宪法"第十九修正案"终于确定了妇女的选举权。爱丽丝·保罗（Alice Paul）和露西·伯恩斯（Lucy Burns）在英格兰参与了争取该国妇女权利的斗争。两人都参加了支持妇女平等的公众活动，因此在伦敦多次被关押。随后，爱丽丝·保罗到美国，于1912年加入美国全国妇女选举协会。1913年，她和露西·伯恩斯成立了国家妇女选举联合会，国会很快也成立了全国妇女党，与国家妇女选举联合会一起游说国会通过宪法修正案。在1916年总统选举期间，妇女运动大力反对伍德罗·威尔逊（Woodrew Wilson）的拒绝支持妇女选举权修正案。他们在白宫前游行示威，最终因阻碍交通而被捕。在美国参与第一次世界大战之际，媒体关于这件事的报道给威尔逊总统施加了压力。1918年初，为了维持战争期间全国统一作战，总统屈服并支持妇女选举权运动,他敦促国会通过这项修正案,作为对战争事业的援助。1919年6月4日,《纽约时报》(The New York Times)报道:经过长期坚持不懈的斗争,女性选举权的倡导者今天赢得了参议院的胜利,以56∶25的投票通过了苏珊·安东尼(Susan Anthony)起草的修正案。

第五,对商业实施管制。进步时代初期,强大的商业集团干预政府决策,大资本家在很大程度上取代了政府作为美国社会的主导力量,这引起了美国人对资本主义放任态度的反思。进步人士认为,政府需要对商业行为进行监管,以确保自由竞争。为此,国会于1887年制定了一部管理铁路的法律——《州际商业法》,并于1890年执行《谢尔曼反托拉斯法》,阻止大公司垄断单一行业。然而,这些法律并没有得到严格的执行,直到1900—1920年,共和党总统西奥多·罗斯福(1901—1909年任职),民主党总统伍德罗·威尔逊(1913—1921年任职)和其他认同进步派观点的人上台执政。今天美国许多监管机构,包括州际商业委员会和联邦贸易委员会,都是在那几年创立的。同时,在各种进步立法下,联邦和州的企业都被要求遵循同等的价格政策,杜绝回扣或其他地下低价交易。随着更严厉的控制措施出台,不法行为举证责任开始由政府转向商业。例如在发生工伤事故时,要求工厂主证明工作场所是安全的,而不是由工人证明受伤不是他们的错。

第六,社会公平改革。资本的垄断带来了巨大的贫富差距,当时私人慈善是解决城市内部收入差距的主要方式,但随着富人移居郊区以及贫民窟的增长,私人机构和市内教会已无力解决城市问题。为此,进步人士倡议出台各种形式的福利立法。如《劳动者报酬法》确保工作场所更加安全,为受伤的工作人员提供救济。《劳动法》在国家和地方都获得通过，以此来保护妇女和儿童，另外还要求学龄段的孩子应该接受基础教育，而不是被迫上班务工。为了确保所有公民都有平等的基本生活条件，天然气和水以合理的价格平等地分配给所有公民。消费者保护也是整个改革运动的一部分，1906年，《纯粹食品和药物法案》要求对肉类和其他产品进行联邦检查，禁止掺假食品或有毒药品的制造、销售或州际运输。进步人士也大力打击卖淫和滥用酒精之类的道德弊病。1910年，美国出台的《曼恩法》，禁止州与州之间贩卖妇女。进步主义者的道德运动促进了联邦政府宪法的第十八修正案的通过，控制酒类生产、销售和运输。

第七，农村改革。1920年底，美国有一半人口生活在农村。他们经历了自己的进步改革。在1910年，大部分农民都订阅了农业报纸，旨在提高农业的生产效率。以前把道路维护交给当地土地所有者负担的做法日渐乏力——尽管铁路系统已经建立，但是仍需要更好的道路体系。为此，1898年，纽约州率先改革，至1916年，道路维修的责任归州和地方政府负担。1910年成立的美国高速公路管理局，资金来源于汽车登记、汽车燃料税以及联邦政府的转移支付。在政府的支持下，1914年改善了240万英里（约等于386万公里）的农村土路，混凝土公路也于1933年首次被使用，到20世纪30年代成为主要的铺面材料。针对农村学校发展滞后问题，进步运动的解决办法是推行现代化学校，由全国师范学院毕业的全职专业教师授课。

第八，教育改革。进步党试图改革地方层级的学校。这个时代以学校和学生数量的急剧增长为主要特征，尤其是在快速发展的大都市。1910年以后，小城市开始设立高中。到1940年，50%

的青年人获得了高中文凭。受过教育的中产阶级数量迅速增长，他们一般是进步措施的基层支持者。在进步时代，许多州通过了义务教育法。在教育方面强调卫生习惯的培养，体育和健康教育变得更加重要。

第九，降低关税及联邦储蓄银行的建立。威尔逊总统于1913年10月3日签署的《安德伍德关税法案》，首次大幅度降低了进口货物的税率，旨在降低生活费用。自从安德鲁·杰克逊于1832年否决了国家银行后，美国就没有了一个全面的国家银行体系。1913年12月，威尔逊总统通过了《联邦储备法案》，明确"银行和货币的控制权应由政府掌握"。该法案将该国划分为12个区，每个区都有自己的联邦储备银行，所有这些银行都由联邦储备委员会（今天简称为"美联储"）控制。从此以后，美国恢复了中央银行体系。

二、美国进步时代的财税改革

财税制度联系政治、经济和社会的方方面面，相应成为国家的基本制度体系。进步时代实现了美国财税制度的重构，为美国未来百年的繁荣奠定了稳固的基础。

在20世纪之交，美国的公共财政体制经历了一个显著的、结构性的变革。19世纪末期，美国的主要税制包括：关税以及对烟、酒征收销售税，在1880年，联邦政府90%的收入来源于关税（56%）以及销售税（34%）。

20世纪之初是美国税制改革的敏感期。那时进步主义者正试图用一个更加公平的直接税制度取代以进口关税和消费税为主体的具有间接性和累退性的税制，并于1909年开征了企业所得税。1913年实施的个人所得税法案很快发挥了替代性作用。到1930年，所得税给联邦政府贡献了59%的收入，关税和销售税的占比不到25%。所得税也同时挑战了地方政府的主体税种——财产税。美国税制朝着具有直接性且累进性的所得税方向转变。1919年是美国税收法律与政策发展的关键转折点，在那一年，国会执行了全国性的企业所得税，同年，提出了修宪议案，赋予联邦政府征收个人所得税的权利。在这里我们将对企业所得税和个人所得税分别论述。

（一）开征企业所得税

关于美国联邦政府为什么对公司征税的说法不一。学者们试图从国家立法者的高层政治辩论中找到答案。其中一部分学者认为，民粹主义者和进步人士对于企业权力扩大的忧虑影响着国会领导人和总统威廉·霍华德·塔夫脱（William Howard Taft），希望将税收作为监管工具，从而控制企业经理和资本所有者的财富和权利。另一部分学者认为，当时大多数法学理论家认为公司只是个人的聚集，而不是作为一个独立的法律实体，立法者主要利用公司对股东征税，来增加收入。根据这种观点，公司只是收款代理人或扣税手段。

自美国诞生以来，大型企业公司也有所发展。这些早期的大公司不仅具有提供交通运输等公共服务的职能，还承担着各种各样的地方税负，特别是作为州和地方政府收入来源的一般财产税。20世纪之初，许多大型工业企业合并，垄断特征愈加明显，这种垄断兼并一方面让美国人看到了对公司资本主义的希望，另一方面也带来诸多焦虑。因为大规模的商业企业开始主导美国的法律制定、经济和社会生活。以标准石油公司和美国钢铁公司为首，这种庞大的工业企业在美国公共生活中拥有了巨大的权力和权威。这些大规模的官僚化企业雇用了数十万人，并控制了大量的美国私人财产。事实上，到20世纪20年代末，小型的当地私人家族企业似乎已经不复存在。基于美国长期以来的反垄断传统，批评者把大公司描绘成贪婪的金融大亨，无视法制和普遍的道德规范，贪婪地扩大和巩固其经济帝国。民粹主义者基于深厚的反垄断传统，担心现代商业企业正在迅速消除许多自耕农的传统生活方式，并将他们遗弃。同样，各地的商人也担心垄断力量集中在东北工业精英手中，将威胁到共和国的价值观和自由民主的核心思想。因此，利用税收控制公司资本主义的兴起和日益增长的经济精英力量成为美国政治的当务之急。尽管企业税最终的税负转嫁并不明晰，但是许多学者将企业税视为控制大企业日益增长的权利滥用的一种有效的方式。正如现代学者所指出的那样，关注税收来源及征收便利，意味着企业所得税是对股东财富征税的一种有效且间接的方式。

从税收运作的本质来看，征收企业所得税有两层经济意义。首先，从战后重建的结束至大萧条的开始，美国的经济经历了巨大的变化。大规模的移民、快速的城市化和工业化、快速的经济增长，重新塑造了美国的经济社会。这些结构性变化对于美国公共财政具有重要意义。随着城市工业化的步伐加快，越来越多的产出和收入通过市场，尤其是借助大型工业企业的市场运作来实现。企业的扩张、现金交易的增长、市场主体和社会成员的"致富过程"，是美国现代所得税的重要基础。市场的现金纽带使越来越多的个体从劳动或配置资产等方面获得财富。法律制定者能够轻易地估测日益扩大的税基，因此整个国家的税制结构得以逐渐从对间接税的依赖转向对所得和财富征税的直接税体制上。其次，美国经济结构的转型促进经济组织和管理程序的改变，这赋予了政府当局评估和征收个税和企业所得税一种新的税务处理方式。当收入和经济能力向大机构聚集时，便利了政府对税收收入的鉴别和征收。而且，这些新的庞大的组织实施了更加合理和常规化的会计制度，可较准确地计算出它们的利润和投资回报。虽然这种先进和系统的计算方法本来是用于核算内部生产和分配效率以及吸引额外的金融资本，但这种在收集和处理信息上的革新也帮助税务机关减少征税成本。当美国财政部官员尝试着采用税收扣缴形式时，大型企业的会计记录被证明是非常宝贵的。当大型工业企业日益成为税收收入的重要来源时，这些企业的高度一体化，似乎也缓解了税务机关的行政负担。因为在创建和发展一体化、高效率的商业组织过程中，企业业务经理也为政府税务机关提供了大量的个人所得税信息。简而言之，大规模生产和分配的组织模式及其信息系统便利了所得税的征收。

1909年的《关税法》包含了对以企业形式开展业务的实体征收所得税的内容。当时的《关税法》规定："所有公司，包括股份制企业、以营利为目的的组织等，在从事商业活动时，需要支付特定消费税。"净收入在5000美元以上时，年平均税率为1%，此法案也适用于在美国从事经营活动的所有外国公司。

企业税对联邦财政收入产生了即时而适中的影响。1910年，企业税收入2100万美元，占总财政收入2.89亿美元中的近10%。虽然企业税增加了一部分财政收入，但是直到第一次世界大战之后，当新的战争税和超额利润税叠加到普通企业所得税上时，商业公司的税款才成为财政收入的重要组成部分。1916—1919年，国会颁布了一系列税收法律，旨在从战争中获利最多的行业和个人中征收税款。1918年，公司利得税和所得税产生了31亿美元的财政收入，此时总财政收入约43亿美元，占总收入的近3/4。其中，引领管理资本主义新时代的大型工业企业,很快成为企业所得税和利得税的最大税源,特别是在"一战"时期。"制造业和机械工业"的企业税收几乎占所有企业所得税收入的一半。1916年,该收入占整个国家税收收入的1/4左右。

(二)开征个人所得税

美国近代开征所得税的时间可以追溯到1913年,但是美国最初推行所得税是在其内战期间。随着美国内战的结束,一方面所得税收入下降,另一方面源于政治势力的反对,所得税在1872年停止征收。之后,美国再一次将收入来源重点放在传统的关税上——对进口物品征收关税。关税在内战结束后的数十年间贡献了大量的财政收入,给联邦政府带来了大量预算盈余。然而,关税引起了紧张的政治分歧,主要表现在深层次的部门利益纠纷。东北部的制造业和中西部的城镇工业中心从高保护主义关税中受益匪浅,而南部和中西部地区的农场以及城镇职工由于购买含有高税负的制造产品而承担大多数的税负。正是由于税负分配不公平,共和党的高保护主义关税引起了包括民主党在内的政治力量的反对。进步主义人士以低关税导致的财政缺口为契机,适时提出所得税议案。在民主党和进步人士的努力下,1913年第十六次修宪赋予议会征收所得税的权利,同年,在参议院多次讨论所得税法案后,1913年9月9日,参议院以44:37的票数通过了个人所得税法案,随后,众议院于1913年9月29日通过了互让法案,至此,1913年的收入法案在得到威尔逊总统签字后,正式生效。经过多年的政治纠纷与冲突,美国再一次开征了个人所得税。

个人所得税的开征主要有两层意义。第一,弥补了低关税导致的财政缺口。第二，实现直接税税负的再分配。在19世纪以间接税为主的税制下，工人阶层承担了过重的税负，因为作为一名消费者，他们是实际的负税人，运营商通过制造和分配环节将税负转嫁给最终消费者。1883年，纽约州的一名裁缝讲述了关税是如何恶化工薪阶层原本已经糟透的居住环境，"间接税主要由工人来承担，工人需对租金、食品供应等纳税。在我看来，在整个美国，只有工人才是纳税人。"这说明，美国个人所得税的改革不但要满足政府收入的需求，更要考虑平等和社会公正。

推行之初，所得税产生的财政收入微薄，绝大多数的联邦收入主要依靠关税和消费税。对于个人所得税而言，单身人士超过3000美元的收入，已婚夫妇超过4000美元的收入，收取1%的所得税，换言之，单身人士可以免征3000美元以下的收入，已婚夫妇可以免征4000美元以下的收入。个人所得税开征之初的这种免征额很高，因为1913年，美国仅有不足4%的家庭每年收入超过3000美元。当收入超过2万美元时，附加1%的税负。当收入超过50万美元时，附加6%的税负，因此，当收入超过50万美元时，最高的税率仅为7%。在1913年，只有少量的纳税人处于最高纳税级别。但是，第一次世界大战彻底改变了个人所得税的相关规定，从1916年的《收入法案》开始，国会降低了免税额，并大幅度提高了税率。在第一次世界大战期间，免税额下降到1000美元（已婚夫妇为2000美元）。对于免税额以上的4000美元收入，税率飙升到6%；超过4000美元的所有收入，征税12%，附加税率最高可达65%。几乎1/5的家庭支付所得税（征税之初是不到2%），高收入阶层（收入超过100万美元）的实际税率高达65%。

（三）预算改革

美国公共预算改革运动最早出现于 20 世纪初的纽约市，并随着 1921 年《预算与会计法》的通过和执行而在全国推行。在 19 世纪 70 年代，纽约有 343 万多人口，成为美国第一个步入现代化大都市的城市。1898 年，合并后的纽约市的支出是纽约州的 5 倍，比其他所有州的总和还要多 1/3，几乎比联邦政府的支出多 1/7。同时，它的债务总和也超过了其他所有州的总和。因此，管理如此庞大的财政收支，无疑是一项巨大的挑战。1905 年 2 月，纽约市长组建了税收与财政顾问委员会，1906 年，市政研究局在对卫生局全面调查后，发布了《制定地方预算》的最终报告，在报告中建议卫生局采取职能划分、会计分类和常规记账方式。1907 年，市政研究局为 4 个主要部门准备会计分类方案，结果 1908 年出台的城市预算成为美国以部门职能系统分类为基础的预算。市政研究局继续将预算改革推进到全美的各级政府中。行政预算要求州政府各部门的负责人向州长提交来年预算需求的逐项评估，州长可以就这些评估举行公开听证会，随后向立法机关提交一份预估收支的综合预算计划。1911—1919 年，44 个州通过了预算法，到 1929 年，除阿肯色州外，每个州都采纳了基于行政模型的预算制度。

州一级的预算为联邦预算改革提供了经验和样板。美国内战后的几十年，联邦政府处理大量的商业申请，而政府部门行政效率的拖沓和混乱，引起了诸多抱怨。1887 年，参议院成立了行政部门工作方法调查与检查特别委员会。国会成立了行政部门法律地位联合调查委员会，以提高政府的效率。总统也有所行动，1909 年，威廉·塔夫脱就任总统后成立节约与效率委员会，邀请著名的市政预算专家克利夫兰（Stephen leveland）任主席，该委员会将预算作为改革的核心,随后提交《国家预算的必要性》报告。预算改革并没有得到国会和下一任总统威尔逊的支持,但克利夫兰等人并没有放弃预算改革的初衷,成立了政府研究学会,继续推行预算改革。在威洛比(William Willoughby)等人的努力下,1921年6月1日,哈定(Warren Harding)总统签署了《预算与会计法》,该法赋予总统编制预算并向国会提交年度预算的职责。《预算与会计法》的颁布标志着美国终于在联邦层面构建了现代意义上的公共预算制度。

> **专 栏**
>
> ### 税收、预算制度的进步与美国现代财政制度的成形期
>
> "进步时代"也是美国现代财政制度的成形期。在此之前,美国财政制度既杂乱又低效,藏污纳垢,完全不对民众负责。就收入而言,那时的税种极多,凡是想象得出的名目都可用来向民众征税。但那么多税种却无法使国家汲取足够的财政收入。就支出而言,那时还没有现代意义上的预算。每一个政府部门自己争取资金,自己掌控开支。一级政府并没有详尽而统一的预算。这样,民众和议会都无法对政府及其各部门进行有效的监督,为贪赃枉法留下无数机会。
>
> 在进步时代,美国从收入和开支两方面对其财政制度进行了彻底的

改造。

在收入方面，最重要的变化是引入了个人所得税和公司所得税。当然，引入所得税曾遭到保守势力的顽强抵抗。最耸人听闻的说法是，所得税体现的是共产主义和社会主义的原则。最高法院也宣布这种税违反美国宪法。但到 1913 年，50 个州中有 42 个州批准了宪法第十六条修正案，"国会有权对任何来源的收入规定和征收所得税"。

相对以前杂七杂八的税种，所得税有三大优势：一是简单，用一个税种替代了一批税种；二是公平，税负是依据经济能力分配的；三是高产，这一类税产生的收入比其他任何税种都多。这三大优势有助于缓解美国当时面临的严峻挑战，急剧的社会变迁引发尖锐的阶级冲突，而政府缺乏再分配能力应付种种危机。在以后的年代里，所得税在美国财政制度中扮演了"挑大梁"的角色。事实上所有发达国家都或早或迟经历了引入所得税的过程。现在，所得税在所有这些国家都是最重要的税种。

在支出方面，最重要的变化是引入现代预算制度。直到 20 世纪初，在美国，所谓预算不过是一堆杂乱无章的事后报账单。对政府某部门的拨款只是一个总数，开支分类是没有的，细目也是没有的，不准确，更谈不上完整。马寅初先生 1914 年在其英文著作《纽约的金融》中指出了这些制度缺陷。在这种情况下，美国虽然号称民主，民众实际上根本无法对政府行为进行有效监督。结果，腐败现象屡禁不绝。

人们对腐败的厌恶和愤怒成了改革的动力。1905 年，一批人设立了旨在推动纽约市预算改革的"纽约市政研究所"。今天大名鼎鼎的"布鲁金斯研究所"（the Brookings Institution）便是由它演变而来的。这些预算改革者指出，预算问题绝不仅仅是个无关紧要的数字汇总问题，而是关系到民主制度是否名副其实的大问题。没有预算的政府是"看不见的政府"（invisible government），而"看不见的政府"必然是"不负责任的政府"（irresponsible government）。"不负责任的政府"不可能是民主的政府。预算改革的目的就是要把"看不见的政府"变为"看得见的政府"（visible government）。"看得见"，人民才有可能对它进行监督。在这个意义上，预算是一种对政府和政府官员"非暴力的制度控制方法"（institutional method of control without violence）。改革派的意思很清楚，与其对人们的愤怒置若罔闻，听任矛盾激化，不如进行预算改革，缓和阶级冲突。

那么，什么样的预算才算是现代意义上的预算呢？弗里德利克·克莱文兰德（Federick A Clveland）1915 年在他的《美国预算观念的进化》（Evolution of the Budget Idea in the United States）一书中，提出了以下几条：

第一，它是一个关于未来政府支出的计划，而不是事后的报账。第二，它是一个统一的计划，包括政府所有部门的开支。第三，它是一个详尽的计划，要列举所有项目的开支，并对它们进行分类。第四，对计划中的每项开支都要说明其理由，以便对开支的轻重缓急加以区别。第五，这个计划必须对政府的行为有约束力，没有列支的项目不能开销，列支的钱不得挪作他用。第六，这个计划必须得到权力机构（议会）的批准，并接受其监督。第七，为了便于民众监督，预算内容和预算过程必须透明。

注：引自王绍光著，《美国进步时代的启示》，中国财政经济出版社，2002

第二节　鸟瞰美国现代化进程

20世纪上半叶，美国完成了国家现代化进程，经济社会各个方面都得到了长足的发展，从罗斯福到里根的50年间，更是奠定了美国在全球的"头号强国"地位。先是在第二次世界大战后，确立布雷顿森林体系，美元正式确立其"世界霸权"，至20世纪70年代石油危机后布雷顿森林体系解体，而美元的世界霸权却依然故我，延续至今。后是20世纪90年代苏联解体，"冷战"结束，美国一度引领世界的"单极化"。

一、经济社会发展进程

美国经济总量从1929年的7 069亿美元（按照1982年不变价格计算）增长到1986年的36 749亿美元（同上），年均增长率为2.9%。第一、二、三产业占国民生产总值的比重分别从1947年的11.6%、28.4%和60%下降（上升）到1984年的6.2%、26.3%和67.4%。

企业部门的劳动生产率从1947年的45.1（1977年为100），提升到1985年的105.3，年均增长率为2.3%，并且农业部门劳动生产率的增长速度要快于非农业部门。

教育事业得到长足的发展。1930年,在18~24岁的青年人中,受过高等教育的人数占比为7.2%,1983年该数字上升为32.5%。1947年,14岁以上人口中每百人中有2.7个文盲,而1979年每百人中仅有0.5人是文盲。

美国对科学技术极为重视,"二战"之后,美国政府开始不断增加对科学技术的研究投资。至1985年,科研投入占国民生产总值的比重从1955年的1.5%上升到1986年的2.8%。美国科研力量的增长还可以从私人企业中工程师、科学家、技师数量的增长得到说明。1961—1982年的22年间,私人企业中工程师、科学家、技师数量增长了1.21倍,年均增速为3.6%。1978年,公私企业事业单位雇用的工程师、科学家总数为282万人,1982年达到350万人,年均增速为5.6%。据丹尼森的计算,1929—1982年,知识进步对整个经济增长的贡献率达到28%,在非住宅建筑企业这个比重达到39%。并且,1931—1945年,美国的诺贝尔奖获得者的人数始终居世界首位(见图1-1)。

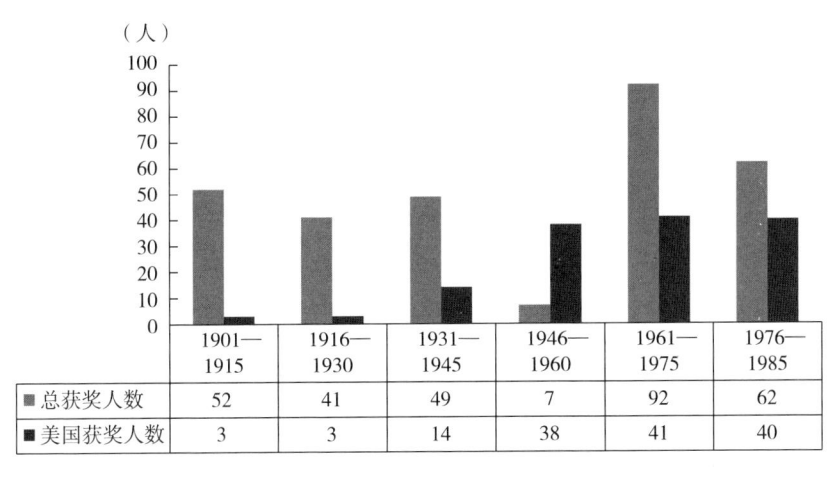

	1901—1915	1916—1930	1931—1945	1946—1960	1961—1975	1976—1985
■ 总获奖人数	52	41	49	7	92	62
■ 美国获奖人数	3	3	14	38	41	40

图1-1 美国在物理、化学、生物学三学科中获诺贝尔奖的人数

二、现代化进程中的理论支撑：凯恩斯主义理论

美国现代化进程中，从罗斯福新政到里根政府改革之前，凯恩斯主义理论指导着美国经济改革。凯恩斯主义在实践中先声夺人的集中体现是罗斯福新政，尽管"新政"持续时段较短，但其基本精神在政府经济政策中的主导地位却延续至里根上台之前，历经罗斯福、杜鲁门、肯尼迪、约翰逊四任民主党总统，长达36年。

凯恩斯主义理论与政府宏观调控的紧密结合是1929—1933年"大萧条"危机的产物。在此之前，亚当·斯密（Adam Smith）"看不见的手"的古典经济学理论居主流，强调政府"无为而治"的"守夜人"职能定位。但在"大萧条"发生后，美国20世纪30年代劳动失业率居高不下（10年间平均失业率为18%，最高年份可达25%），市场经济的自我调节理论无法解释当时的美国现实，凯恩斯在其代表作《就业、利息与货币通论》中开创性地提出的一套刺激需求的理论与美国调控实践相结合的契机应运而生。

该理论认为，市场不能自动地创造出充分就业所需要的那种有效需求水平；在市场机制下，有效需求往往低于社会的总供给水平，从而导致就业水平总是处于非充分就业的状态。因此，要实现充分就业，政府必须运用积极的财政与货币政策刺激需求，施行"反周期"的干预，确保有效需求与潜在需求相当，实现充分就业。凯恩斯理论解释了大危机产生的原因，给国家干预经济提供了理论依据，并提供了解决的办法，即通过国家干预创造有效需求。

凯恩斯理论得到时任美国总统罗斯福的高度赞扬："面对这样一个经济专制，美国的公民只能求助于有组织的政府权力……在现代文明中，政府对公民负有某些义不容辞的责任，其中包括保护家

庭和家宅，建立一种机会均等的体制，以及对不幸的人提供援助。"

三、凯恩斯理论在美国税制与政策中的体现

凯恩斯理论在美国税收制度与政策中得到了较充分的体现。在公平与效率两大税收原则的取舍上，更倾向于与再分配相关的公平原则。主要表现为：

以所得税，尤其是以个人所得税为主。通过个人所得税的超额税累进税制安排，发挥所得税对经济的"自动稳定器"作用，同时体现税收的纵向公平原则，即纳税能力不同者，纳不同的税，高收入者多纳税，低收入者少纳税或者不纳税。

较复杂的税制安排，以区别对待不同情况。一方面体现公平原则，另一方面也为政府干预经济提供可能。所得税制度安排相当复杂，除了税率累进外，还规定了大量不予计列的应税所得、所得额扣除、延期纳税、税务抵免以及优惠税率。复杂的税制也促进了美国税务中介机构的发展，以提高适应纳税人需要的专业服务。

较稳定的宏观税负水平。较稳定的宏观税负水平支持了提升政府配置资源的能力，也持续地形成了政府对企业和居民实际收入及其运用的影响力。

第三节 里根政府之前的两次减税改革

在过去的100多年里，美国经历了若干次税制改革，但对全球税制改革影响深远并被国内学者经常讨论分析的，则是凯恩斯主义大行其道之后又风光不再的新阶段上，近40年的3次重要改革，即1981年和1986年的里根政府的减税改革、2001—2003年小布什推出的税制改革以及2008年以来奥巴马政府的税制改革。简要回顾过去40年美国的税制改革，可以让我们更好地理解本轮特朗普税改的意图、倾向以及未来走向。

但除上述三次重要减税改革之外，实际上，近百年来，还有两次减税改革可圈可点，分别是20世纪20年代中期的哈定-柯立芝（Harding-Coolidge）减税以及20世纪60年代的肯尼迪（Kennedy）减税，让我们先做一下简要回顾。

一、哈定-柯立芝的减税改革

1913年美国联邦政府开始课征个人所得税，其最高边际税率为7%。后因第一次世界大战爆发，个人所得税税率迅速攀升，1918年最高边际税率达到77%。再之后，经过哈定-柯立芝的减税改革,最高边际税率降到 1925 年[①]的 25%。在哈定－柯立芝减税改革的前 4 年（1921—1924），美国联邦政府财政收入名义年均增长率为 -12.6%，去除通胀因素之后实际增长率为 -9.2%；而在哈定－柯立芝减税改革的后 4 年（1925—1928），美国联邦政府财政收入名义年均增长率为 0.2%，去除通胀因素之后实际增长率为 0.1%。这是随着哈定－柯立芝减税改革也带来经济的增长和失业率的下降。在哈定－柯立芝减税改革的前 4 年（1921—1924），美国 GDP（国内生产总值）实际增长率为 2.0%，失业率为 6.5%；而后 4 年（1925—1928），美国 GDP 实际增长率为 3.4%，失业率为 3.1%。

此轮减税优化了税负结构，提高了富人纳税占比。如表 1-1 所示，最高收入等级（年收入在 10 万美元以上纳税人）缴纳个人所得税收入占全部个人所得税收入的占比从 1920 年的 29.9% 上升至 1929 年的 62.2%；最低收入等级（年收入在 5000 美元以下纳税人）缴纳个人所得税收入占全部个人所得税收入的占比从 1920 年的 15.4% 下降至 1929 年的 0.4%。此外，此轮减税改革还因失业率的降低而减轻了政府支出负担。

表 1-1　美国 1920 年、1925 年和 1929 年各收入阶层所缴纳个人所得税的占比

（单位：美元，%）

收入等级	1920 年	1925 年	1929 年
低于 5000	15.4	1.9	0.4
5000～10000	9.1	2.6	0.9
10000～25000	16.0	10.1	5.2

---

① 1925 年，哈定－柯立芝减税改革全面实施。

续表

收入等级	1920 年	1925 年	1929 年
25000～100000	29.6	36.6	27.4
100000 以上	29.9	48.8	62.2

资料来源：美国国内收入局。

肯尼迪这一减税改革成为 17 年之后里根政府减税改革的榜样。

二、肯尼迪的减税改革

在"大萧条"危机和第二次世界大战期间，美国联邦政府个人所得税税率又明显提升，在 1944 年和 1945 年，个人所得税最高边际税率达到 94%。在肯尼迪就任总统时，个人所得税最高边际税率仍然高达 90% 以上。

肯尼迪的经济立场非常明确，即应实行促进经济增长的、供给侧税收改革：减税可以使闲置资源（没有工作的工人、没有市场的农民和工厂的生产能力）重组，从而惠及每个人。在 1963 年 1 月 24 日给国会的税收咨文（Tax Message）中，肯尼迪又重申了他对减税和债务增加二者关系的观点："简而言之，减税带来的财富增加远大于我们的政府债务增加。这样，债务的实际负担（公共债务与总产出的比值）将下降。因产出不足而导致的负债增加是经济虚弱的表现，但为弥补减税（从而有力地促进经济增长）而债务增加则是经济强劲的源泉。"

肯尼迪政府推动了较大幅度削减个人所得税税率的改革，1965 年已将个人所得税最高边际税率从 91% 降到 70%，同时也降低了低档税率。在 1965 年减税之前的 4 年，联邦政府的所得税收入（校正通胀因素后的收入）年均增长率为2.1%，同时全国（联邦政府＋州政府＋地方政府）个人所得税收入年均增长率为2.6%。而1965年税改之后的4年，联邦政府的所得税收入（校正通胀因素后的实际收入）年均增长率为8.6%，同时全国（联邦政府＋州政府＋地方政府）个人所得税收入年均增长率为9.0%。减税刺激了就业、生产和投资。在肯尼迪减税改革的前4年（1961—1964），美国GDP（去除通胀因素之后）实际增长率为4.6%，失业率为5.8%；其后4年（1965—1968），美国GDP（去除通胀因素之后）实际增长率为5.1%，失业率为3.9%（见图1-2），肯尼迪减税前后的政府财政收入情况见表1-2。

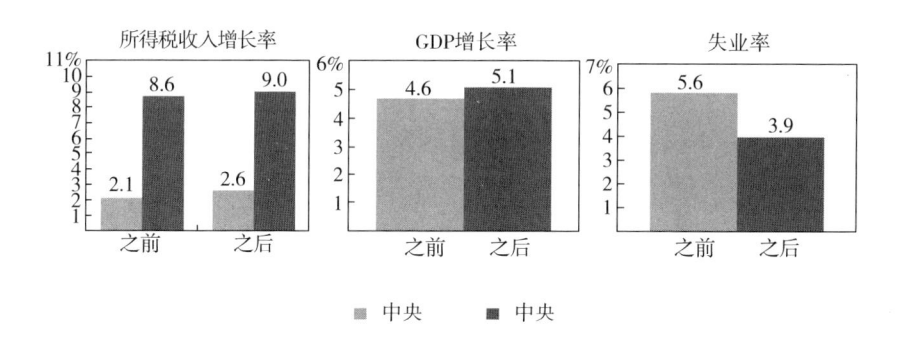

图 1-2 税改前后（各以4年为期）收入、产出与就业的比较

资料来源：美国商务部、经济分析局与国民收入和生产账户数据集。

表1-2 肯尼迪减税前后（各以四年为一期）公司与个人所得税合计的比较

单位：10亿美元，%

减税前后税收总收入（含公司与个人所得税）

肯尼迪减税概览

	财政年度	收入	逐年变化百分比	中央政府 通货膨胀调整后的收入	中央政府 逐年变化百分比	收入	逐年变化百分比	所有政府（含中央、州及地方）通货膨胀调整后的收入	所有政府 逐年变化百分比
减税前4年	FY1960	63.2		63.2		67.0		67.0	
	FY1961	64.2	1.6	63.5	0.5	68.3	1.9	67.6	0.9
	FY1962	69.0	7.5	67.5	6.2	73.7	7.9	72.1	6.6
	FY1963	73.7	6.8	71.2	5.5	78.7	6.8	76.0	5.5
	FY1964	72.1	-2.2	68.8	-3.4	78.0	-0.9	74.4	-2.1
			3.3		2.1		3.9		2.6
减税后4年	FY1965	80.0	11.0	75.1	9.2	86.4	10.8	81.1	9.0
	FY1966	90.0	12.5	82.0	9.2	97.7	13.1	89.1	9.8
	FY1967	94.4	4.9	83.7	2.1		5.6	91.5	2.8
	FY1968	112.5	19.2	95.7	14.3		19.8	105.1	14.9
			11.8		8.6		12.2		9.0

第四节　里根政府的减税改革

一、改革背景

（一）经济发展陷入"滞胀"，供给学派理论逐渐登上舞台

美国在经历了1953—1973年的20年高速增长和繁荣之后，在伊朗伊斯兰革命和第一次石油危机的冲击下，陷入"滞胀"的局面。一方面经济增长速度落至十分低迷的状态，另一方面通胀却居高不下，使得传统的凯恩斯主义调控落入"破产"窘境：经济低速需要政府放松银根扩张赤字，增加市场上的流动性让经济升温，而通货膨胀和物价高涨需要政府抽紧银根严控赤字，减少市场上的流动性，操作中如何是好？这就好比医生面对既得了肝炎又得了糖尿病的病人，怎么开药方？治疗肝炎需要增加营养，治疗糖尿病则需要控制营养，行医者已手足无措。

曾被政府推崇的凯恩斯主义，遇到了解不开的难题，在人们评价凯恩斯主义遭遇破产之际，货币主义、供给学派等应运而生，以减税而释放供给侧经济增长潜力为主要思路和政策主张的美国供给学派，对"里根经济学"所实行的调控思路和政策要领的转变，影响甚大，成为新阶段中登上历史舞台的风头最劲者。

（二）供给学派理论在税收理论的具体反映：拉弗曲线

供给学派后来虽被学界评价为其理论的系统性不足，但其减税主张令人印象深刻，并在历史上形成了值得重视的新意和变革印记。供给学派减税主张的理论依据，生动鲜明地表现在广为流传的拉弗曲线上。拉弗曲线得名于 1978 年裘德·万尼斯基（Jude Wanniski）发表在《公共利益》（Public Interest）杂志上的文章《税收、收入和拉弗曲线》（Taxes, Revenues, and the "Laffer Curve"）。正如该文作者［时任《华尔街杂志》（Magazine of Wall Street）的副主编］所描述的那样，1974 年 12 月，他和阿瑟·拉弗（Arthur Laffer，时任芝加哥大学教授）、多纳德（Donald Rumsfeld，时任福特总统的高级顾问）和迪克（Dick Cheney，时任多纳德的助理，拉弗在耶鲁大学的同学）在华盛顿州华盛顿旅馆中的 Two Continents 饭馆吃饭，他们在讨论福特总统的以提税来抑制通货膨胀运动（Whip Inflation Now）的"WIN"建议时，拉弗随手抓起餐巾纸和笔，画了一条曲线，来说明税率和税收收入之间的消长演变关系。万尼斯基将其命名为"拉弗曲线"。后来，拉弗本人谦虚地解释，这不是他的发现，早在 14 世纪穆斯林的哲学家伊本·赫勒敦（Ibn Khaldun）在其著作《历史错论》（The Muqaddimah）中便提到，"众所周知，在金字塔顶端，是从窄税基中获得大额收入，而在金字塔低端，则是以宽税基获得大额收入"给了他以思想基础和灵感。但拉弗曲线的表达方式，确实以现代化经济学已形成的直角坐标系上的曲线形态，直观地体现了其鲜明的内容。

拉弗曲线（如图 1-3 所示）描述的是税率和税收收入之间的关系，即税率从最低（为 0）到最高（100%），税收收入必然经历从 0 到其最高端然后又回归为 0 的演变过程，这一全过程背后，分析可得知税率变化对税收收入产生两种效应：算数效应和经济效应。算数效应是指税率下降，税收收入（单位税额）相应减少，反之税率上升税收收入增加，但此种效应会遇到其"天花板"，因为另一种经济效应此时将代之而起主导行为，其描述的是：税率降低对工作、产出以及就业产生正面效应，即对这些活动产生正面激励。反之，税率提高则对上述活动产生惩罚效应。因此，算数效应到顶端后，经济效应与之形成的二者之间的关系相互抵消，使税收收入进入下降过程。

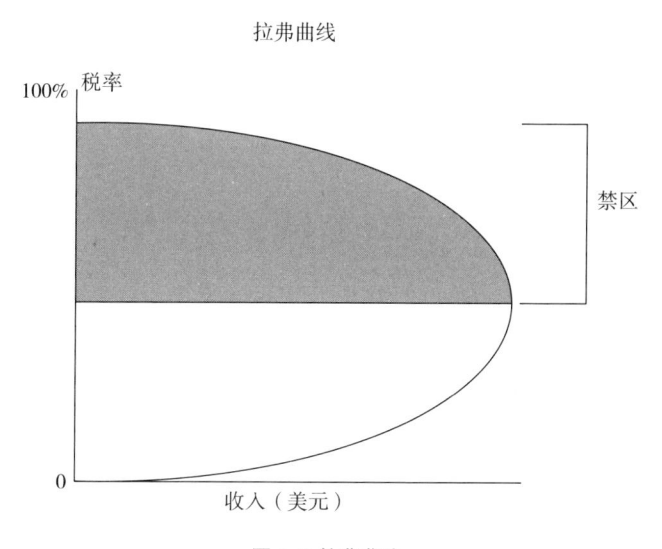

拉弗曲线

图 1-3 拉弗曲线

在 0 和 100 的税率之间，税率变化对税收收入的影响其实并不能十分确定而清晰地刻画，因为这还与负责的税制结构等变量有关。拉弗曲线仅能粗略地描述税率和税收收入关系演变的大趋势，并不能准确地刻画和计算二者的关系。其精准的量化只在两端：在税率为零时，无论税基多大，政府都无法获取政府收入，在税率为100%时，由于没有人愿意工作，税基为零，政府仍然无法获取收入。其实在这两个极端情况之间，可知量变过程存在两个税率点，政府可以获得同样的税收收入，分别为高税率、窄税基和低税率、宽税基两种情况，但此时对其经济效应的评价却相反，至于其复杂的相关政策含义，则需要结合税制设计与其他因素展开分析讨论了。

因此，实际生活中，排除两端情况后的许多场景中，拉弗曲线自身并不能明确指出，降低税率是会增加税收收入还是会减少税收收入。税率变化给税收收入带来的影响取决于当时适用的税制、所考虑的时间周期、经济活动向地下经济转移的难易程度、现有税率水平、现有因法律和会计制度结合带来的税收漏洞程度以及生产要素流动的倾向，等等。但假设其他因素不变，如果税率处于图1-3上方的"禁区"则可确认，降低税率可以增加税收收入，即税率降低的经济效应大于算数效应。这便是其可以最简明地在实践层面给出的政策取向含义，并迎合了社会公众天然的"税收厌恶"倾向而颇得人心的原因。

降低税率对税收收入的影响除了上述两方面外，从预算方面来看，降低税率还可以减少财政支出。因为降税率可以对生产、就业和产出产生刺激效果，而使经济高速增长，往往就意味着带来低失业率和民众高收入，从而降低失业救济和其他社会福利支出等，有助于预算平衡。

尽管拉弗曲线明确表述于美国20世纪80年代，但美国在此之前的两次税改（哈定-柯立芝减税改革和肯尼迪减税）都有意无意地体现了拉弗曲线的思想，即以降低税率来促进经济发展。

二、减税改革主要内容

在经济"滞胀"的现实背景下，里根总统认同供给学派和拉弗曲线理论的指导。1981年8月，里根总统签署经济复兴税收法案（ERTA，Economic Recovery Tax Act，即著名的Kemp-Roth减税）[1]，该法案对美国1954年通过的"国内税收法典"进行了修订，旨在通过降低个人所得税税率、折旧资产的费用化处理、对小企业实施激励政策、鼓励储蓄等方式促进经济增长。1981年ERTA法案中的许多条款在1982年9月被《1982年税收公平与财政责任法》（TEFRA，Tax Equity and Fiscal Responsibility of 1982）取代，该法案也被称为是第二次世界大战后最大的"增税"法。之后的1986年，里根总统又推出了著名的《1986税改方案》。

（一）1981年减税改革主要内容

改革内容主要包括：(1) 3年后将个人所得税税率从70%降低至50%，降幅达23%；(2) 加速资本回收制度，ACRS[2]（Accelerated Cost Recovery System，加速资本回收期制度）取代之前的折旧制度；(3) 按照通货膨胀情况对个人所得进行指数化处

---

[1] 纽约共和党代表杰克·康普（Jack Kemp）和特拉华州议员威廉·V.罗斯（William V. Roth Jr.）是本次改革的主要倡议者和推动者，因此以两位改革家名字命名本次改革。两位倡议者本希望推行个大力度的减税改革，但经过国会大辩论后，形成现有改革方案。

[2] 以投资回收期而非使用期为基础计算资产折旧期限。ACRS是ERTA法案的重要组成部分，在1986年改革中将其改革为"加速成本回收制度修订版"（Modified Accelerated cost Recovery System）。该制度改变了企业所得税制中资产折旧方式。不再采用原来以预计可使用年限为基础的折旧制度，而是将资产按照使用年限分类，3年、5年、10年或15年。比如，农业对农业固定资产进行重估，诸如汽车等资产按照3年使用期折旧，诸如建筑物或土地按照15年的折旧期进行折旧。这样做的主要目的是减少企业所得税应纳税所得额，增加纳税人的现金回收速度，以增加投资和促进经济增长。

理（自1985年开始实施）；（4）对双职工夫妻的所得减免10%的收入；（5）逐步提高遗产税减免税额，从175 625美元提高到1987年的600 000美元；（6）降低暴利税；（7）允许职工纳税人建立个人退休账户（IRAs，Individual Retirement Account）；（8）扩大员工持股计划（ESOPs，employee stock ownership plans）；（9）以15%的净利息扣除（最高为900美元）替代200美元的利息扣除（自1985年开始实施）。

之后，加速折旧制度被1982年的税收公平和财政责任法案替代，15%的净利息扣除政策还未来得及实施便被1984年的削减赤字法案取代。一个孩子的个税扣除从2000美元提高至2400美元，两个以上孩子的个税扣除从4000美元提高到4800美元。个税扣除从10 000美元的20%提高到30%；收入在28 000美元之内的扣除，从30%的扣除比例开始算起，每增加2000美元，扣除比例减少1%。已婚夫妇实行联合申报的收入总额，从1976年法案的10 000美元提高到经济恢复法案的12 500美元。单身纳税人的扣除额被限定在62 500美元以内，同时提高了55岁以上居民销售其主要居所得资本利得的一次性扣除额。

在本次减税改革中，影响最为深远的是通胀指数化改革。1968—1981年，有6次减税是为了纠正通胀带来的税级攀升（bracket creep）。在法案实施当年（1981）的10月，第一档5%税率削减25%，在1982年7月又削减10%，1983年第三次削减10%。

同时，降低个人所得税税率也是其重要改革之一。ERTA在3年内将全部纳税人收入的边际税率降低了25%。非薪酬收入的最高边际税率从70%下降至50%，资本利得税税率也从28%下降至20%。总体而言，1981年，美国个税税率下降了1.25%，1982年下降了 10%，1983 年下降了 20%，1984 年下降了 25%。

（二）褒贬不一的改革评价

美国国内关于 1981 年的减税改革效果评价，褒贬不一。以拉弗为代表的支持者认为，减税促进了经济增长，增加了就业；反对者则认为减税导致政府债务增加，从而出现了 1982 年夏天的经济双底衰退。

1. 正面评价

里根 1981 年后的改革是以 1983 年 1 月 1 日为起点，即大部分降税改革开始实施，而政策效果的显现应在 1984 年 1 月 1 日。以 1983 年为基点，减税前后 4 年的 GDP 增速、财政收入以及就业率的情况如图 1-4 和表 1-3 所示。1978—1982 年，美国 GDP 的实际年均增长率为 0.9%，而 1983—1986 年，经济增长率达到 4.8%。

在里根减税改革前，美国经济饱受高通胀、高利率和高失业率之苦，减税后这三个指标大幅下降。失业率在 1982 年达到 9.7%，之后便稳步下降，1986 年时下降到 7%，在里根 1989 年 1 月离任时降到 5.3%。

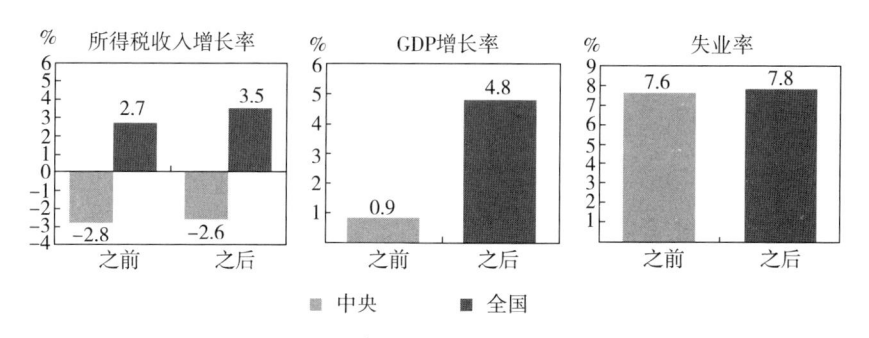

图 1-4　1983 年减税（前后各以四年为期）GDP 增速、财政收入以及就业率变化

资料来源：美国商务部、经济分析局与国民收入和生产账户数据集。

表1-3 里根减税前后(各以四年为期)公司与个人所得税合计的比较

单位:10万美元,%

里根减税概览

减税前后税总收入(含公司与个人所得税)

	财政年度	中央政府					所有政府(含中央、州及地方)			
		收入	逐年变化百分比	通货膨胀调整后的收入	逐年变化百分比	收入	逐年变化百分比	通货膨胀调整后的收入	逐年变化百分比
减税前四年	FY1960	260.3		260.3		307.4		307.4	
	FY1961	299.0	14.9	268.7	3.2	350.8	14.1	315.3	2.6
	FY1962	320.3	7.1	253.5	-5.7	377.4	7.6	298.7	-5.3
	FY1963	356.3	11.2	255.6	0.8	419.6	11.2	301.0	0.8
	FY1964	344.0	-3.5	232.5	-9.0	410.0	-2.3	277.1	-7.9
			7.2		-2.8		7.5		-2.6
减税后四年	FY1965	347.5	1.0	227.6	-2.1	421.7	2.9	276.2	-0.3
	FY1966	376.6	8.4	236.5	3.9	462.9	9.8	290.7	5.2
	FY1967	412.3	9.5	250.0	5.7	504.6	9.0	306.0	5.3
	FY1968	433.9	5.2	258.2	3.3	534.0	5.8	317.8	3.9
			6.0		2.7		6.8		3.5

政府收入状况也有明显改善，在1983年之前的4年，联邦政府所得税收入（按可比价格计算）的年均增长率为2.8%，全国各级政府所得税收入年均增长率为2.6%，1983—1986年，联邦政府所得税收入年均增长率为2.7%，全国所得税收入的年均增长率为3.5%。

尽管里根税制改革将个人所得税最高边际税率从70%（1981年里根上台时适用的税率）下调至1988年的28%，但富人缴纳的税收收入占比不降反升（见表1-4）。至1988年，10%最高收入群体纳税占比从1981年的48%上升至1988年的57.2%，50%最高收入群体纳税占比从17.6%上升至27.5%。

表1-4 按校正后总收入口径计算的正比例纳税人群对个人所得税总收入的贡献

单位：%

自然年	校正后总收入的前1	校正后总收入的前5	校正后总收入的前10	校正后总收入的前25	校正后总收入的前50
1980	19.1	36.8	49.3	73.0	93.0
1981	17.6	35.1	48.0	72.3	92.6
1982	19.0	36.1	48.6	72.5	92.7
1983	20.3	37.3	49.7	73.1	92.8
1984	21.1	38.0	50.6	73.5	92.7
1985	21.8	38.8	51.5	74.1	92.8
1986	25.0	41.8	54.0	75.6	93.4
1987	24.6	43.1	55.5	76.8	93.9
1988	27.5	45.5	57.2	77.8	94.3

资料来源：美国国税局。

2. 负面评价

批评者认为：

里根政府的减税导致政府赤字规模增加。里根上台时，国家政府债务达到 9000 亿美元，存在高失业率和民众对政府的不信任。ERTA 改革法案是希望通过税收优惠于全民，以提振经济，增加国家财富。到 1982 年夏天时，经济的双底衰退、高利率以及飙升的赤字使美国国会意识到，该项改革并没有取得好的成效。在参议院财政委员会主席罗伯特·多尔（Robert Dole）的力推下，大部分的减税政策被《1982 年税收公平和财政责任法案》（TEFRA）中的政策取代。但后来里根坚持了原政策取向，至里根离任时，国债规模翻了 3 倍，达到 2.6 万亿美元。

财政收入增加非减税所致。而反对者却认为，政府所得税收入 6% 的增长是由于 12% 的通胀所致，而非减税的功劳，并且如果不减税，经济和收入都会增长更多。

减税未带来经济增长，却加剧了收入不平等程度。无党派国会研究中心（CRS，Congressional Research Service，隶属于国会图书馆）2012 年发布的一个报告，分析了 1945—2010 年降税率的效果。CRS 认为，高税率于经济增长、储蓄、投资以及生产率提高无益；但降低最高税率却增加了收入的不公平程度。相应地，最高边际税率的降低与储蓄投资以及生产率增长并无关联，最高税率与经济总量规模的关系不大。但是，降低最高税率的确提高了收入的集中度。

该报告认为，讨论经济改革或改革理念的基点要落到供给和需求两方面。从需求侧看里根政府税制改革，很明显的是，改革支持者试图通过从高收入者处获取资金转移给低收入者，进而提高低收入者的消费需求。而实际运行结果是将政府置于赤字境地，且低收入者的实际需求低于预期。从供给侧看，增税并没有提高经济收入，相应也没有增加低收入者的消费。

（三）1986年税制改革主要内容

1986年的税制改革内容集中体现于一份财政部关于简化税制的建议报告中。里根总统第二任期内的这一改革，由众议院密苏里州的民主党派代表理查德·格法特（Richard Gephardt）和参议院新泽西代表比尔·布拉德利（Bill Bradley）发起，旨在简化税制、保持税收中性，取消税收优惠政策而年度增加600亿美元收入，以弥补降个税税率带来的财政减收，同时利用减少企业所得税的投资抵免政策、放缓资产折旧速度以及对企业实施严厉的"替代性最低税"（alternative minimum tax）将24亿美元的税收负担从个人转给企业。该项改革被称为是"二战"后美国最重要的一次税制改革，是美国税法改革的重要里程碑，法案文本共1400多页。改革的主要内容包括：

降低个税税率。自1987年始，将个人所得税最高税率从50%降到38.5%，并简并其他低档税率，将税率级次从5档改为4档。将适用第二档税率（适用于已婚联合申报）的收入从5720美元/年增加到29 750美元/年。并扩大个税的标准扣除、收入豁免项目以及薪金收入抵免范围，使600万美国个人免于缴纳个人所得税或个税负担减轻。同时，对适用高标准扣除项目的申报填报进行了大幅精简，简化征管。

1987年，个税适用5档税率，分别为11%、15%、28%、35%和38.5%，而1988年，则仅有3档税率，分别为15%、28%和

33%。同时，自 1988 年开始，收入超过一定水平的纳税人按照 28% 的有效税率进行纳税。但是，这项政策在"布什增税"的"1990 年综合预算调节法"中被取消。

税收优惠政策改革。1986 年的税制改革提高了住房抵押贷款利息的扣除比例，以鼓励民众投资购房而非租房。对于拥有自住房的业主而言，住房推算收入①，为此该法案改革了对"推算租金"的税收政策，使地方的财税和住房抵扣贷款利息扣除制度更有利于房主，而逐渐取消对租房的许多优惠政策。相较于高收入者而言，低收入者通常住在租用房而非自有房中，相应于此，改革中减少了面对低收入者的新住房供给，出台"低收入者住房抵免税收政策"（The Low-Income Housing Tax Credit），以鼓励针对穷人的多家庭共主房的投资。此外，诸如信用卡之类的消费者利息支出不能够再扣除。

设立个人退休账户（IRA, The Individual Retirement Account），是 1974 年颁布的《职工退休收入法》的一部分内容。按照《职工退休收入法》规定，未被年金计划覆盖的职工，可以将不超过 1500 美元或者其工资收入的 15% 的部分存入该账户。1981 年的经济恢复法案取消了年金条款，并将个人退休账户的缴费限额提高到不超过 2000 美元或者收入的 100%。1986 年税制改革保留了 2000 美元的缴费限制，但对被年金覆盖的居民和高收入者的扣除做了更为严格的限定。折旧政策也打了折扣：在 1981 年的税改之前，企业资产折旧基于由财政部规定的"使用期"，而 1981 年的税改建立了"加速资本回收期制度"，该制度按照资产类型不同，将使用

---

① 该推算（机会）收入是指因拥有住房而获得的收入，这如某人自己做饭（而非雇用厨师为其做饭）所获得收入类似。

期设定为3年（技术设备）、5年（非技术设备）、10年（工业设备）以及15年（不动产）。1986年改革延长了这些设备的"使用期"，并且适用"替代性最低税"的纳税人，可以进一步延长这些设备的使用期，延长至"经济折旧期"，即经济学家常使用的、用以确定其实际使用年限超过其经济价值的术语。

扩大"替代性最低税制"的适用范围。制定"替代性最低税制"（ATM，Alternative Minimum Tax）的初衷是堵塞高收入者采用税收优惠政策的避税漏洞，但1986年的税制大大扩展了ATM税制的适用范围，对收入不同的居民适用不同的抵扣政策，如个人免税项目、州和地方税、标准扣除、私人债权利息，甚至个人医疗费用支出的扣除均有可能适用"替代性最低税制"政策。

修改被动性活动收入损失核销政策和税收减免政策。通过修订国内收入法的§469部分（该部分内容是关于限定被动性活动性损失核销限制以及积极性活动性收入减免限制的），取消了诸多税收减免政策，尤其是对房地产投资的减免政策。1986年的税改方案实际上大幅降低了已经享受了税收优惠的这类投资的价值，而非这些投资的非税利润。该条款终止了1980年早、中期的房地产泡沫，以及美国的储贷危机。

1986年之前，许多房地产投资是由被动投资者进行的。这对于组成财团且将其资源投资于商业和居住地产的投资而言，是非常普遍的情况。投资者雇用管理公司来运营这些地产。1986年的税制改革通过限制与财产收入相关损失在税前的扣除比例来降低这些投资的价值。相应地，财产贬值则鼓励这些财产持有者出售这些财产，有助于房地产价格的回落。

诸如抵押等的房地产贷款在储贷联合会的资产组合中占有重

要地位。房地产市值的大幅下跌使联合会的主要资产形成损失。

一些经济学家认为,减少税收减免和其他税收扭曲对经济的长期净效应是积极正面的,它可以将资金引导至制造业中。

为了帮助非富裕业主,TRA86（1986年税改政策）给予25 000美元的净租金损失扣除,即规定住房如果空房超过14天或超过租住天数的10%,同时调整后的毛收入低于10万美元,可以享受扣除净租金损失25 000美元。

里根总统在其卸任告别演说时,充分肯定了在任期间推行的税制改革对经济社会发展的贡献。他说:美国"经济复兴"和"信息复兴"是他执政期间最自豪的两大成功。"由于实行了以减税为中心的经济政策,美国自1982年底以来的经济增长是美国历史上和平时期最长的一次。"但对他在任职期间留下的1.5万亿美元联邦政府赤字表示遗憾。美国将里根看作是美国"和平与繁荣时代的建筑师"。里根的减税改革不仅刺激了美国的经济增长,提高了居民生活水平,更重要的是为美国今天的高新技术迅速发展注入了"催化剂"。

第五节 小布什政府的减税改革

一、改革背景

按照美国财政部的统计,"二战"至小布什总统执政期间,美国共进行了19次减税,其中,里根卸任至小布什总统上任之前,美国经历了3次税制改革,分别为1990年的综合预算协调法案(OBRA90)、1993年的综合预算协调法案(OBRA93)和1997年的纳税人税收减免法案(TRA97),其中前两次为增税,后一次为减税改革。

2000年下半年开始,美国经济增长势头减弱,该年上半年实际GDP增长率尚为4.0%,下半年就降到了1.6%。同时,在布什总统就任之始,美国财政也处于盈余状态,这为减税提供了空间。鉴于此,小布什政府于2001年、2002年、2003年各颁布了一个减税法案,分别为《经济增长与减税协调法案2001》《增加就业和援助雇工法案2002》《就业与增长税收减免协调法案2003》(JGTRRA,Jobs and Growth Tax Relief Reconciliation Act of 2003),希望通过减税来带动美国经济的增长。

《经济增长与减税协调法案2001》主要减的是个人所得税和遗产税。

对于个人所得税而言,主要是降低个人所得税税率,主要包括:

· 增加一档新的税率,10%,适用于应税收入为6 000美元的单人申报和收入为12 000美元的联合申报,以及应税收入为10 000美元的一家之主。

· 2006年之前,税率从28%降至25%,税率从31%降至28%,税率从36%降至33%,税率从39.6%降至35%。

· 增加已婚夫妇联合申报的标准扣除,为个人申报扣除标准的164%到200%。

· 增加子女税收抵扣额度,从原来的500美元,到2001年增加为600美元,2005年增加为700美元,2009年增加为800美元,2010年增加为1000美元。

对于遗产税而言,改革主要内容包括:

· 分年度逐步提高遗产税免征额,从2001年的67.5万美元提高到2002年的100万美元、2004年的150万美元、2006年的200万美元以及2009年的350万美元,当时计划于2009年取消遗产税和隔代转移税。

· 分年度降低遗产税、赠与税以及隔代转移税税率,2001年税率为55%(遗产金额超过100万美元的,还有5%的附加税),在2002年降到50%,至2007年,附加税每年降低1个百分点。

此外,对于适用15%个人所得税税率的纳税人而言,出售其持有5年以上的财产或股票的资本利得税税率从10%下调到8%。

2002年3月9日,布什总统签订刺激经济的《增加就业和援助雇工法案2002》,旨在为企业减负,主要内容包括:

· 对企业第一年投入使用的设备实行红利折旧(Bonus

Depreciation）[1]扣除制度，也就是允许企业在设备投入使用的当年，在允许扣除的折旧值基础上，再按照设备折旧价值（包括设备安装成本）的30%在企业所得税税前进行扣除。享受该政策的设备主要包括公司设备、计算机以及多数软件，但不包括不动产，并且设备在2001年9月1日至2004年9月11日期间购入。在此制度安排下，折旧年限分别为3年、5年、7年、10年、15年以及20年的设备，各年度折旧比例情况如表1-5所示。

表1-5 各年度折旧比例

折旧年限	3年	5年	7年	10年	15年	20年
1	33.33	20.00	14.29	10.00	5.00	3.750
2	44.45	32.00	24.49	18.00	9.50	7.219
3	14.81	19.20	17.49	14.40	8.55	6.677
4	7.41	11.52	12.49	11.52	7.70	6.177
5		11.52	8.93	9.22	6.93	5.713
6		5.76	8.92	7.37	6.23	5.285
7			8.93	6.55	5.90	4.888
8			4.46	6.55	5.90	4.522
9				6.56	5.91	4.462
10				6.55	5.90	4.461
11				3.28	5.91	4.462
12					5.90	4.461
13					5.91	4.462
14					5.90	4.461
15					5.91	4.462

---

[1] 红利折旧制度是指允许企业以高于正常折旧扣除额的标准在企业所得税前列支。

续表

折旧年限	3年	5年	7年	10年	15年	20年
16					2.95	4.461
17						4.462
18						4.461
19						4.462
20						4.461
21						2.231
	100.00	100.00	100.00	100.00	100.00	100.00

·将企业所得税的亏损结转由原来的2年提高到5年。

2003年5月28日，布什总统签署的《就业与增长税收减免协调法案2003》则主要是将个人所得税的最高税率从38.6%下降到35%，具体情况见表1-6、表1-7、表1-8和表1-9；将资本利得税最高税率8%、10%和20%降至5%和15%，且至2008年取消5%的税率。

表1-6 单身申报

2002年		2003年	
应纳税所得额（美元）	税率（%）	应纳税所得额（美元）	税率（%）
6000以下	10.0	7000以下	10.0
6000—27 950	15.0	7000—28 400	15.0
27 950—67 700	27.0	28 400—68 800	25.0
67 700—141 250	30.0	68 800—143 500	28.0
141 250—307 050	35.0	143 500—311 950	33.0
307 050以上	38.6	311 950以上	35.0

第一章 美国百年税制改革历程回顾

表 1-7 已婚联合申报或符合条件的丧偶纳税人申报

2002 年		2003 年	
应纳税所得额（美元）	税率（%）	应纳税所得额（美元）	税率（%）
12 000 以下	10.0	14 000 以下	10.0
12 000—46 700	15.0	14 000—56 800	15.0
46 700—112 850	27.0	56 800—114 650	25.0
112 850—171 950	30.0	114 650—174 700	28.0
171 950—307 050	35.0	174 700—311 950	33.0
307 050 以上	38.6	311 950 以上	35.0

表 1-8 已婚单独申报

2002 年		2003 年	
应纳税所得额（美元）	税率（%）	应纳税所得额（美元）	税率（%）
6000 以下	10.0	7000 以下	10.0
6000—23 350	15.0	7000—28 400	15.0
23 350—56 425	27.0	28 400—57 325	25.0
56 425—85 975	30.0	57 325—87 350	28.0
85 975—153 525	35.0	87 350—155 975	33.0
153 525 以上	38.6	155 975 以上	35.0

表 1-9 户主申报

2002 年		2003 年	
应纳税所得额（美元）	税率（%）	应纳税所得额（美元）	税率（%）
10 000 以下	10.0	10 000 以下	10.0
10 000—37 450	15.0	10 000—38 050	15.0
37 450—96 700	27.0	38 050—98 250	25.0

续表

2002 年		2003 年	
应纳税所得额（美元）	税率（%）	应纳税所得额（美元）	税率（%）
96 700—156 600	30.0	98 250—159 100	28.0
156 600—307 050	35.0	159 100—311 950	33.0
307 050 以上	38.6	311 950 以上	35.0

小布什的减税政策均为"日落条款"，即在有效期至2010年底，且适用伯德法则（Byrd Rule）[①]。之后在奥巴马执政期间，颁布了税收减免方案（Tax Relief）、《失业保险修订案》（Unemployment Insurance Reauthorization）和《2010年就业创造法案》（Job Creation Act of 2010）。在2012年的财政悬崖（the fiscal cliff）期间将部分减税政策永久化。

二、小布什政府减税成效

小布什政府的减税政策力度较大，仅2003年减税规模就达到了608亿美元，但对其成效（如是否真正促进了经济增长，哪些人受益）的评价却众说纷纭，极具争议。

支持者认为，减税加快了经济恢复的步伐，创造了就业；对全民的减税惠及于所有民众，且因富人不再使用避税手段而提高了富人的纳税比例。《华尔街日报》报道，收入在百万美元以上家庭的纳税从2003年的1360亿美元提高到2006年的2740亿美

[①] 伯德规则是以美国民主党议员罗伯特·伯德（Robert Byrd）的名字命名，在1985年引入，之后几经修改的一项规则，属于美国参议院的1974年国会预算法案的一项补充规则。该规则规定，如果某项法令可能会导致10年以上的联邦政府赤字大幅提升，或者该项法律是预算法案中的一项"额外事项"，议员有权在预算讨论期间否决该项法令。

元。遗产基金会（Heritage Foundation）的一份报告认为，2001年小布什减税的长远效应是消除了2010年的财政赤字。2007年，该基金会认为小布什减税使富人纳税占比更高，而穷人纳税占比更低。

但是，预算与政策优先决策中心（CBPP，the Center on Budget and Policy Priorities）批评小布什，减税的最大受益者为美国最富家庭，并且引用了税收政策中心的数据说明，减税的24.2%流向了1%的收入最高家庭，又有8.9%的减税份额落在20%的中等收入家庭。民主党国会议员认为，资本利得税的税收优惠有利于富人。预算与政策优先决策中心还对布什总统、副总统迪克·切尼（Dick Cheney）、参议院多数党领袖比尔·弗里斯特（Bill Frist）的说法"减税有效地为它们自己埋单"的说法予以批评，美国财政部和CBO（国防预算办公室）经济学家保罗·克鲁格曼（Paul Krugman）在2007年写道："供给侧理论在没有证据的情况下宣称减税可以为自己埋单，这个理论从未在专业经济研究中得以认可"（Supply side doctrine, which claimed without evidence that tax cuts would pay for themselves, never got any traction in the world of professional economic research）。自2001年以来，除2007年外，美国联邦政府所得税收入低于30年来的平均水平（占GDP的比重为8.4%）（见图1-5）。

一些政策分析师和非营利组织（如预算与政策优先决策中心、税收政策中心等）认为，美国收入分配差距的扩大，主要归因于小布什政府的减税政策。2007年2月，布什总统首次就收入分配差距发表观点，认为"是因为美国经济不断地提高教育和技术的回报率，从而带来收入分配的差距"。

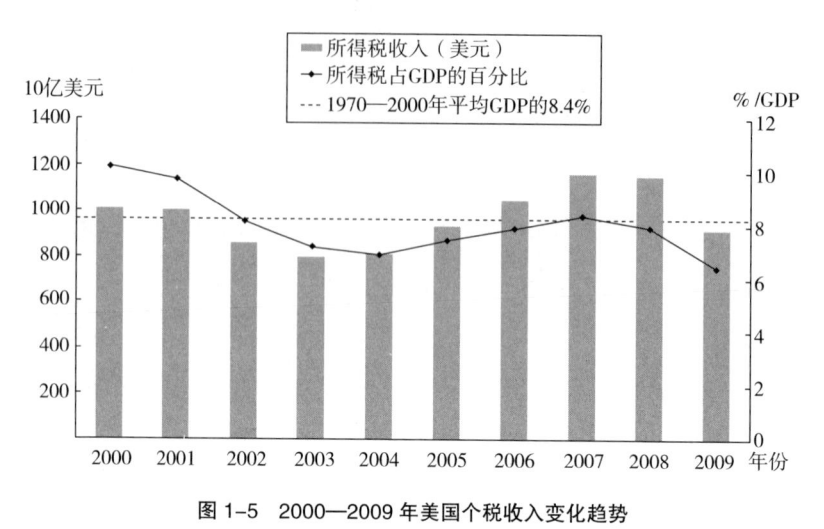

图 1-5 2000—2009 年美国个税收入变化趋势

资料来源：CBO。

批评家认为，对中低收入家庭的减税并未带来经济增长，相反而导致预算赤字，并且将税收负担从高收入者转移至中等收入和工薪阶层，进而导致收入分配的恶化。经济学家皮特·奥斯扎格（Peter Orszag）和威廉·盖尔（William Gale）认为，布什减税对财富分配产生了逆向作用，即"将税收负担从拥有资本利得收入的较高收入家庭转移至以工薪收入为主的中低收入家庭"。

《纽约时报》认为，2002—2009 年，因布什减税带来的财政减收达 1.8 万亿美元，是导致财政赤字的最重要因素。2012 年 6 月，CBO 估计，布什减税导致美国联邦政府 2001—2011 年赤字增加 1.6 万亿美元（不含利息）。2006 年美国财政部的一项研究表明，布什政府的减税幅度达 6%。减税政策使改革之初的 4 年政府收入占 GDP 的比重平均下降了 1.5 个百分点。

约瑟夫·斯蒂格利茨（Joseph Stiglitz）曾经撰文对布什政府的减税政策进行批评，认为减税政策对美国的投资拉动十分不明显，同时降低了美国的储蓄。

第六节　奥巴马政府的减税改革

奥巴马执政出任美国总统时,美国正处于金融危机旋涡中。自里根政府税改时建立的税制框架已运行了 20 年左右时间,从与当时国内外经济社会形势适应性来看,可谓"千疮百孔"。既不能为政府筹措充足的财政收入,又无法促进美国经济社会发展。当时美国政府债务持续上升,跨国公司通过各种手段转移利润至海外,在一定程度上抑制了国内投资。在这种环境下,学界与政界逐步达成了对税制进行综合改革的共识,涌现了大量关于这方面的讨论和努力(具体见后文)。同时,在奥巴马上任之初,摆在其面前更急迫的任务是如何处理将于 2010 年到期的、且适用于伯德规则的"布什减税改革计划"。如果该项计划不延期,2011 年后,布什减税法案自动作废,将自动恢复到"克林顿时代"的税收政策。为此,美国于 2010 年 12 月 16 日通过了《2010 年税收减免、失业保险修订案和就业创造法案》(Tax Relief, Unemployment Insurance Reauthorization, and Job Creation Act of 2010),将部分政策延续到 2012 年底,同时又新出台了部分刺激政策,主要是增加了失业人员的福利,扩大为期一年的工薪税扣除范围等。

之后随着《2010年税收减免、失业保险修订案和就业创造法案》终止期的临近，美国面临"财政悬崖"①局面。在此背景下，美国联邦政府于2013年1月1日通过了《2012年美国纳税人救助法案》，将部分布什减税政策延期，以应对美国的"财政悬崖"。该法案主要是将"布什减税"改革中的部分政策永久化，同时将高收入者的税率恢复至较高水平。

《2010年税收减免、失业保险修订案和就业创造法案》的主要内容包括：(1) 将EGTRRA 2001中关于所得税税率的改革延期执行2年，至2012年底，相关的分类扣除项目和免税规定继续有效。据估计，减税效果1860亿美元。(2) 将EGTRRA 2001中关于股息和资本利得税税率改革延期执行2年，至2012年底。据估计，减税效果530亿美元。(3) 完善ATM税收政策。通过提高免税收入和其他政策完善，保证2100万户主纳税人的税负不增加。(4) 实施为期13个月的联邦失业收益计划。(5) 对工薪税实施一年的减税政策。工薪税雇主纳税人的税率从6.2%下降到4.2%；雇员个人的工薪税税率从12.4%下降到10.4%。(6) EGTRRA和ARRA中的儿童税收抵免政策继续延期。(7) 延长ARRA中关于工薪所得税抵免政策至2012年底。(8) 延长ARRA中关于美国人的教育投资的税收抵免（American opportunity tax credit）②政策至2012年底。(9) 将《2001年小企业就业和抵免法案》中

---

① "财政悬崖"一词首先由时任美联储主席的伯南克在2012年提出。2012年底，2010年出台的"布什减税"延续政策将自动到期，这意味着2013年美国将要面临着"增税"的局面。同时，2011年美国国会通过的《2011预算控制法》（Budget Control Act 2011）也将在2013年开始生效，这意味着从2013—2021年，每年的政府预算都要减少1090亿美元。政府的"增税"和"减支"则会对美国经济复苏带来"双重"打击，从而被称为"财政悬崖"。

② 该政策是美国2009年出台的，旨在对美国人高等教育学费进行抵免的税收政策。

的"红利折旧"政策延长至2011年底,并且将折旧比例从50%提高到100%。(10)调整遗产税。EGTRRA法案中逐年降低遗产税税率至2010年降为零。该改革方案中规定,两年内遗产税税率为35%,免税额为500万美元。

《2012年美国纳税人救助法案》的主要改革内容包括:(1)对于年应纳税所得额在40万~45万美元且采用夫妻联合申报的纳税人而言,最高边际税率从35%恢复至39.6%。同时,长期资本利得的最高边际税率从15%恢复至20%。(2)原适用于所得在25万美元以上的单独申报纳税人、所得在30万美元以上联合申报纳税人的税收扣除和抵免政策逐步取消。(3)经过通胀指数化处理后的价值在500万美元的遗产,其遗产税适用税率从2012年的35%提高至40%。(4)增加了部分企业所得税优惠政策。

从中可以看出,奥巴马时期的税改基本上是"布什减税"政策的延续或局部调整。相较于之前的若干次税改,改革幅度不大。但因执政期恰逢金融危机导致的美国经济衰退,关于美国现行税制的反思和讨论却始终没有停止,从而为特朗普税改做了铺垫。

第二章　美国减税的影响和预测

第一节　特朗普税改序曲与背景

一、关于美国税改的讨论

税改历来是美国总统竞选的"卖点",也是各任总统施政的"重点"。税改在政治经济上的重要地位催生了美国税收思想的争鸣交锋,税制改革的方案层出不穷,为美国朝野各界所关注。关于美国应该建立什么样的税制,即以所得税为主,还是以消费为税基的税种为主的争论,从未停止过。半个世纪中,美国提出了统一税、国家零售税以及现金流量税等改革建议,并就各税种的经济社会影响展开了持续深入的讨论。

（一）关于企业所得税理论与实践的发展

20世纪60年代末70年代初,美国税制设计的目标是建立宽税基的所得税制度,积极倡议者为约瑟夫·A.佩契曼（Joseph A. Pechman）,并被美国政府所采纳,代表性论文包括其于1987年发表的《联邦税收政策》（Federal Tax Policy）。在60年代末期,各国企业所得税实践则是实施"古典企业所得税制度",将企业看作独立于股东的实体,并对所得征税。随着古典所得税制的实施,其弊端逐渐显现。阿诺德·哈伯格（Harberger Arnold C.）于

1962年和1966年发表了两篇非常有影响力的文章《企业所得税的负担归属》(The Incidence of the Corporation Income Tax)和《资本所得税的效率效应》(Efficiency Effects of Taxes on Income from Capital),将企业所得税认定为对企业资本征收的附加费,促使资本流出企业,甚至是对全部资本(不仅仅是企业资本)增加了额外负担。1958年,莫迪利安尼和米勒(Modigliani & Miller)发现,企业所得税对债权成本和股权成本的不同待遇(利息支出可以在税前扣除),影响并扭曲了企业资本配置、融资行为和资本结构。这种对扭曲的抨击促进了企业所得税改革,开始实施企业所得税和个人所得税一体化改革,设计出各类股息免税方案,典型方式是通过分率制度(split-rate system)或者具有相同作用的股东个税抵免,降低已分配收益的所得税税率。同时,随着经济全球化的发展,资本跨境流动频繁,输入/输出资本的所得税处理日益重要。佩吉·马思格雷夫(Peggy Musgrave)于1969年提出了企业所得税的"资本出口中性"原则,即无论投资地在哪,投资所面对的企业所得税税负应该相同,从而应该适用全球征税原则,且对在国外已付企业所得税实行抵免政策。

(二)关于根本性改革的争鸣与讨论

由于美国是存在过度消费倾向、储蓄和投资不足的国家,相关的理论和实证研究中的一派认为,目前实行的以所得为主的税制体系不利于投资和劳动的投入,应该进行根本性改革(Fundamental Tax Reform),实行以消费为税基的税制替代所得税(个人和公司所得税)。倡议者认为,消费税不对储蓄(投资)征税,因此不会对美国投资产生影响。30年来,关于以所得还是以消费为税基的争论从未停止过。以消费为税基的税种本质是个人支出税（Individual Expenditure Tax），其思想渊源于1939年欧文·费雪（Irving Fisher）的文章《储蓄的双重征税》（The Double Taxation of Savings）和1955年尼古拉斯·卡多尔（Nicholas Kaldor）的论文《支出税》（An Expenditure Tax），认为所得税会对储蓄双重征税，而消费税对财富积累的税负负担更加有效合理。1974年威廉·安德鲁（William Andrews）发表了一篇经典论文《消费型或现金流个人所得税》（A Consumption-Type or Cash Flow Personal Income Tax），这篇论文详细论述了以消费为税基的税制比以所得为税基的税制在监管上具有的优势。1976年，阿特金森和斯蒂格利茨（Atkinson & Stiglitz）发表了重要文章《税制结构设计：直接与间接税》（The Design of Tax Structure: Direct versus Indirect Taxation），认为个人所得税会对资本所得双重征税，应以支出税作为税改的选择之一。此文发表后不久，1977年美国财政部颁布了后来被广为引用的报告《根本性税制改革蓝图》（Blueprints for Basic Tax Reform），该报告详细论述了相对于所得税而言消费税的诸多优点，并讨论了实行消费税可供选择的几种方案。与此同时，1978年英国米德委员会（Meade Committee）分析了直接支出税（而非当前各国正在实施的间接消费税）实施的必要性。澳大利亚（1975）、瑞典（1978）等国也出现了类似的研究成果。总体而言，讨论较多的消费税方案主要有三种：国家零售税（National Sales Tax）、单一税（Flat Tax）、个人支出税。下面就这三个消费税的设想与讨论做简单介绍。

1. 国家零售税

与美国现行的零售税相比，国家零售税的征税范围更广泛，要对大多数商品和服务征税，而非目前仅对商品征税。支持者认为，国家零售税不对储蓄和投资征税，相应有利于资本积累；国家零售税公平，所有消费者均纳税，富人消费多，多纳税，穷人消费少，少纳税；国家零售税还阻塞了地下经济的税收流失；国家零售税对出口免税，对进口征税，有利于美国国际贸易顺差。反对者认为，由于国家零售税的征管压力集中于生产链条中的最薄弱环节——零售环节，征管压力过大，会激励逃税并难以根除。同时，最大的反对意见来自它缺乏累进性。

2. 单一税

在对国家零售税热议的同时，美国学者霍尔和拉布什卡（Hall & Rabushka）于1983年提出单一税，以替代美国的所得税体系。在单一税提出的初期，定义非常严格，后该概念范围逐渐宽泛，一些国家实施的单一税率的个人所得税改革，也被称作单一税。

两位学者提出的单一税分为两个部分：一个是个人所得税，另一个是公司所得税。从单一税角度来看，只有实际支付工资、薪金和养老津贴才纳入个税征税范围，而股利、资本利得、利息和其他福利均只课征公司所得税，避免对上述所得的重复征税。对于公司所得税而言，应纳税所得=（销售收入－工资薪金和养老补贴－原材料、服务的购入成本－资本性支出）。从上述公式中可以看出，在单一税制度体系下，公司所得税可以进行三项扣除，第一部分是工资、薪金与养老补贴，这部分已征收了个人所得税，扣除可避免双重征税。第二部分是原材料、服务的成本，这相当于企业生产的中间投入，现行企业所得税也对此进行扣除。第三部分是资本性支出，即企业支付的资本支出当期全部可以扣除，与现行企业所得税以折旧形式分期摊销的处理方法不同，这十分有利于鼓励企业投资。此外，在单一税制体系下，借款利息不允许扣除，这与现行企业所得税不同，保证了税收对企业"融资"行为的中性，可避免在现行企业所得税制体系下因借款利息可以扣除而诱发企业多借款，少投资，进而提高企业杠杆率，引发金融风险的可能。

从上述分析中可以看出，霍尔和拉布什卡提出的单一税具有四个重要特征：单一税率、消费税基、税收中性和避免双重征税。需要对现行个人所得税和企业所得税进行统筹改革。之后，单一税的概念逐步泛化，逐渐简单化为取消个人所得税的累进税率，实行单一税率的个税改革实践。

3. 个人支出税

个人支出税的最早提出者为英国古典经济学家霍布斯（Hobbes），他在1651年时说："针对个人的税收要基于个人花了多少，而非赚了多少，对财富征税不是好事情，因为它不利于财富积累，对消费征税最好，可以避免浪费。"1955年，英国经济学家卡尔多（kaldor）又重提个人支出税，他认为以所得来衡量纳税能力则含混不清，且无法用于衡量购买力，在对资本利得不征税的情况下，所得税会助长投机行为，即将普通所得转化为资本所得，而支出税则对收入和资本利得同样征税或免税，不会助长投机行为，增加风险投资的供给。同时，他还认为，个人支出税适用累进税率，再配之以减免政策，可以实现个人所得税所具备的调节收入的功能。

1976年，美国财政部发布《基本税制改革蓝皮书》，建议用个人消费税作为美国个人所得税的改革方向。建议夫妇联合申报的税率分别为10%（0~5200美元）、28%（5200~30 000美元）和40%（30 000美元以上），且免除额为1500美元。与现行的所得税相比，个人支出税仅对特定时期的消费征税，而对储蓄存款的利息和取得的投资收益免税，因此对储蓄的影响是中性的。但由于个人支出税对未来消费（储蓄）免税，因此会对现在和未来的消费选择方面产生影响，从而对当前消费形成不利影响。

在实行个人支出税的同时，配之以公司流量税。对公司流量税提出论证的代表人物是马丁·费尔德斯坦（Martin Feldstein）。目前美国众议院提出、被国内各界热议的目的地型现金流量税（Destination-Based Cash Flow Tax）是在上述消费税基础上提出的，对现行企业所得税的改革优化，当然在上述单一税的讨论中，关于企业税的设计，其本质与现金流量税无异。

从上述分析中可以看出，美国税改大讨论中提出的三类消费税旨在：解决个人所得税和企业所得税的重复征税问题；促进社会的储蓄和投资；消除企业所得税对债权和股权的歧视性待遇。这些问题长期以来困扰美国经济，既是目前美国税制存在的主要问题，也是特朗普税改要试图解决的问题。因此，无论是众议院负责税法起草委员会的前后两任共和党籍主席于2016年6月联合提出的方案，还是特朗普竞选乃至上任后提出的税改方案，均有对上述问题的针对性意图，但由于种种条件制约，落到科学家做方案上的机制创新还是比较有限的。

二、特朗普税改的背景

自1986年里根政府税改以来，美国现行联邦税制已经运行了30年之久，但关于美国税改的讨论始终存在，尤其是2008年爆发金融危机以来,这套税制的局限性更加凸显。2016年6月众院共和党人提出的题为《更好的道路》的税改报告中谈及,美国税改面临的背景和挑战包括以下几点。

第一,现行税制过于复杂,征管成本过高。现行美国联邦税法长达70 000多页,是1986年时期的近3倍(1986年时为26 000页)。研究结果表明,美国人每年要花费4090亿美元和89亿个小时用于纳税,90%以上的纳税人必须借助于专业税务代理机构和专门的软件完成其纳税任务。比如,对于可以享受高等教育抵免优惠的家庭而言,需要查阅十几种不同的优惠条款和100多页的填报说明,才能知晓他们适用于哪个优惠条款;复杂的税法条款也给小企业带来沉重负担,对于400万S公司(小企业的一种类型)而言,每年的纳税成本高达460亿美元,平均每个公司达到12 000美元。

复杂的税制和征管还带来诸如浪费、税收欺诈和优惠政策滥用的问题。按照美国财政部税收管理监督委员会(TIGTA,Treasury Inspector General for Tax Administration)的调查,11年中,美国财政部共发放工资薪金所得退税(Earned Income Tax Credit,EITC)1500亿美元,仅2013年一年中,美国财政部估计近24%的EITC支付存在问题。

第二,现行税制不利于投资和储蓄。美国是世界上对资本征税水平最高的国家之一,且对资本存在双重征税,即在企业层面征一道税,又在个人层面征一道税,综合税率超过50%,为OECD(经济合作与发展组织)国家和金砖国家之最。

比如,假设个人购买某公司的股份,该公司将其税后利润全部用于股息分配。获利1000美元,缴纳企业所得税350美元,税后利润 650 美元全部用于股息分配。如果股东适用最高个人所得税税率，其分配所得的股息将适用 20% 的税率以及 3.8% 的净投资所得税（根据 Obamacare 法令中的规定），相应纳税 130 美元和 24.7 美元。此外，所谓的 Pease 限制条款要求纳税人每增加 100 元的额外收入需要减少 3 美元的项目扣除，650 美元的股息收入则使得扣除减少 19.5 美元，相应增加 19.5 美元的应税所得，且在最高税率 39.6% 的情况下要多纳税 7.72 美元。因此，企业最初的 1000 美元税前利润，股东最后仅能拿到 485.58 美元（1000−350−130−24.7−7.72）。这意味着，对储蓄者的有效税率高达 50%。

第三，现行税制鼓励企业移居海外。美国现行企业所得税税率高达 39.6%（联邦级税率为 35%，州政府平均税率 3.5%）。2015 年全球 173 个国家和地区的企业所得税税率算术平均值为 22.8%，按 GDP 的加权平均值为 29.8%，美国高出其 10~16 个百分点。全球 173 个国家和地区中，只有 2 个国家（乍得和阿联酋）税率高于美国。企业所得税税率对企业投资决策的影响最大。20 世纪 60 年代，全球最大的 20 个跨国公司，其中 17 个公司的总部设在美国，而 2015 年，排名前 20 位的跨国公司中，仅有 6 个公司的总部设在美国。

对于小企业和封闭式公司（公司股东人数有限）而言，其适用的最高边际税率达 44.6%，企业相应要用更多的精力应付纳税，而非投资和就业。

美国企业所得税的弊端还表现在全球征税制度，这意味着美国公司的海外收入如果汇回国内也要纳税，当然可以扣除在国外已纳税部分。同时，美国的主要贸易伙伴均采用属地征税制度，公司总部收到的海外所得无须纳税，从而导致美国公司总部的外迁，并利用种种避税手段，将国内利润转移至国外。典型的避税手段包括三种：一是人为转移资产所有权所在地。比如，美国跨国公司将核心技术在美国开发的专项技术，人为转移至开曼群岛等避税地，子公司从开曼群岛购买知识产权且向该地支付专利费，从而使利润从高税率的美国转移至低税的开曼群岛。二是"收入剥离"。即人为安排美国母公司向子公司借款，而非支付股利（股息），以增加母公司的财务费用，从而减少应纳税所得额，进而减少企业所得税缴纳。三是收入倒转。即将母公司从法律层面上迁移至低税国，以规避母公司全球收入在高税国纳税的义务，但其母公司的各项实质业务仍在美国，一方面，享受美国市场的所有好处，另一方面，又规避了在美国纳税的义务。2003—2011年，公司采用倒转手段避税的共有7起，年均不到1起，而2012—2015年，美国公司共发生了"倒转"交易27起，年均近7起。据估计，目前美国公司滞留于海外的利润高达2万亿美元，占其跨国公司全部利润的比重高达20%。

第四，现行税制抑制经济增长。复杂的税制、烦琐的征管及高额的征纳成本，以及对储蓄和投资的"惩罚"性机制，迫使公司迁往海外，对美国经济产生不利影响。

2016年2月美国经济学家道格拉斯·霍尔茨-伊肯（Douglas Holtz-Eakin）在众议院筹款委员会听证会上说："美国战后人均GDP的增速平均为2.1%，按此速度，美国人均生活标准可以在30~35年内翻番。而按照CBO的预测，美国GDP的长期增长率为2.0%，叠加1.0%的人口增长率，美国人均GDP增长率仅为1.0%，按此速度，人均生活标准翻番则需要70年，美国梦无法实现。"（见图2-1。）

图 2-1 美国经济增长率

美国近年来的国内投资已达历史最低水平（见图 2-2）。缺乏有效投资，将错失促使生产率提高的创新机会。1960—2008 年，美国国内净投资占 GDP 的比重平均为 4.4%，而 2016 年仅为 2.8%，为历史最低水平。

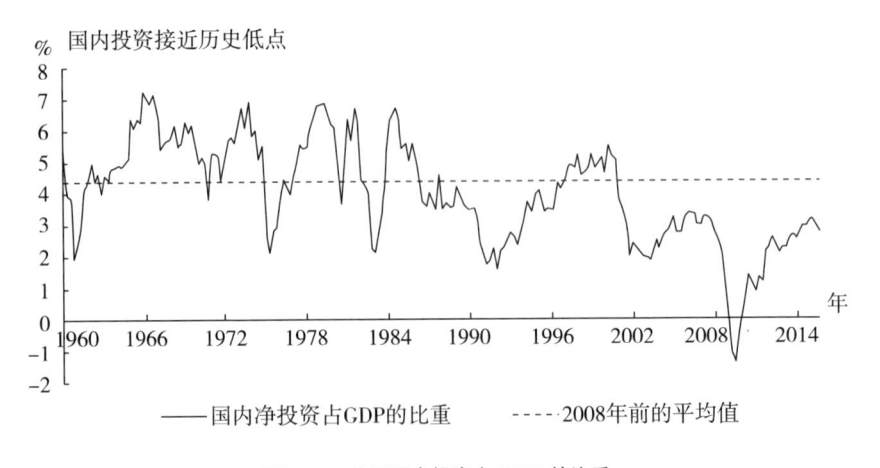

图 2-2 美国国内投资占 GDP 的比重

在前述背景下，美国推出的各种税改方案，虽然技术细节略有差异，但目标基本一致，即促进经济复苏和创造就业。2015 年初，第114届国会成立后，参院财政委员会成立了5个跨党派工作组，对税制改革的各种选项进行前期评估，评估的主要内容是税制的科学性，标准是效率原则、公平原则和简化原则，主导思想是"通过修补美国已经千疮百孔的税法，保障美国家庭，创造就业"。美国2014年的《税收改革法案》提出了一个综合税改的基本框架，该法案确立的改革目标主要着眼于扩大个人所得税和公司所得税税基，改革跨国公司海外收入税收标准等。

第二节　特朗普税改为企业和个人减负

在特朗普最后签字生效之前，影响比较大的税改方案包括两个，一个是众议院方案，由众议院负责税法起草委员会的前后两任共和党籍主席［众院筹款委员会主席凯文·布拉迪（Kevin Brady）联合众院议长保罗·莱恩（Paul Ryan）］于 2016 年 6 月联合提出"更好的道路"的税改蓝图，该报告为美国税改指明了基本方向。另一个是 2017 年 9 月 27 日美国财政部发布的由特朗普政府、众议院筹款委员会和参议院财政委员共同起草的框架性税改方案，题目为《关于修复支离破碎的税收法典的统一框架》(Unified Framework for Fixing Our Broken Tax Code)。因后一个方案由政府和国会共同参与起草，其认可度更高。

一、税改目标

该方案提出建立一个促进经济增长，有利于中产阶层家庭，保护劳动和就业，美国优先的税制体系。改革目标为：拓宽税基、取消税收优惠和促进经济增长，具体包括给美国中产家庭减税；大大降低纳税申报复杂度；给企业，尤其是小企业减税；取消激励工作岗位、资本和税收收入转移的税收优惠；拓宽税基，取消对特殊利益群体的税收优惠进而促进税收公平。

二、参议院方案改革的主要内容

1. 个人所得税改革：标准扣除提高近 1 倍，如单身纳税人标准扣除由现行的 6350 美元提高至 1.2 万美元；简化和降低税率，由现行的 10%~39.6% 的 7 档税率调整为 12%、25% 和 35% 的 3 档，对高收入纳税人附征高边际税率（top rate，未具体确定），以确保累进性；提高子女抵免标准，并限制直至取消高收入纳税人适用子女抵免优惠；除保留住房抵押贷款利息扣除和慈善捐赠扣除以外，取消大部分分项扣除；保留鼓励就业、高等教育和养老保障方面的减免优惠，取消大量其他优惠，以简化税制。

2. 公司所得税改革：降低公司所得税税率至 25% 以下；小企业和家属经营企业经营所得的最高税率不超过 25%；至少近 5 年内企业新发生的资本性投资允许当期冲销（或"列支"）。

3. 取消个人所得税和公司所得税的"最低替代税"（AMT）。

4. 取消遗产税。

5. 国际税收改革：由现行的全球征税（居民管辖权）原则（"离岸"模式）改为美国境内所得征税（来源地管辖权）原则（美国模式）；对此前滞留海外的累积利润，按较低税率（未具体确定）一次性补税，税款的具体缴纳可以考虑在若干年内分次缴纳。

2017 年 12 月 22 日，特朗普签字使美国新的税改方案生效，[①] 其主要内容如下：

特朗普税改涉及公司所得课税制度、个人所得课税制度以及

[①] 特朗普签字生效的美国减税法案的具体内容，可点击 http://www.newsupplyecon.org/index.php?m=content&c=index&a=show&catid=48&id=54 查看。

遗产税和边境调节税（见表2-1和表2-2）。由表2-1可知，将公司税从35%下调至21%，虽然不是之前承诺的15%，但21%的税率依旧低于工业化国家的平均税率22.5%，仍然对企业很有吸引力。备受关注的企业海外利润税税率35%将降低。且无论是否汇回国内均将被征税。国际税收原则由属人原则变为属地原则。除此之外，草案还对企业短期资本冲抵费用做出优惠，其实质是要通过对储蓄和投资的完全免税，即只对全部所得中用于消费的部分课税，使所得税变为事实上的现金流量税，从而达到在未采用增值税的前提下，实现消费型增值税下对资本免税同样的政策效果。该法案中关于公司税的修改内容是永久性的，这些改变会降低公司税负，梳理重组跨国企业经营国际相关的税收体系将使跨国公司海外盈余大幅度回流美国，美国有可能成为又一个避税天堂。

表2-1 特朗普税改计划对公司的影响

涉及项目	美国现行税法	众议院版本	参议院版本	已达成的共识	中国现行税法
公司税：税率	超额累进，最高税率35%	大企业最高税率降至20%，2018年开始生效	大企业最高税率20%，2019年生效，2025年到期	2018年生效，公司税率从目前的35%下调至21%	单一比例税率25%，优惠税率20%、15%和10%
公司税：资本性投资	按照成本支出摊销数年	允许短期投资，如设备、机械在未来5年全部费用化，废除资产需起始即为该纳税人所用的规定	新增的投资和折旧可在至少5年内全部费用化	未来5年可折旧资产，成本费用化，5年后逐步撤销资本费用化	我国有增值税，事实上对资本投资也是免税的

续表

涉及项目	美国现行税法	众议院版本	参议院版本	已达成的共识	中国现行税法
公司税：盈亏互抵	当年亏损可以抵减前两年利润	废除现行税法规定，只能抵减未来20年的利润，且仅能于课税所得90%的范围内盈亏抵减	未涉及	未涉及	当年亏损可以抵减之后连续五年利润
国际税收原则	属人原则：全球所得纳税	属地原则：仅就美国境内所得纳税	属地原则：仅就美国境内所得纳税	属地原则：仅就美国境内所得纳税	属人原则：全球所得纳税
替代性最低限额税（Alternative Minimum Tax，AMT）	另一种计税方式，与一般所得独立存在，取高值交税	废除AMT	保留AMT，提高免征额	废除AMT	无
公司税：小型企业	暂无适用情况	合格商业实体经营者可以提70%收入为薪资所得，30%为营业收入，前者适用个税税率，后者税率25%，经营者提列薪资所得比例，也可以按照资产投资比例决定；商业实体经营者或股东股利的应税收入不足15万美元者，其中低于7.5万美元的税率由12%降至9%	对合伙实体、责任有限公司及其他所谓的商业实体等，非薪资收入的所得税可以扣除17.4%，但是大多数服务类商业实体无法享用这项扣除，除非合并申报的应税所得低于15万美元，或者其他申报者应税收入低于7.5万美元	未作修改	我国个体工商户、个人独资企业、合伙企业自2001年起只缴纳个人所得税不缴纳企业所得税

续表

涉及项目	美国现行税法	众议院版本	参议院版本	已达成的共识	中国现行税法
公司税：累计离岸收入	海外利润如果汇回国内，需按照35%的税率纳税，未汇回国内不需要纳税	美国股东收到的海外股利完全免税，已在海外累计并未汇回美国的盈余，美国按照持股比例纳入应纳税所得额，现金税率14%，非现金税率7%，可在未来8年内分期缴纳	跨国公司累计离岸收入的现金部分税率为14.5%，非现金部分税率为7.5%	跨国公司累计离岸收入的现金部分，税率为15.5%，非现金部分税率为8%	
导管企业所有者	按个人所得税纳税	被动收入税率25%，主动收入税率35.22%，个人收入税率39.6%	最高税率38.5%（扣除23%收入后纳税，相当于税率降至29.6%），个人服务收入税率38.5%	适用公司税率，对前31.5万美元提供20%的税收减免，将有效降低边际税率到不足29.6%	

由表2-1可知，在个人所得税方面，维持目前联邦个人所得税率分为7档的现状不变，但大部分税率有所下降，最高税率由39.6%降至37%。个人所得税标准抵扣额翻倍，取消大部分可选扣除额，提高替代性最低限额税免征额和遗产税门槛。法案还部分废除了前总统奥巴马的招牌法案"奥巴马医保"，不再强制要求美国人购买医疗保险。再加上其他一些规定不仅简化了美国个人所得税制，而且将给予高收入人群税收优惠，特别是企业主和企业继承人，中等收入家庭税后收入也会有所增加。

表 2-2　特朗普税改计划对个人的影响

涉及项目	美国现行税法	众议院版本	参议院版本	已达成共识	中国现行税法
个人所得税税收等级划分	7档：10%、15%、25%、28%、33%、35%、39.6%，收入46万美元以上适用39.6%税率	4档：12%、25%、35%、39.6%，保留对富人课税的39.6%，但适用门槛调升至100万美元	7档：但调降税率分别为10%、12%、22%、24%、32%、35%、38.5%	7档：10%、12%、22%、24%、32%、35%、37%	分类税率，最高为45%
替代性最低限额税（AMT）	另一种计税方式，与一般所得相互独立存在，取高值交税	废除个人AMT	保留个人AMT，但是提高免征额	保留自然人纳税人的AMT	无
个人所得税：抚养子女税收抵免	对年收入11万美元以下家庭，每名子女抵免1000美元；收养一名子女抵免13 750美元；子女年龄限制为18岁	对年收入23万美元以下的家庭，每名子女抵免额调高到1600美元，维持收养子女税收抵免，子女年龄限制为17岁；抚养成人，例如父母，每位新增抵免300美元，2023年到期	对年收入百万美元以下的家庭，每位子女抵免2000美元，维持收养子女税收抵免，子女年龄限制为17岁；抚养成人，例如父母，每位新增抵免500美元	子女税收抵免额2000美元	无
个人所得税：标准扣除额与免税额	单身：6350美元；夫妻共同申报：12 700美元	标准扣除额与免税额结合。单身：12 000美元；夫妻共同申报：24 000美元	标准扣除额与免税额结合。单身：12 000美元；夫妻共同申报：24 000美元	标准扣除额与免税额结合。单身：12 000美元；夫妻共同申报：24 000美元	分类扣除标准

续表

涉及项目	美国现行税法	众议院版本	参议院版本	已达成共识	中国现行税法
净投资所得税	个人年收入超20万美元，家庭年收入超25万美元，须按3.8%税率纳税	取消	未作修改	未作修改	基本按照20%的税率征税
奥巴马医保强制个人参保	强制	保留	取消	取消	自愿
个人所得税：列表扣除额	联合扣除上限31.38万美元；个人扣除额上限26.15万美元；列表扣除包括：房屋贷款利息（不超过100万美元），慈善馈赠，学生贷款，医疗费用，搬家费用，赡养费用等	保留房屋贷款利息，上限为50万美元，仅适用于往所；保留捐赠扣除；上限由调整后收入的50%上升为60%；保留州与地方课征的土地与房屋税，上限为1万美元，但是取消所得税和消费税的扣除，研究生学费予以扣除；废除其余列表扣除整体上限和大部分扣除项目	不改变现行家庭可以扣除100万美元的抵押贷款利息规定，保留捐赠扣除；保留教师为学生贷款扣除；保留教师为学生购买文具等扣除；保留超过纳税人10%收入的主要医疗费用扣除；废除其余列表扣除整体上限和大部分扣除项目	保留房屋贷款利息，上限为75万美元，保留捐赠扣除；保留研发税抵扣；允许个人扣除高达1万美元的州和房地产税或相同数额的州所得税和销售税，取消其他列举扣除	捐赠扣除，房屋贷款利息，全额扣除，装修扣除，已缴税款扣除等

续表

涉及项目	美国现行税法	众议院版本	参议院版本	已达成共识	中国现行税法
遗产税及赠等税	每年按指数调整免税额，2018年资产超过560万美元的个人，将被征收遗产税，税率18%~48%	维持每年按照指数调整的免税额，免征额翻倍，2018年为每人1100万美元，2023年废除遗产税，赠与税税率由40%降至35%	保留遗产税，免税额翻倍，2018年为每人1100万美元免税额（若是配偶继承，免税额为2200万美元起）	保留遗产税，但提高门槛	未开征

第三节　特朗普税改的效应与前景展望

一、对美国经济的可能影响

特朗普税改对美国经济形成利好，具体体现在以下几方面：

提高国内的投资热情，增加就业。由于降低了企业所得税和个人所得税税率，增加了企业的税后利润和个人的税后收入，相应会提升企业的投资意愿和国民的劳动热情，同时家庭税后收入的增加也会提振本国消费意愿，对美国的经济和就业形成利好。

扭转税基被侵蚀和利润转移局面，引导国外利润回流美国。降低企业所得税税率和实行属地征收原则，可以显著提高美国对企业利润的吸引力，从而会减少甚至"消灭"目前存在的利用"倒转"进行的避税现象，将在美国创造的利润留在本国。更为重要的是，实行属地征收原则，不但能消除"税基侵蚀和利润外移"问题，而且可以吸引税基和利润向美国转移，比如，会吸引跨国公司总部迁往美国，在某种程度上形成国际上的"税收洼地"。

增加政府收入。尽管降低企业所得税和个人所得税税率短期会产生减税效应，但在降税率的同时，也取消了诸多税收优惠，从而扩大了税基，且因税率降低和税制简化，会大大降低纳税人偷逃税的动机，从而也会产生增收效应。尤其重要的是，从中长期看减税带来的经济增长,增加了税源。"税收洼地"效应,也是美国未来的增收因素。

二、对世界经济的可能影响

特朗普税改方案一旦实施,对世界经济影响的积极因素和消极因素相互交织,增加了世界经济发展的不确定性。具体而言:

1. 因国际税收竞争的考虑,引发全球减税,促进经济复苏

降低企业所得税税率是当前全球的税改趋势。据美国税收基金会的研究,全球企业所得税平均税率(按照GDP权重计算的加权平均税率)已从2003年的30%左右下降到2015年的22.8%。美国此次企业所得税税率下调,一方面是顺应全球企业所得税税率下降的改革趋势,另一方面也是为了提高本国税收竞争力(拟定税率低于全球平均水平和发达国家平均水平)。作为全球经济的引领者,美国企业所得税税率下调且调至全球(发达国家)平均水平之下,有可能助推其他国家继续大幅下调企业所得税税率,提高本国税收竞争力。据报道,法国、意大利、荷兰、英国、澳大利亚等国家纷纷表示降低企业所得税税率。因此,可以估计,特朗普企业所得税改革方案,将助推全球企业所得税税率下调的趋势,带来新一轮全球减税,进而促进全球经济复苏。

2. 影响全球结构调整,缓解结构失衡问题,有助于全球经济再平衡

当前全球经济增速放缓,从表面上看,源于国际金融危机的后遗症,但其根本原因在于全球经济结构失衡,以及由此引发的

全球制造业中心和金融货币中心背离，虚拟经济和实体经济背离，形成全球供需失衡。例如，近年来，一些国家金融市场高歌猛进、连创新高，虚拟经济脱离实体经济，使实体经济复苏乏力、债务高企。美国降低企业所得税，一方面促使全球资本回流美国，而且有利于美国企业，特别是制造业发展，另一方面引发其他国家的联动效应，加强结构性改革。这两个方面因素叠加，会在一定程度上缓解全球经济失衡问题，使金融资本更好地服务实体经济。因此，从长远来看，美国降低企业所得税，具有一定的积极效应，可以影响全球经济结构调整，有助于全球经济再平衡。

3. 对新兴国家产业发展和竞争力，产生不利影响

自21世纪以来，新兴经济体迅速崛起，经济增长的速度加快，全球影响力逐步提升。受金融危机、欧债危机等影响，世界经济重心加快由大西洋向亚洲地区转移的速度。新兴经济体在全球经济中的分量明显增大，其在国际舞台上的影响力不断增强。然而，美国降低企业所得税带来的美国增长预期和投资收益率提高效应，将在一定程度上影响一些国家，特别是新兴国家的产业发展和竞争力，延缓上述趋势变化。

美国降低企业所得税，将通过两个传导途径影响其他国家的产业发展和竞争力：其一，降税将会提升美国经济增长的预期，使美元继续走强，促使国际资本加速回流美国；其二，因企业所得税税负的降低，企业投资收益率的提高，叠加美国国内市场需求的扩大，会吸引全球实业资本（包括中国的民间资本）流向美国，加速美国的再工业化。

从产业结构和国际分工体系而言，这可能对当前一些国家的

产业升级，特别是新兴国家的转型升级带来不利影响。长期以来，在国际产业分工体系中，美国等发达国家占据产业链的高端环节，新兴经济体快速发展，虽然也与技术进步和质量提升有关，但更多的是体现在经济总量的扩张上。经济结构的优化、升级，一直是新兴经济体和发展中国家面临的重要任务，美国降低企业所得税，所带来的资本和产业回流美国，会使一些中高端资本力量撤出或不再考虑进入这些国家，使它们的转型升级受到不利影响。

从竞争力和创新能力而言，也将对新兴国家及其他一些国家产生不利影响。美国降低企业所得税，所带来的资本和产业回流，以及再工业化提速，一方面，加大了美国出现技术新突破的可能性——历史经验显示，20世纪80年代的美国减税，就带来了信息技术的重大突破，增强了美国的竞争力。另一方面，由于资本和产业回流美国，给新兴国家及其他一些国家技术创新带来了新的障碍，将会影响这些国家的创新能力和国际竞争力。

4. 减税引发的联动效应，增加了一些国家主权债务危机的风险

全球金融危机爆发后，随着全球经济增速放缓以及政府债务水平的提升，一些政府的偿债能力急剧下降，主权债务危机日益成为影响全球经济问题发展的重要因素。早在2010年希腊主权债务危机突然爆发，并向欧洲其他国家扩散之时，西班牙、爱尔兰、葡萄牙和意大利等国同时遭受信用危机压力。受欧洲主权债务危机愈演愈烈的影响，全球主要金融市场曾动荡不已。当前，国家主权债务风险仍有威胁或阴影挥之不去。2016年，惠誉下调主权信用评级的国家多达20个，创下自1994年有记录以来的历史新高，被惠誉列入"负面展望"（可能会下调主权国家评级）的国家数量

也已经超过了那些"正面展望"的国家数量。欧洲国家仍受困于经济增长乏力以及公共财政负担加重，英国、法国、西班牙、葡萄牙、意大利和希腊等国家的实际 GDP 的增长低于实际有效利率，对债务的偿还能力构成挑战，比利时、英国等国家都在惠誉的"负面展望"名单中，主要新兴市场国家中，包括俄罗斯和土耳其等国也仍然处于惠誉"负面展望"的名单中。如果美国降低企业所得税，有可能引发全球范围的减税潮，对相关国家的财政收入带来影响，势必增加这些国家的主权债务危机的风险，给全球经济运行留下隐患和不稳定因素。

5. 对低税国和避税地国家（地区）产生竞争作用和不利影响

现行美国企业所得税税率为35%，同时对海外利润实行延期纳税的政策，即只有利润汇回本国时才缴纳企业所得税。在这种政策背景下，美国跨国公司不但不愿意将海外公司获取的利润汇回本国，甚至将本国（高税国）获取的利润转移至避税天堂（低税率国家），典型跨国公司将在美国母公司研发成功的技术专利转移至某些"避税天堂"所在地（如开曼群岛）的分（子）公司，而美国母公司通过支付特许权使用费的方式来使用该知识产权。于是，美国跨国公司利润留在海外的占比提高，给美国本国经济带来不利影响。特朗普本次企业所得税改革中，将汇回母公司利润的企业所得税税率降至10%，便有抑制利润转移和扩大税基之意。因此，本次特朗普税改会促使跨国公司的海外公司利润汇回美国，从而对低税国和避税国家产生竞争作用，造成不利影响。

三、对中国经济的可能影响

特朗普减税改革的初衷是振兴美国制造业,同时防止本国跨国公司利润被侵蚀。世界上头号强国、最大经济体的这一番举措,其"外溢性"是会相当明显的,包括特朗普税改对于中国会在吸引外资能力、制造业竞争力以及中国企业"走出去"等方面带来不同程度的影响。

1. 吸引外资能力受到抑制,加剧资本外流和企业外迁,削弱我国发展动力

近年来,我国经济增长的基础条件发生了重大变化,特别是要素成本快速上升,人口老龄化加速,原有的劳动力比较优势、低成本优势等,逐渐减弱或消失,强化资本外流和企业外迁动机。2015年,中国吸收外商直接投资(FDI)规模达到1262.7亿美元,又创新高,连续24年位居发展中国家首位,但其后受全球经济增长疲软以及世界贸易增长乏力等因素影响,2016年FDI较2015年增速下降,仅增加2.3%。根据联合国贸易发展组织(UNCTAD)统计,2015年美国吸引FDI规模为3798.94亿美元,占全球总FDI的21.56%,是中国的近3倍。一旦美国降低企业所得税,吸引外资的效应会明显增加,加之其高素质的人力资本、完善的市场机制和法制体系等,会进一步扩大其吸引外资的优势,这将会压抑我国的吸引外资能力,引起资本外流和企业外迁的加剧,从而削弱我国发展的比较优势和动力。

2. 有可能加大人民币贬值压力、引起外汇储备减少，影响我国经济增长的潜力和金融稳定

我国外汇储备在 2006 年超越日本成为全球第一，并于 2014 年 6 月达到 3.9932 万亿美元峰值，之后快速下降，截至 2017 年 1 月末，中国外汇储备余额降至 29 982.04 亿美元，进入 "2" 时代，6 年来首次跌破 3 万亿美元关口。人民币贬值预期，是导致我国外汇储备加速下滑的主要诱因。受美联储加息预期和新兴经济体增速全面放缓的影响，人民币贬值预期曾不断升温，外汇储备骤减，而外汇储备的骤减又加剧了人民币贬值预期，从而形成了自我增强式"贬值—减少"循环渠道。在人民币贬值压力较大的情况下，外汇储备大量消耗，使货币政策的独立性受到影响，对未来经济发展的负面影响会加剧。在这一情况下，如果美国降低税负，必然提升美国经济增长预期、促使美元持续走强，人民币将继续承压，很有可能资金净流出加剧，从而引起外汇储备继续减少，影响我国的经济增长潜力和金融稳定。

3. 美国跨国公司在中国利润回流美国，但影响有限

如前文所述，美国降低企业所得税海外利润税率，会促使美国跨国公司利润回流美国。但是，美国跨国公司滞留在海外的利润主要集中于低税率（如爱尔兰）和避税地（如百慕大）。据统计，2012 年美国跨国公司 43% 的海外收益集中于 5 个避税地。中国企业所得税税率为 25%，属于正常水平，[①] 因此不是美国跨国公司避

[①] 美国税收基金会研究发现，2015 年，OECD 国家企业所得税最高税率为 24.99%，G20（二十国集团）国家的平均税率为 28.18%，欧盟国家的平均税率为 22.37%，南美的平均税率为 27.92%，全球的平均税率为 22.86%。

税地，所以也不会导致美国跨国公司将留在中国的利润大规模地转移。

4. 对中国的制造业带来新的挑战和压力

重振美国制造业是特朗普本次税改方案的重要目标之一。如果美国企业所得税税率下降，在其他条件不变的情况下，必然会提升制造业资本的税后利润，从而对全球制造业资本的配置产生影响，促进制造业资本流向美国，导致其他国家和地区的制造业资本减少。因此特朗普税改方案，对中国制造业会在竞争中形成不利影响。但是，根据德勤发布的《2016年全球制造业竞争力》中报告的观点：影响制造业竞争力的关键驱动因素，按照重要程度，依次为：人才、成本竞争力、劳动力生产率、供应商网络、法律监管体系、教育基础设施、物质基础设施建设、经济贸易金融和税收体系、创新政策和基础设施、能源政策、本地市场吸引力、医疗体系。这意味着，税收是影响一国制造业竞争力的因素之一，但其重要程度并不太高，因此仅就特朗普企业所得税税改而言，对其制造业竞争力提升的贡献有限，对中国制造业竞争力的威胁不会太大。

仅从中美企业所得税的比较来看，中国目前企业所得税法定税率为25%，与OECD国家持平，同时中国制造业企业可以享受一些税收优惠政策，实际税负低于25%。而本次特朗普企业所得税税改方案定在21%左右，这样名义税率中国仅高4个百分点。而特朗普税改一方面是降税率，同时也取消一些税收优惠政策，在一定程度上抵消降率带来的减税效果。实际税负差距不到4个百分点，因此对中国制造业竞争力的影响不会太大。

5. 有利于中国企业走出去，符合我国发展的长远利益

如前文所述，特朗普税改方案可以提高企业的税后利润，因此对在美国投资的中国企业而言是利好，再叠加其扩大基础设施投资的市场需求，而中国近年来走出去企业的投资领域也多集中于基础设施领域，两种利好因素叠加，有利于中国企业更积极地走出去，符合中国发展的长远利益。

总之，美国特朗普税改的三个目标分别为：使美国跨国公司利润回流美国，提高美国税制国际竞争力，振兴美国制造业。我们认为，对世界经济的影响是，对金融资本的影响较大，对低税率和避税地国家影响大，对中国有影响，但影响相对有限。

第三章　税制基本特点与比较研究和财政的"三元悖论"

第一节 主要经济体的税制特点

从理论上说,税制可以分为单一税制和复合税制,前者是指一个国家的税收制度由一个税类或少数几个税种组成,后者是指一个国家的税收制度由多种税类的多个税种组成,通过多种税的互相配合和相辅相成组成一个完整的税收体系。目前,世界各国普遍实行的是复合税制。按照各税种的构成比例,复合税制可以分为以直接税为主的税制结构模式和以间接税为主的税制结构模式,前者也往往称为以所得税为主的税制结构模式,个人所得税、公司所得税、社会保障税等占税收收入比重较大;后者也被称为以商品税为主的税制结构模式,增值税、营业税、销售税、消费税等占税收收入比重较大。下面重点介绍几个税制方面有代表性的主要经济体。

一、美国税制特点分析

(一)以直接税为主的复合税制

美国是以直接税为主的复合税制国家,2016年联邦政府收入中直接税占比高达91.3%。目前,联邦政府征收的直接税包括个人所得税、企业所得税、社会保障税、遗产和赠与税,其中个人所得税和社会保障税是联邦税收收入的主要来源。2016年,个人所得税收入为15 461亿美元,社会保障税收入为11 151亿美元,分别占联邦总收入的47.3%和34.1%。在地方财政收入中,财产税是最主要的收入来源,虽然比重近年来一直在下降,但目前仍保持在75%左右。

(二)分权的税收管理体制

美国是联邦制国家,行政体制分为联邦政府、州政府和地方政府三级,各级政府各有明确的事权和独立的立法与行政权。与此相对应,联邦、州、地方三级也拥有各自的税收立法权、征收权和管理权,以保证各级政府更好地履行自己的职责,各级政府既可以设计开征新税、废止旧税,也可以调整已有税种的税率,制定征收办法等。

从税种划分来看,属于联邦政府收入来源的税种有个人所得税、公司所得税、社会保障税、遗产和赠与税、关税等;属于各州政府收入来源的税种有销售税、个人所得税、公司所得税等;属于各地方政府的收入来源税种有财产税、销售税、个人所得税等,其中个人所得税、销售税、财产税分别是联邦、州、地方三级政府的第一大税收收入来源。个人所得税、公司所得税、社会保障税、销售税、财产税、消费税等是共享税,比如,个人所得税、遗产和赠与税由联邦与州政府同时开征,财产税、销售税由州和地方政府同时开征,不同级政府对于同一税源可以按各自税率分别征收。同级政府间税收结构也有较大差异,比如,有的州以销售税为主体税种,有的州以个人所得税为主体税种。以个人所得税为例，俄勒冈州、马里兰州、马萨诸塞州、纽约州的税收收入中个税收入占 40% 以上，在另外一些州占比则较小，还有华盛顿、阿拉斯加等 7 个州不征收州的个人所得税。

同时联邦、州、地方三级政府都有各自独立的征税机构管理税收收入，比如，联邦政府有国内收入局和关务署，州政府有州税局，地方政府的有县税局、市税局等，各级征税机构在自己的职权范围内进行征税，分属各级政府，彼此间没有领导和隶属关系，只是存在代理征收、信息共享等业务合作关系。

（三）主要税种的特点

1. 个人所得税

美国的个人所得税实行综合计征，涵盖纳税人在一个年度内的任何来源、任何形式的收入所得，按照纳税人申报状态制定相应的免征额（2017 年，已婚联合申报、户主申报、单身或已婚分别申报的免税额分别为 12 700 美元、9350 美元、6350 美元），并根据纳税人的实际负担，比如，配偶是否工作、抚养和赡养人数、住房抵押贷款利息、保险不能覆盖的医疗费用等，设计了不同的扣除项目，最后再运用超额累进税率计算应纳税额，有利于较好地实现拥有相同纳税能力的人缴纳相同税收，且纳税能力高的人多交税的原则，调节贫富差距的作用明显，具有明显的累进效应，但对政府管理水平与国民素质的要求较高。

2. 社会保障税

美国的社会保障税也称工薪税，是对工薪所得征收的专门用于社会保障支出的税种，专款专用，独立核算。具体包括老年、残疾、遗属保险税，医疗保险税和失业保险税。老年、残疾、遗属保险税的纳税人是在美国境内发生雇用关系、领取和发放工薪的雇员和雇主（税率均为6.2%），以及作为美国公民或居民的自营职业者（税率为12.4%）；医疗保险税的纳税人也是雇员和雇主（税率均为1.45%）、自营职业者（税率为2.9%）；失业保险税的纳税人是雇主（税率为6.2%）。[①]

3. 公司所得税

美国的公司所得税是联邦政府第三大税种，收入所占比重仅次于个人所得税和社会保障税，2016年，公司所得税收入为2996亿美元，占联邦政府总收入的9.2%。20世纪50年代，公司所得税占联邦收入的比重最高曾接近50%，后来虽然起起伏伏，但也一直稳定在30%以上，到90年代后不断下降到现在的水平，其中原因之一是美国政府为提高企业在国际市场的竞争力而多次降低公司所得税率；原因之二是大公司通过关联交易、转让定价等各种可能的手段，使低税地或避税天堂成为利润的实现地，导致实际税率远远低于名义税率，尤其是一些财富500强企业，都在比较长的时间段内不缴纳或缴纳很少的公司所得税。

4. 财产税

财产税在美国的开征已有200多年的历史，是地方政府的主体税种，尤其是在经济出现危机甚至是衰退阶段其他税种收入大幅下降时为地方政府提供了稳定的财政保障。财产税的征收对象以农场、住宅用地、商业用地等不动产为主，此外还有车辆、家具、设备等有形动产以及股票、存款等无形动产，一般由地方市、县、镇政府和学区、特区等税务机构征收，税收收入全部归地方政府

[①] 付伯颖. 外国税制教程［M］. 北京：北京大学出版社，2010.

所有，用于当地的公共服务支出。美国财产税的税率一般由地方政府采用"量出为入"的原则确定，即首先由各级政府根据一年的各种预算收入对应总支出的缺口，确定需要通过财产税筹集的收入，再除以应税财产的评估价值以求出当年的税率，因此各地之间存在较大差异。高税率原则上对应着高水平的公共产品和服务供给，否则选民可以通过直接投票或"用脚投票"，选择代表居民意愿的地方政府，或搬到符合他们需求的地区居住，在很大程度上机制性地提高了法制化环境下的地方自治能力和公众的公共事务参与能力与纳税意识。

二、日本税制特点分析

（一）以直接税为主的双主体税种结构

日本是单一税制国家，实行中央、都道府县、市町村三级自治，各级政府税均实行以直接税为主的复合税制，且都选择了两种税作为主体税。中央政府征收的国税约占日本全国税收收入的2/3，包括个人所得税、法人所得税、消费税、继承税、赠与税、酒税等，其中个人所得税和法人所得税是主体税，个人所得税是日本的第一大税种，2016年度个人所得税收入为17.61万亿日元，占国税收入的31.75%，法人所得税收入为10.33万亿日元，占国税收入的18.62%。都道府县和市町村征收的税被称为地方税，前者的主体税种是都道府县居民税和事业税，后者的主体税种是市町村居民税和固定资产税，居民税和事业税是对辖区内的个人所得和法人所得课税，固定资产税是市町村级政府对房屋及应折旧的资产课税。

(二)地方政府可通过授权审批参与税收立法

日本的税收立法权属于中央，无论是中央政府开征的国税还是地方政府开征的都道府县税和市町村税一般都由中央政府制定，但地方政府在税收立法集权的原则下仍可通过授权、审批等方式获得部分自主权。比如，地方可根据实际需要提出希望在本辖区内开征的税种，经内阁和国会讨论审批后即可实现，通过此种途径开征的地方税有冲绳县的石油价格调整税、鹿儿岛等十县的核燃料税以及部分市町村的林产品出境税、采沙税、文化观光设施税等。此外，地方政府还可以在中央政府规定的地方政府税目表上选择适合本辖区的税种以及合适的税率（需经总务省批准）。上述地方政府的有限立法权有利于解决财力困难，提高地方政府的治理能力，使其在更大的空间中更加灵活地构建地方税体系。

(三)鼓励自主诚信纳税的"蓝色申报制度"

20世纪40年代，日本开始对经营所得纳税人推广自行申报、自行计算、自行缴纳的纳税申报制度，21世纪初，日本国内已经实现全民的个人自我评定制度。会计制度健全的纳税人（包括个人纳税人和公司纳税人）向主管税务署提出申请并获得批准后，可以成为蓝色申报纳税人，在满足税务机关在账簿记录和保存上的相关要求后可以比普通纳税人享受更多的税收优惠（如更多的免征额和扣除项目）和更简便的征收手续，既节约了税收征管成本，又有助于提高纳税人的会计核算水平，培育社会的诚信纳税风气。目前，日本约有98%的法人纳税人实行了蓝色纳税申报。

（四）主要税种的特点

1. 个人所得税

日本的个人所得税采取综合与分类相结合的计征方式，对于纳税人的一年内的工薪所得、退休所得、营业所得、转让所得（除不动产、股票外）、一次性所得、杂项所得合并计算征税，对于利息所得、山林所得、小额红利所得、不动产和股票转让所得分别课税，其中综合课税所得和山林所得适用四级累进税率，分别为10%、20%、30%和37%，其他几种分类课税所得适用比例税率。由于以家庭为征收单位，日本的个人所得税不仅对独身者、两口之家、三口之家制定了不同的免征额，还设计了配偶扣除、抚养扣除、老人扣除、残疾扣除等对"人"的扣除，以及医疗扣除、保险费扣除、灾害损失等对"事"的扣除。

2. 消费税

日本的税收收入虽然是以直接税为主要来源，但是经过近年来以消费税增税为中心的税制改革，多次上调消费税税率，2016年度消费税收入已经达到17.23万亿日元，成为对国内消费的商品和劳务的增值部分的普遍课税，本质上是消费型增值税。自20世纪70年代以来，日本经济增速的下滑带来的税收收入下降，以及进入老龄化社会带来的社会保障支出攀升，导致了财政收支矛盾加剧。为扩大税源和促进代际公平，日本从1989年起开始征收消费税，中央与地方共享，目前税率为8%，其中中央消费税税率为6.3%，地方消费税税率为1.7%。虽然征收消费税增加了日本的税收收入，但是加大了低收入群体的生活负担，降低了居民购买力，每次提高税率后都会出现消费同比下降的情况，且消费税收入增长的幅度远小于社会保障支出。总之,日本的消费税增税改革总体而言似乎并没有降低财政和社会保障风险。

三、德国税制特点分析

(一)税种划分与共享相结合,立法相对集权

德国是联邦制国家,政府层级分为联邦、州、专区、县、乡镇五级,而财政层级只有联邦、州、乡镇三级。各级政府既有独立属于本级政府的税种,也有与上级政府或下级政府共享的税种,共享税是各级政府的主要收入来源,包括三级政府共享的个人所得税、增值税、贸易税、工薪税,以及联邦政府和州政府共享的公司所得税和资本利得税。联邦政府专享税以及与下级政府的共享税由联邦政府立法,州政府和乡镇政府的专享税虽然原则上由联邦政府与州政府共同立法,但为了保证各州的税制相对统一,主要由联邦政府制定。

(二)联邦政府以间接税为主,州和乡镇政府以直接税为主

与美国和日本不同,德国不能简单地按照税种收入比重划分为以直接税为主的税制结构或是以间接税为主的税制结构,因为在德国税收总收入中,所得税和商品税收入占比相差无几,有的年份所得税比重略高,有的年份则是商品税比重略高。联邦、州和乡镇三级政府的税种结构有较大差异:联邦政府实行以间接税为主的税制结构,所得税收入和商品税收入分别占税收收入的40%和60%;州政府的税收来源则以直接税为主,所得税和财产税收入合计占税收收入的60%;而在乡镇政府层面更是以直接税为主,

其中所得收入占比就高达80%，商品税只占6%左右。

（三）主要税种的特点

1. 个人所得税

个人所得税收入是德国税收收入的第一大来源，占40%以上，个人所得税在德国是联邦、州和乡镇三级政府共享税，是各级政府的主要税源，尤其在乡镇政府税收收入中比重近80%。德国的个人所得税采取综合计征方式，征税范围包括从事农林业、工商业、自由职业的收入，受雇工作、投资所得、租金收入等其他收入，其中对工资、利息、股息和红利等所得则采用预提法进行来源课税。工资税是个人所得税中最重要的子税种，根据纳税人的婚姻状况、配偶是否工作、抚养人数等实际纳税能力，将其分为六级，其中已婚但配偶无工作的一级纳税额最少。德国个人所得税的税率分为五档，其中处于第二档和第三档的纳税人适用14%~24%和24%~42%的累进税率，纳税人真正适用的税率是随着应纳税所得额的增大，一个百分点一个百分点地逐渐增加，在很大程度上体现了量能纳税，有利于减轻中低收入群体的纳税负担。

2. 财产税

财产税在德国是州政府和乡镇政府的重要收入来源，尤其在乡镇政府税收收入中占比达15%左右。德国的财产税是对个人和法人的全部财产（包括不动产、农林业财产、企业财产以及债权、银行存款、专利权和版权、人寿保险等）的净值课税，并不是按不同财产类别分别征收，确定净值时先以平均价值估算为基础，再扣除债务以及一定的生活费减免。德国的财产税对个人、公司的经营资产和股权、公司的其他资产，分别适用1%、0.5%、0.6%的比例税率，个人和公司缴纳的财产税均不能在计算所得额时扣除，但在国外缴纳的财产税额可以从本国应缴纳财产税额中抵免。[1]

---

[1] 付伯颖．外国税制教程［M］．北京：北京大学出版社，2010．

第二节　中美税制改革的比较

税制改革对本国经济社会发展的影响重大且意义深远。20 世纪 80 年代以来，中美两国都十分重视税制改革的设计和其发挥的重要作用，每届政府在执政期间尤其是执政初期都会出台若干税改方案，制定一系列改革措施，但由于两国的政治和经济环境均存在较大差异，税制改革的内容和成效也不尽相同。

一、中美税制改革的背景比较

中国的税制改革是经济体制改革的重要环节和突破口，改革开放以来，中国的经济体制从计划经济过渡为"有计划的商品经济"，再发展到明确表述的"社会主义市场经济"的不断完善，随之而来的是与经济体制改革相配套的几次重大税制改革。美国的经济体制稳定，一直是典型的"资本主义市场经济"，其税制改革更多的是受宏观经济形势、经济发展所处的不同阶段、执政当局奉行的经济思想、民主党和共和党之间的政治博弈等影响。

（一）中国税制改革的背景

1984 年，中国共产党十二届三中全会通过的《中共中央关于经济体制改革的决定》明确改革的基本任务是建立有中国特色的社会主义经济体制，提出社会主义计划经济必须自觉依据和运用价值规律，是在公有制基础上的有计划的商品经济，同时指明国有企业的所有权和经营权相分离的改革思路，指出应使企业真正成为相对独立的经济实体，能够自主经营、自负盈亏，成为具有一定权利和义务的法人，进而以推行"利改税"的方式改革国家与国营企业的分配关系和全面改革工商税制成为20世纪80年代中期税制改革的中心任务。1992年召开的中国共产党第十四次全国代表大会，第一次正式宣布我国经济体制改革的目标是建立社会主义市场经济体制，要深化分配制度的改革，统筹兼顾国家、集体和个人三者利益，理顺国家与企业、中央与地方的分配关系，使市场在社会主义国家宏观调控下对资源配置起基础性作用。另外，1992年中国开始出现新一轮的经济过热现象：1992年全国国内生产总值增长14.2%，工业总产值增长24.7%，全社会固定资产投资增长44.8%，城镇居民消费价格指数上涨8.6%；1993年上半年的各项指标再创新高，工业增加值的增长率达到30.2%，全社会固定资产投资同比增长率高达61%，35个大中城市居民消费价格同比上涨17.4%，6月高达21.6%，也亟须采取有效的宏观调控政策。为了建立与社会主义市场经济相适应的"分税制"财税体制和抑制当时过热的经济形势，1994年我国启动了以"统一税法、公平税负、简化税制和合理分权"为原则的工商税制全面改革。2003年后，为适应社会主义市场经济向纵深发展，理顺政府与市场的关系，我国又推动了增值税由生产型改为消费型、内资与外资企业所得税统一等一系列有利于促进市场公平竞争的改革措施。2013年，中国共产党十八届三中全会指出要推进国家治理体系和治理能力现代化，紧紧围绕使市场在资源配置中起决定性作用深化经济体制改革，赋予财政"国家治理的基础和重要支柱"的地位，并提出科学的财税体制是优化资源配置、维护市场统一、促进社会公平、实现国家长治久安的制度保障。2015年，习近平总书记提出"在适度扩大总需求的同时，着力加强供给侧结构性改革，着力提高供给体系质量和效率"，为构建与现代国家治理和供给侧结构性改革相匹配的现代税收制度，通过"营改增"等结构性减税、推进税收法定等措施，来发挥其重要作用。

（二）美国税制改革的背景

前已陆续述及，两次世界大战和20世纪30年代初的"大萧条"，使美国多次进入增税的通道，而自"罗斯福新政"后美国政府长期奉行的主张"国家干预经济"的凯恩斯主义也支持增加税收。直至20世纪70年代，美国进入"滞胀期"，经济增长缓慢，通货膨胀率长期保持两位数，财政赤字庞大，失业人数剧增，为刺激经济发展，同时也出于缓解日益尖锐的贫富群体间矛盾，以及日益激化的税负实际承受者的积怨和反抗心理的政治考量，里根政府启动了确定所得税法以来最大规模的以减税措施为核心的税制改革，取得值得肯定的走出"滞胀"的成果，也带来了赤字压力加大等副作用。在减税改革和战争等其他因素共同作用下，高赤字困扰下的20世纪90年代的美国政府，老布什和克林顿均采取了提高税率等增收措施。小布什上台以后，为遏制科网股泡沫破灭导致的低经济增长率和高失业率，又连续3年颁布减税法案。2008年美国次贷危机爆发，奥巴马在2010年通过了减税延期法案，延续了小布什政府的减税政策。而在此后的近10年时间里，美国经济增长率年均仅为 2% 左右，新执政的特朗普政府推出包括大幅削减企业所得税在内的若干减税改革措施以期实现吸引海外利润回流和创造更多就业机会等目的。

美国的政党制度也对税制改革产生很大影响。美国是两党制国家，总统选举主要是由民主党和共和党运作和控制，小党成员或无党派人士身份的总统候选人获胜的可能性并不存在。一方面，民主党和共和党的政治哲学迥异，导致经常在政府规模和减税还是增税以及对谁减税、对谁增税等问题上针锋相对：民主党信奉建制派理论，认为放任的资本主义经济导致了严重的贫富不均、高失业与一系列其他问题，政府必须参与解决，其制定的税改方案大多是对富人增税（比如，提高消费税和资本利得税的最高边际税率等），而减少中产阶级的税收负担（比如，扩大面向中产阶级的税收优惠和抵免，对来自储蓄的收入免税等）；共和党信奉保守主义理论，认为政府对经济的干预和对社会问题的涉入会危及美国文明的根基——个人自由，应大幅削减政府支出，其制定的税改方案往往对富人群体更为有利（比如，降低资本利得税税率甚至是取消资本利得税）。当然这种划分也不是绝对的，在 1986 年税改中取消对资本收入的诸多抵免措施中，对富人阶层课以重税的里根总统就是共和党人。另一方面，为赢得中间选民，两党一般都会抛出"减税"的税改方案，在实践中由于税式支出（tax expenditures，即税收优惠）不必由国会立法通过，往往成为政客施以小惠、拉拢选民的有效手段，但是其过度使用往往会扭曲和侵蚀税基，同时也造成税收制度的繁冗和复杂。

二、中美税制改革的内容比较

改革开放以来中国经历的若干次税制改革，如利改税、工商改制配套改革、取消农业税，增值税转型扩围、统一企业所得税等改革措施，不断改造和优化税收体制，是渐进路径上趋向全面系统的改革，以服务于经济体制改革不同阶段的需要和经济社会现代化发展的客观要求。美国现行的以所得税为主体的税收体制成形已有百年，1913年的美国第16次宪法修正案，赋予联邦政府以所得税征收权，因此美国20世纪80年代以来的税制改革，主要是以调整税率和税收级次、设计税收优惠、修改税前扣除标准等为主。

（一）中国税制改革的主要内容

1983年和1984年，我国对国营企业实行"利改税"改革，并配套出台工商税制改革方案，将所得税引入国营企业利润分配领域，具体是指将国有企业向国家缴纳的纯收入由利润上缴形式改为缴纳所得税和调节税等税收形式，税后利润全部留归企业。"利改税"改革分两步实施，第一步是对企业的利润先征收一定比例的所得税，然后根据企业的不同情况，对税后利润采取多种形式在国家与企业之间进行分配。其中大中型企业适用55%的比例税率，税后利润除留存企业外，还要以递增包干、固定比例、定额包干、缴纳调节税等形式上缴国家；小型企业和县以上供销社适用7%~55%的8级超额累进税率，国家对税后利润较多的小型企业还可以收取一定的承包费，或由企业上缴固定数额利润；饮食服务行业和营业性的宾馆、饭店、招待所适用15%的比例税率，企业税后盈亏由商业主管部门处理。① 1984年10月，我国开始正式实行第二步国营企业"利改税"。此次改革将工商税按照纳税对象划分为产品税、增值税、盐税和营业税，对盈利的国营大中型企业在缴纳比例税率为55%的所得税后，按照核定的调节税税率计算缴纳调节税，国营小型盈利企业按新的10%~55%的8级超额累进税率缴纳所得税。利改税后，企业自负盈亏，国家不再拨款，营业性的宾馆、饭店、招待所和饮食服务企业缴纳所得税同样适用10%~55%的8级超额累进税率。② 同时，工商税制改革也全面施行，国务院出台了产品税、增值税、盐税、营业税、资源税、国营企业所得税6个税收条例（草案）和城市维护建设税、房产税、土地使用税和车船使用税4个地方税条例（草案），打破了长期以来税制过于简化的局面。

1994年，我国的分税制财政体制改革和工商税制改革分别在税制要素设计、税收征管、税种划分等方面对财税体制进行了重大调整改革。第一，在流转税改革方面，取消按产品分设税目、分税目制定差别税率的做法，在工业生产领域和批发零售商业领域普遍征收增值税，对少量消费品征收消费税，对不实行增值税的劳务和销售不动产征收营业税，且新的流转税制统一适用于内资企业、外商投资企业和外国企业，取消对外资企业征收的工商统一税。第二，在所得税改革方面，国有企业、集体企业、私营企业统一实行33%的企业所得税率，用税法规范企业所得税前的列支项目和标准，企业贷款利息进入成本，加速折旧，取消"国营企业调节税"和向国有企业征收国家能源交通重点建设基金以及国家预算调节基金，国

---

① 国务院. 关于国营企业利改税试行办法 [Z]. 1983-04-24.
② 国务院. 国营企业第二步利改税试行办法 [Z]. 1984-09-18.

有企业不再执行企业承包上缴所得税的做法；个人所得税改革把原来征收的个人所得税、个人收入调节税、城乡个体工商业户所得税统一起来，并增加了个体工商业户的生产经营所得、财产转让所得和偶然所得，改革后的个人所得税实行分项扣除、分项定率、分项征收，其中工资、薪金所得适用5%~45%的9级超额累计税率，月扣除额为800元，个体工商户的生产、经营所得和对企事业单位的承包经营、承租经营所得适用5%~35%的5级超额累进税率，与企业所得税的税负大体相等，劳务报酬、特许权使用费、利息、股息、红利、财产租赁、财产转让等其他所得，适用20%的比例税率。① 第三，在税收立法和征管改革方面，将维护国家权益、实施宏观调控所必需的税种划为中央税，将同经济发展直接相关的主要税种划为中央与地方共享税，将适合地方征管的税种划为地方税，并充实地方税税种，增加地方税收入。② 中央税、共享税以及地方税的立法权都集中在中央，征收实行分级管理，中央税和共享税由中央税务机构负责征收，共享税中地方分享的部分，由中央税务机构直接

---

① 国家税务局. 工商税制改革实施方案[Z]. 1993-12-11.
② 1994年分税制改革对中央与地方收入划分的具体内容如下。中央固定收入包括：关税，海关代征消费税和增值税、消费税，中央企业所得税，地方银行和外资银行及非银行金融企业所得税，铁道部门、各银行总行、各保险总公司等集中交纳的收入（包括营业税、所得税、利润和城市维护建设税），中央企业上交利润等。外贸企业出口退税，除1993年地方已经负担的20%部分列入地方上交中央基数外，以后发生的出口退税全部由中央财政负担。地方固定收入包括：营业税（不含铁道部门、各银行总行、各保险总公司集中交纳的营业税），地方企业所得税（不含上述地方银行和外资银行及非银行金融企业所得税），地方企业上交利润，个人所得税，城镇土地使用税，固定资产投资方向调节税，城市维护建设税（不含铁道部门、各银行总行、各保险总公司集中交纳的部分），房产税，车船使用税，印花税，屠宰税，农牧业税，对农业特产收入征收的税（简称农业特产税），耕地占用税，契税，遗产和赠与税，土地增值税，国有土地有偿使用收入等。中央与地方共享收入包括：增值税、资源税、证券交易税。增值税中央分享75%，地方分享25%。资源税按不同的资源品种划分，大部分资源税作为地方收入，海洋石油资源税作为中央收入。证券交易税，中央与地方各分享50%。

划入地方金库,地方税由地方税务机构负责征收。[①]同时普遍建立纳税申报制度,积极推行税务代理制度,建立严格的税务稽查制度,确立适应社会主义市场经济需要的税收基本规范并加强税收法制建设。此外,此次税制改革还通过完善对资源产品征税的制度,开征土地增值税,调整一些零星税种以简化和规范税制结构,为实行分税制的财政体制创造配套条件。

2003年之后的税制改革,进一步促进了市场公平竞争,主要内容包括取消农业税、增值税转型、统一内外资企业所得税。第一,农村税费改革不断推进深化。2003年,对除烟叶以外其他农业特产品不再单独征收农业特产税,改为征收农业税,牲畜产品、不在土地上生产的农业特产品以及零星、分散地块上生产的农业特产品既不征收农业特产税,同时也不征收农业税,[②]2004年农业税税率总体上降低1个百分点,取消除烟叶外的农业特产税,[③]2005年,全国共有28个省、自治区和直辖市全面免征农业税,在没有全面征收农业税的河北、山东和云南3个省,也有210个县(市)免征农业税,其他地区按照规定将农业税的税率降低到2%以下。[④]至2006年在全国范围取消农业税,在中国延续了两千多年的农业税正式成为历史。第二,增值税由生产型转向消费型。增值税转型试点首先于2004年7月在东北三省的装备制造业、石油化工业等八大行业进行,对企业购进或融资租赁取得且出租方缴纳增值税的固定资产、用于自制固定资产的购进货物或应税

---

① 国务院. 关于实行分税制财政管理体制的决定 [Z]. 1993-12-15.
② 财政部,国家税务总局. 关于2003年农村税费改革试点地区农业特产税有关问题的通知(财税 [2003] 136号)[Z]. 2003-06-03.
③ 中共中央国务院. 关于促进农民增加收入若干政策的意见 [Z]. 2003-12-31.
④ 国务院. 关于2005年深化农村税费改革试点工作的通知 [Z]. 2005-07-11.

劳务、为固定资产所支付的运输费用所含进项税额,先抵减欠缴增值税,再在企业本年新增增值税的额度内抵扣,未抵扣完的进项税余额结转下期继续抵扣。① 2007 年 7 月试点范围扩大到中部六省 26 个老工业基地城市的电力业、采掘业等八大行业,2008 年 7 月 1 日,试点范围又扩大到内蒙古自治区东部五个盟市和四川汶川地震受灾严重地区。自 2009 年 1 月 1 日起,全国所有行业的增值税一般纳税人购进(包括接受捐赠、实物投资)或者自制(包括改扩建、安装)固定资产发生的进项税额(以下简称固定资产进项税额),凭增值税专用发票、海关进口增值税专用缴款书和运输费用结算单据从销项税额中抵扣,同时取消进口设备免征增值税和外商投资企业采购国产设备增值税退税政策,并将小规模纳税人的增值税征收率统一调低至 3%。② 第三,合并内资企业所得税与外资企业所得税。2008 年 1 月,我国实行新《企业所得税法》,在中华人民共和国境内的企业和其他取得收入的组织一律适用 25% 税率,不再区分内外资企业,同时对符合条件的小型微利企业和国家需要重点扶持的高新技术企业,分别减按 20% 和 15%的税率征收企业所得税。③

2013 年 11 月,中国共产党十八届三中全会后,政治局提出的深化财税体制改革的三大任务之一正是完善税收制度,目前已推进的税制改革措施,主要包括以下几方面内容。第一,全面推行营改增,适当简化税率。营改增全称是营业税改征增值税,是指以前缴

---

① 财政部国家税务总局. 关于印发《东北地区扩大增值税抵扣范围若干问题的规定》的通知(财税〔2004〕156 号)[Z]. 2004-09-14.
② 财政部国家税务总局. 关于全国实施增值税转型改革若干问题的通知(财税〔2008〕170 号)[Z]. 2008-12-19.
③ 第十届全国人大常委会. 中华人民共和国企业所得税法[Z]. 2007-03-16.

纳营业税的应税项目改成缴纳增值税。2012年1月，营改增试点首先在上海交通运输业和部分现代服务业中开展，随后试点范围扩大到北京、天津、江苏、浙江、安徽、福建、湖北、广东和宁波、厦门、深圳等8个省、直辖市和3个计划单列市，到2013年8月，营改增的区域范围已推广到全国试行。2014年1月和6月，又分别将铁路运输业、邮政服务业和电信业纳入试点。2016年5月1日全面推开营改增，将建筑业、房地产业、金融业和生活服务业等最后4个行业纳入增值税征收范围，营业税彻底退出我国税收历史的舞台。2017年7月1日起，我国增值税税率（征收率）取消了13%这一档税率，减少为0、6%、11%、17%四档，原适用13%税率的农产品、天然气等改征11%的税率。第二，全面推开资源税从价计征和清费立税改革。2010年6月首先在新疆进行原油、天然气资源税从量计征改为从价计征改革试点，税率为5%（2014年提高到6%），此后试点扩大至西部地区，2011年11月推广到全国范围，并取消了对外合作开采海洋和陆上油气资源征收的矿区使用费，统一改征资源税。2014年12月全国范围内实施煤炭资源税从价计征改革，同时清理相关收费基金，规定煤炭资源税的税率幅度为2%~10%。[1] 2016年7月，在总结原油、煤炭等资源税改革试点经验的基础上，我国全面推开资源税清费立税、从价计征改革：计税依据由原矿销售量调整为原矿、精矿（或原矿加工品）、氯化钠初级产品或金锭的销售额，同时将全部资源品目矿产资源补偿费费率降为0，停止征收价格调节基金，取缔地方针对矿产资源违规设立的各种收费基金项目。[2] 第三，落实

---

[1] 财政部国家税务总局.关于实施煤炭资源税改革的通知（财税〔2014〕72号）[Z]. 2014-10-09.
[2] 财政部国家税务总局.关于全面推进资源税改革的通知（财税〔2016〕53号）[Z].2016-05-09.

税收法定原则。税收法定是宪法确立的基本原则，也是党中央明确提出的重要改革任务，2015年3月修订的《立法法》以及通过的《贯彻落实税收法定原则的实施意见》明确开征新税应当通过全国人大及其常委会制定相应的税收法律，同时后者对现行15个税收条例修改上升为法律或者对废止的时间作出了安排。2016年12月，第十二届全国人民代表大会常务委员会第二十五次会议审议通过《中华人民共和国环境保护税法》，共六章，分别为总则、计税依据、应纳税额、税收优惠、征收管理、附则，全文28条，2018年1月起正式实施。《环境保护税法》是党的十八届三中全会以来制定的第一部税法，总体上是按照"税负平移"的原则，将现行排污费改为环境保护税。2017年8月28日，十二届全国人大常委会第二十九次会议，审议了《中华人民共和国烟叶税法（草案）》，这是明确地根据税收法定原则第一个由税收暂行条例上升为税收法律的税收立法项目。

（二）美国税制改革的主要内容

20世纪80年代，里根政府对美国的税收制度进行改革。1981年《经济复苏和税收法案》（Economic Recovery and Tax Act）大幅降低了所得税率，其中将个人所得税税率的最高和最低边际税率分别从70%和14%降低到50%和11%，并实行个人所得税的税级随物价指数调整；降低企业所得税率，并对企业给予加速折旧以减少税负，对房屋建筑等折旧期缩短为15年，机器设备为5年，生产和商业用车辆等为3年；资本利得税最低税率从28%下降至20%；等等。然而仅1年后，国会又通过了增税法案，要在1983—1985年内增加税收983亿美元，其中多半是间接税，如增加电话税、烟酒税等。1986年里根连任总统后，再次颁布了减税法案——《税制改革法案》（Tax Reform Act），主要内容包括全面降低个人所得税率，税率从14档简化为15%、25%和28%三档，最高边际税率从50%降为35%，全部个人所得税降低约7%，同时提高了标准扣除，增减了收入豁免项目以及薪金收入抵免范围；公司所得税率从46%降低到34%，且减少了一档税率；将资本利得税的最低边际税率降低到17.5%；限制或取消了过去给予部分个人和公司的税收减免优惠政策，包括取消销售税扣除、不动产税扣除、慈善捐助扣除、资本收益免税扣除、中老年特别免税扣除等60余项特惠待遇。

经过里根政府的大规模减税改革，美国的财政赤字增加，高达2000多亿美元，是20世纪80年代初的3倍。为了削减高赤字并解决由此带来的高负债和高利率问题，老布什和克林顿执政期间均出台了增税法案。《1993年综合预算调整法》（OBRA93）规定，5年内增税2410亿美元，年收入超过18万美元的富人适用的个人所得税税率从31%提高到36%，并对年收入超过25万美元的富豪们再征收10%的附加税，年应税收入超过1000万美元的公司，其所得税率由34%提高到36%。但同时该法案允许中等收入的个人可选择较低的个人所得税税率，并对一些多子女的贫困家庭予以免税。《1997年平衡预算法案》（BBA97）在平衡预算的前提下增加了减税政策，包括降低长期资本利得税的最高税率，提高个人所得税的抚养子女税前扣除，增加对个人退休账户的税收优惠，提高遗产税和赠与税的免征额等。

小布什上台后，于2001年颁布了10年减税1.35万亿美元的《经济增长与减税协调法案2001》，随后又连续颁布《增加就业和援助雇工法案 2002》和《就业与增长税收减免协调法案 2003》，具体内容包括个人所得税率增加一档 10%，并扩大 10% 税率的适用范围，将最高边际税率从 39.6% 降低到 35%，抚养未成年人的税前扣除从 500 美元提高到 1000 美元；提高遗产税免征额，降低最高边际税率以至逐步取消；降低资本利得税率；取消对股息双重征税等。金融危机爆发后，小布什又颁布了《经济刺激法案 2008》、《紧急经济稳定法案 2008》和《延长税收（优惠）和最低选择税减免法案 2008》，一方面通过对美国公民提供 600 美元退税、延长最低选择税减免、个人所得税优惠及特别税收减免期限来降低居民税负，另一方面通过延长企业税收减免规定、提高企业购置固定资产的折旧扣除额和优惠扣除标准来降低企业税负，此外还出台对可再生能源、交通和能源安全等四个方面的税收优惠政策。

奥巴马在 2010 年为应对次贷危机引发的全球金融危机以及出于政治考量，延续了小布什政府的减税政策，减税总金额高达 8580 亿美元，包括继续保持小布什时期个人所得税税率以及每个儿童每年 1000 美元的税前抵扣额两年；将遗产税征税起点从 350 万美元提高到 500 万美元，最高税率降低为 35%；将社会安全福利税（薪资税）从 6.2% 降为 4.2%；长期失业者的救济金延长 13 个月。2012 年，为防止美国坠入"财政悬崖"，奥巴马政府出台了《美国纳税人救助法案》(American Taxpayer Relief Act)，将个人所得税的最高边际税率从 35% 提高到 39.6%，年应税所得不超过 40 万美元的部分适用的各档税率将长期维持在 2012 年的税率水平，不再恢复到克林顿政府时期适用的较高税率，同时维持个人所得税的子女抵免、收养抵免等税前抵扣政策；长期资本利得税的最高边际税率从 15% 提高到 20%；遗产税的最高边际税率从 35%

提高到40%；2012年最低替代税免税标准提高到50 600美元（夫妇联合申报的为78 750美元），并从2013年起允许每年做通货膨胀指数调整；研发费用抵免优惠、就业抵免、新能源投资抵免、电动车抵免等延长至2013年底；面向低收入家庭的临时性减免政策，如工薪所得抵免、大学学费抵免等，优惠期限再延长5年，即延长至2017年底。

2017年4月27日，特朗普在即将上台百日时抛出一纸极为简略的税改原则指引，提出大幅削减企业所得税的最高边际税率，由35%降至15%，将个人所得税率级次从7个减少为3个，即10%、25%和35%，取消15%、28%、33%、39.6%四档税率，提高标准抵扣额近1倍，夫妇共同申报者和个人申报者的年收入免征额提高为24 000美元和12 600美元（现行夫妇共同申报者和个人申报者的年收入免征额分别为12 700美元和6350美元），同时取消除房贷和慈善捐赠以外的税收抵扣，并废除遗产税、"奥巴马医保"税、替代性最低税等税种。2017年7月27日，国会和白宫的六大共和党政要发布有关税制改革的《联合声明》，重申税制改革的宗旨为保护美国的就业岗位，使美国家庭的税收更简单、更公平、税率更低；声明放弃实行国内消费税和边境税收调整的最初主张；重新调整立法目标为降低企业税率，设定大幅度的投资支出扣除，优先考虑建立长久的企业预期，促进企业工作机会和利润回流美国本土。① 2017年9月27日，特朗普发表税改演说，公布了9页纸的减税和税改方案，较上台百日的税改原则指引有所调整。第一，企业所得税改革方面，将最高边际税

---

① 马珺.美国税改博弈由结构性改革转向常规减税[N].经济参考报，2017-08-21.

率下调至不高于 20%，对于合伙企业和中小企业，最高的所得税率设定为不高于 25%，且为了减轻小企业的负担，自 2017 年 9 月 27 日后 5 年内投资的设备，将能够在当年快速进行"报销"，即在纳税中抵免，但同时包含利息抵扣在内的一系列企业税收优惠，将会受到限制或者取消。对于企业留存在海外的收入，特朗普税改将会一次性征收较低的税率，但尚未公布具体的税率数字。第二，个人所得税改革方面，简并税率为 12%、25% 和 35% 三档，提高夫妇共同申报者和个人申报者的年收入免征额分别为 24 000 美元和 12 000 美元，同时儿童税收抵免额度也将从现行的 1000 美元有所提高，但尚未公布具体数额，家庭的非儿童附属成员还将获得 500 美元的税收抵免。第三，保留取消房产遗产税，即取消继承逝者的房地产时需缴纳的高额税收和取消打击富人避税的替代性最低税政策。

三、中美税制改革的成效比较

中美近 40 年来的税制改革，都致力于优化税制和降低税负。不同的是中国的税制改革是比较全面的改革，包括形成复合税制体系，增强政府筹集财政收入和宏观调控的能力，理顺规范分配关系，促进建立市场经济的公平竞争环境，但遗憾的是目前直接税比重过低的税制结构还没有改善。美国早已实行以所得税为主的复合税制，推行的历次减税改革在一定程度上实现了刺激经济复苏和促进就业的宏观经济目标，但同时又不得不面对高额赤字的财政困境和贫富差距不断扩大的社会矛盾。

(一) 中国税制改革的成效

中国 20 世纪 80 年代推行的国营企业"利改税"改革将国家和企业的关系用税的方式稳定下来，真正开始了运用税收这个经济杠杆进行宏观调控的进程。"利改税"第一步的全面实行是在 1983 年，截至当年底，全国共有 107 145 户国营企业进行"利改税"改革，占盈利国有企业的 92.7%。这些企业当年实现利润 633 亿元，比上年增长了 9.7%；企业留利 121 亿元，比上年增长 28.2%，大大超过了工业产值、实现税利和上缴税利的增长幅度；企业留利占税利总额的比例由 15.7% 提高到 17.9%。[1] 国营企业"利改税"的第一步改革，虽然在一定程度上改变了过去企业完全上缴利润给国家的分配形式，但是这种"利税并存"的过渡办法仍不能使企业真正成为"独立核算，自负盈亏"的市场主体。1984 年"利改税"第二步改革和工商税制全面改革的措施实施后，国家与企业的分配关系进一步优化，企业自主权进一步扩大，调动了企业发展生产、改善经营、提高经济效益的积极性，1984 年国营企业纳税后留归企业自己支配的利润达到 313 亿元。与此同时，税收收入迅速增长，1983 年实现税收收入 947.35 亿元，同比增长 22.15%；[2] 工商税制改革中开征的若干新税种既有流转税，也有所得税，共计 32 个税种，基本形成了多层次、多环节、多层次课征的复合税制体系，改变了原计划经济体制下税制过于简化的分配格局，强化了税收组织财政收入和宏观调控的功能。

1994 年税制改革，是新中国成立以来规模最大、范围最广的

---

[1] 刘佐. 中国税制改革三十年 [M]. 北京：中国财政经济出版社，2008：140-141.
[2] 数据来源：国家统计局网站。

第三章 税制基本特点与比较研究和财政的"三元悖论"

一次税制改革，初步建立了适应社会主义市场经济的税收制度，明确了中央与地方按税种划分的收入分配关系，奠定了中国现行税制的基础。此次税制改革与20世纪80年代以来的世界性税制改革浪潮的目标是一致的，即统一税法、公平税负、简化税制。具体来看这次改革的成效主要有以下三个方面。第一，减少政府对经济的过度干预，税收中性程度明显提高。改革前的税收制度采取大量"区别对待""有奖有限"的过度干预经济手段，如对公有制和非公有制企业适用不同的税种和税率，产品税、商品流通税、货物税实行一品一率，内外企业税制截然不同等，虽然在特定时期实现了特定目标，但明显有悖于市场经济体制。1994年税制改革大大增加了税收中性成分，如流转税领域以实行比较划一的两档税率的增值税替代一品一率的产品税，所得税领域统一企业所得税和个人所得税，不再考虑纳税人身份的差别，从而减少了政府对市场机制的干扰，使各类企业之间税负大致公平，为企业在市场中平等竞争创造条件。第二，提高中央财政收入占全国财政收入的比重，增强中央政府宏观调控能力。为配合实行分税制，此次税制改革除将消费税、关税和进口环节的流转税全都作为中央税外，占税收收入份额最大的增值税75%归中央财政，25%归地方财政，以保证从收入增量上提高中央财政收入所占比重，逐步改变中央财政长期困难的状况，提高中央政府的宏观调控能力。1994年中央财政收入达到2906.50亿元，同比增长204.5%，占全国财政收入的比重从上年的22.0%上升至55.7%。第三，简化和规范税制，结构更加合理。20世纪80年代的税制改革恢复和设置的税种，在市场经济条件下有一些已显重复，还有一些带有明显的过渡色彩。1994年税制改革，根据经济发展情况，对原有税种进行合并、撤销和新增，除关税和农业税外的工商税种由原来的32个减少到18个，流转税以增值税、消费税和营业税为主，直接税以企业所得税和个人所得税为主，税制结构进一步合理，更富有效能。同时通过修订个人所得税法，发布《中华人民共和国增值税暂行条例》《中华人民共和国消费税暂行条例》《中华人民共和国营业税暂行条例》《中华人民共和国企业所得税暂行条例》《中华人民共和国土地增值税暂行条例》《中华人民共和国资源所得税暂行条例》以及其实施细则，规范了税种的设计、税率的选择，有利于维护税法的统一性和严肃性。

20世纪初的税制改革，通过完善税收制度赋予农民、内资企业等主体以公平的市场竞争环境，并带来大幅减税效应。第一，减轻农民税负。传统的农业税制与农村自然经济相联系，难以适应市场经济及现代税制的要求，不仅形式落后，负担也不尽合理。农村税费改革规范了国家、集体和农民的利益关系，切实减轻农民负担，促进了农民收入恢复性增长。根据国家统计局农业调查总队对全国31个省、自治区和直辖市6.8万个农村住户的抽样调查，2003年农民人均税费负担为67.3元，比上年减少11.4元，下降14.5%，税费负担占农民人均纯收入的比重为2.6%，比上年下降0.6个百分点，2005年当年通过减免农业税和取消牧业税共减轻农民负担约220亿元，2006年取消农业税后，与这项改革开始前的1999年相比，全国农民减负1045亿元，人均减负120元左右。第二，消除增值税重复征税因素，减税效果明显。增值税转型改革的核心内容是允许企业抵扣其购进设备所含的增值税，消除生产型增值税制产生的重复征税因素，降低企业设备投资的税收负担，是税率不变前提下的一项重大减税政策。据统计，截至2007年底,东北和中部转型试点地区新增设备进项税额总计244亿元,累计抵减欠缴增值税额和退给企业增值税额186亿元。2009年全年国内增值税收入18 481.24亿元,增速比2008年降低20.6个百分点,中部的山西、安徽、江西、河南、湖北、湖南6省增值税转型改革在全国范围全面推开后的前8个月就完成增值税抵退156亿元。从2009年到2011年的3年间,增值税转型改革带来的减税总规模累计5000多亿元,是截至当时我国单项税制改革减税力度最大的一次,对于增强企业发展后劲,提高我国企业竞争力和抗风险能力,克服国际金融危机对我国经济带来的不利影响,具有十分重要的作用。第三,减轻内资企业税收负担。2008年前,虽然内资和外资企业所得税的名义税率均为33%,但由于对一些外资企业实行24%、15%、10%的优惠税率,形成所得税率档次多、不同类型企业名义税率和实际税负差距较大的局面。企业所得税的"两法合一",结束了外资企业享受了20多年的超国民待遇,内资企业减轻了税负,获得和外资企业公平竞争的环境,增强了内资企业的发展后劲;而对于部分外资企业,实际税率虽然有所提高,但仍低于经合组织国家的平均税率,也低于我国周边大部分国家和地区的税率,事实证明外商投资并没有因内外资企业所得税合并而减少,2008年实际利用外商直接投资为92.4亿美元,同比增长达23.57%。[1]另外,合并后的企业所得税法的优惠重点,由以区域优惠为主转向以产业优惠为主,特别是将会鼓励节约资源能源、保护环境的行业以及高新技术产业的发展,有利于推动产业升级、技术进步和优化经济结构,对进入

---

[1] 数据来源:国家统计局网站。

我国鼓励发展的产业或投资领域的外资企业,同样也给予这些政策优惠,从而减少了引进外资的盲目性,提高了吸引外资的总体质量。

党的十八届三中全会以来推进的新一轮税制改革,以供给侧结构性改革为主线,以保障和改善民生为重点,在结构性减税和增强税收调节功能方面,取得显著成绩。第一,营改增的减税和扩大税基效应明显。1994 年税改后,流转税领域增值税和营业税并存的税制结构造成增值税抵扣链条不完整,服务业重复征税问题逐渐凸显,难以最大限度发挥消费型增值税的优势。营改增解决了货物与服务税制不统一的问题,从制度上消除了重复征税。自 2016 年 5 月 1 日全面推开营改增试点至 2017 年 6 月,直接减税 8500 多亿元,实现所有行业税负只减不增。[①] 其中 2016 年 5 月至 11 月,建筑、房地产、金融、生活服务四大行业累计实现增值税应纳税额 6409 亿元,与应缴纳营业税相比,减税 1105 亿元,税负下降 14.7%,仅金融业减税就达到 367 亿元,税负下降 14.72%;建筑业减税 65 亿元,税负下降 3.75%;房地产业减税 111 亿元,税负下降 7.9%;生活服务业减税 562 亿元,税负下降 29.85%。同时,营改增还产生较强的正向外溢效应,拉长产业链条,扩大税基。2017 年,建筑、房地产、金融、生活服务四大行业试点纳税人月均增加 20 万户,显著高于 2016 年的月均增加 8.4 万户,截至 2017 年 7 月底,四大行业纳税人共计 1218 万户,比 2016 年 5 月 1 日四大行业改革前国地税交接户数增加 207 万户。[②]

---

① 中共财政部党组. 更好发挥财政在国家治理中的基础和重要支柱作用[J]. 求是,2017(9).
② 数据来源:国家税务总局网站。

第二，资源税从价计征，增强税收调节功能，税负更加公平。资源税从价计征，使税收收入与反映市场供求和资源优劣的资源产品价格保持同步增减态势，增强了资源税的调节功能，有效平抑了资源价格高企带来的超额利润，如2017年上半年受原油、煤炭等主要资源价格快速上涨的影响，全国共有26个省资源税实现增收，其中山西、内蒙古、陕西等省（自治区）资源税收入分别增长142%、122%和109%，占地方税收入总量分别达到32%、20%和15%，实现资源税与资源产品价格"正相关"。①另外，从价计征对资源赋存条件好、价格高的多征税，条件差、价格低的少征税，税负更趋公平合理，一年共为符合条件的企业减免资源税近42亿元，并促使企业改进工艺，提高资源利用效率，推动行业绿色发展。第三，税收法定改革推行难度大、进展慢。目前现行的18个税种中，仅有个人所得税、企业所得税、车船税由法律规定征收。自落实税收法定原则的改革任务提出后，虽然随着环保税法的出台和烟叶税法的提交全国人大常委会审议，该项改革已有了零的突破，但距改革完成时间表的2020年仅剩两年时间，如期将15个税收暂行条例上升为法律，目前看来较难实现。

（二）美国税制改革的成效

里根政府的税制改革以减税为核心，但又不局限于减税，通过简化税制、减少大批税收优惠，对美国的税制结构进行了重大"结构性改革"，美国进入"20世纪最持久的繁荣阶段"。第一，里根政府的税制改革带来了前所未有的减税效果。1981年启动的

---

① 包兴安. 资源税改革正向调节效应凸显，增添经济发展新动能［N］. 证券日报，2017-09-28.

税制改革虽然并非一帆风顺，1982年又采取了若干增税措施，但企业新投资利润的平均税率仍比卡特执政时期大为降低，据华盛顿城市研究所（Urban Institute）的研究，企业新投资利润的平均税率从1980年的33%减少到1984年的4.7%。1986年税制法案实施后，更是有近650万低收入者从纳税人名册上完全注销，有7630万人获得减税，平均每人减税801美元。第二，税制更加简化、规范。1986年的税制改革不仅延续了1981年税制改革的减税力度，还着重促进了税制的简化和规范。个人所得税税率已从14档减少到3档，企业所得税率级次也有所减少。里根政府还通过扩大"替代性最低税制"的适用范围，堵塞高收入者采用税收优惠政策的避税漏洞，规范了税制，扩大了税基。而个人所得税的税级随物价指数调整也使税制的设计更加科学合理。第三，经济逐步复苏。里根政府虽然通过削减税率来增加储蓄、投资和生产，但是较高利率抑制了投资，因而在一定程度上抵消了减税对投资的刺激作用。因此，实施改革前期，除了通货膨胀率有所下降以及美元指数上行外，美国仍然处于危机和衰退之中。但从1982年末开始，美国经济开始复苏。1983年GDP增速达到4.6%，一直到里根任期结束，GDP增长率维持在3.5%以上；失业率也从1983年7月开始逐渐降低，至1989年末一直维持在6%以下；工业生产指数于1983年2月开始稳定上升，至1989年12月达到68.3，比1983年初增长29.8%。[①] 第四，贫富差距扩大。虽然里根的税制改革对于全社会产生了减税效应，但是更有利于大企业和高收入阶层，进一步加大了贫富差距。1977—1988年，美国最上层1/10

[①] 任泽平，张庆昌. 美国里根时期供给侧改革的挑战、应对与启示[R]. 国泰君安研报，2016-04-19.

家庭的平均收入提高16%，其后一档1/10家庭的平均收入只提高1%，另外8个1/10家庭的平均收入则都有所下降。最下层的1/10家庭的平均收入下降最多，达14.8%，倒数第二的1/10家庭下降8%。从家庭收入分配来看，最上层的1/5家庭的国民收入份额，从1980年的41.6%上升到1988年的44%。[①]

克林顿政府出于削减赤字和平衡预算目标推行的税制改革，配合减少政府支出的财政政策，在其任期内也取得了显著的成果，美国经济呈现出低失业率、低通胀率和高速经济增长共存的"两低一高"良好态势，被称为第二次世界大战后美国经济真正的"黄金时代"。1996年在克林顿第一届总统任期即将结束时，联邦政府的财政赤字占GDP的比重已经从1992年的4.7%下降到1996年的1.4%，并在1998年实现了近20年来第一次联邦财政盈余，此后盈余数额不断上升，至2000年克林顿卸任总统时，财政盈余数额已占当年GDP的2.4%，是自1948年以来最大的盈余。克林顿时期的税制改革在实现削减赤字，平衡预算目标的同时，还有利于缩小贫富差距。克林顿的增税措施主要是提高个人所得税和企业所得税的最高边际税率、增加富人的医疗保健税，增税负担主要由富人承担，同时对于低收入群体还推出若干减税政策，如收入低于2万美元的家庭将得到补贴或课征减免等。

小布什政府税制改革的减税力度较大，虽然带来了短暂的经济复苏，但是带来更多经济社会问题。第一，经济出现短期繁荣。小布什税制改革实施后，2002年起经济增长率开始回升，在金融危机爆发前，美国的经济增长率保持2.0%~4.4%的高速增长。第二，

---

① 刘绪贻，杨生茂. 美国通史（第6卷）[M]. 北京：人民出版社，2002.

财政出现巨额赤字。布什上台时，克林顿政府留给他的是2360亿美元盈余，但是由于采取了大规模的减税措施，以及战争和经济持续萎靡不振的共同影响，美国财政收入不断下降，2001年美国财政收入总额下降为19 914亿美元，2002年继续下降为17 825亿美元，很快便重新走上了高赤字之路，到2014年9月30日结束的财政年度，美国赤字已经达到4150亿美元。第三，进一步加剧了社会不公平现象。虽然小布什推出众多减税法案，但大部分政策，如降低个人所得税、遗产税、资本利得税的最高边际税率适用于中高收入阶层，更有利于中高收入阶层积累财富。事实证明，减税计划的1/3好处落入了1%最富裕阶层手中，60%的减税金额给了那些年收入超过10万美元的人，所以此次减税拉大了贫富差距，加剧了社会的不平等。

奥巴马政府执政的前半段延续了小布什的减税政策，甚至通过对某些税种降低税率和提高免征额来加大减税力度，而其执政后半段则在中低收入阶层减税政策永久化的基础上，通过提高个人所得税、遗产税的最高边际税率，提高了对富人阶层课税的力度，符合量能纳税原则，有利于促进社会公平。此外，随着税制改革的方向调整和经济形势的好转，赤字率到达顶峰后有所回落。奥巴马上台时正值美国经济受次贷危机影响处于最为衰退的时期，出于刺激经济以及与共和党之间的政治博弈，不得不继续以减税为核心的税制改革，在上一届政府留下巨额赤字的基础上，奥巴马政府执政后美国连续四个年度财政赤字突破1万亿美元，2009年达到顶峰时为1.42万亿美元，占GDP的13.3%，奥巴马也被冠上了"赤字总统"的称谓。随着美国经济复苏企稳，奥巴马在其第二届总统任期内，推行一系列对富人阶层增税的税制改革，在缩减政府开支的共同影响下，赤字大幅下降，赤字率也回落到国际警戒线的3%左右。

特朗普政府的税制改革，由于国会两党之间、府会之间甚至执政的共和党内部一直未能就税改方向达成共识而不得不放弃从所得税制走向消费税制的结构性改革设想，转向常规减税的思路。目前的税改方案估计会产生以下影响。第一，企业所得税的减税效应在不同行业中存在差异。根据最新的税改方案，企业所得税的最高边际税率大幅下降至20%左右，低于工业化国家平均22.5%的税率，配合对企业留存海外收入一次性以较低利率征税的政策，对海外企业回流会产生一些积极作用。但同时还应注意到目前美国企业的平均实际税率只有19%，原本实际税率较高的制造业、房地产租赁业、金融和保险业等能最大限度地从税改中受益，而原本享受了较多优惠、实际税率较低的企业如农业、林业、渔业和狩猎业、公用事业则受益程度不大。第二，个人所得税制更加简化。美国的个人所得税法以其完善著称，但也因税制设计过于复杂而被诟病，基本个人所得税纳税申报表（1040表）达100页，以至于90%以上的美国人需通过专业机构的帮助完成缴税。特朗普税改将个人所得税税率由7档简并为3档，让95%以上的美国人的纳税信息只需1页即可存档，这大大简化了缴纳个人所得税的程序。第三，贫富差距可能进一步扩大。特朗普税改将个人所得税的最低边际税率由10%提高到12%，最高边际税率由39.6%降低到35%，同时减轻针对富人阶层征收的房产遗产税和替代性最低限额税，可能引起贫富差距的进一步扩大。第四，增加就业岗位。一方面原本不缴纳企业所得税、由企业所有人在分得利润后按个人收入纳税的中小企业，在税改后可按25%的税率缴纳所得税，同时还可享受若干优惠政策，税收负担大大降低，有利于企业发展从而提供更多就业岗位。另一方面海外利润回流，亦可刺激投资，增加就业。第五，"外溢性"明显，引发全球减税浪潮。在特朗普税改尚未落地之时，世界主要经济体已经纷纷发布减税计划以应对。英国特蕾莎·梅政府宣布至 2020 年将企业税下调至 17%；印度莫迪政府推出了针对个人和中小企业的减税计划和税种减并改革；刚当选法国总统的马克龙在竞选期间经济政策也围绕着减税，包括降低企业所得税率、房产税率等，并计划在 5 年内减税 200 亿欧元。

第三节 中美都要减税,但中国需防止"东施效颦"

美国特朗普政府推行减税方案,有媒体称这将掀起世界范围的减税浪潮,人们普遍关注这一举措对中国可能形成的"竞争"影响乃至"冲击",一时众说纷纭。我们的基本判断如下。

一、减税是美国、中国的共同选项,并都有原已积累的理性认识和经验

美国早在 20 世纪 80 年代,即有所称"里根经济学"指导的减税实践,中国也是从改革开放开始,就在力行"减税让利,搞活企业"的方略,两者均已积累了相关经验,取得了积极的成果。当下,在世界金融危机的负面影响需要继续加以消除的背景下,美国新任总统特朗普要兑现其"让美国重归伟大"与"大规模减税"的竞选承诺,中国要认识、适应和引领"新常态"而深化供给侧结构性改革,进一步简政放权减税,这是两大经济体在税收取向上的共性表现。作为共同的选项,其内含的学理支撑因素也是一致的:需要以减税进一步降低市场主体的实际负担,在供给侧激发微观层面创业、创新的潜力与活力。"拉弗曲线"运用定量研

究的曲线方式，至少在原理上定性地表明了一个最佳（宏观）税负点的存在，如果越过了这一点，虽然税率设计得更高，但实际上政府的收入却会趋于下降，同时经济活动将明显趋于低迷。所以，现实生活中的政策制定者，就一定要把可能越过这一点的税负因素明智地调减下来，以优化经济运行，同时从中长期看，这也将会优化政府收入。在政府设计层面，美国已有当年供给学派政策主张之下的减税方案的经验可资借鉴，中国则已有30余年间减税让利与税制改革基础上近年以"营改增"为代表的"结构性减税"经验，以及其继续贯彻实施的安排。

二、美国方面以减税取得一定成效是大概率事件

特朗普上任被称为"黑天鹅事件"是表示其胜选颇为出乎意料，他的减税承诺及上任百天即明确宣布的兑现方案，体现了他作为长期居于市场竞争一线的企业家基于亲身感受而发的政策设计取向，以及他现作为总统回应广大市场主体诉求的鲜明态度。现在这一力度较大的减税方案在依照美国决策程序推进到具体实施的过程中，受到国会等方面的制约，其方案有某些调整，但以减税为特征而得到适当"打磨"之后已获通过，并在实施后将取得成效应是大概率事件。

但减税作为一柄"双刃剑"，也将会加大美国的赤字与公共部门债务压力，如果再配上特朗普已明确表态要推行的大规模基础设施升级建设，这种压力就会更为可观。客观地说，由于有财政"三元悖论"原理[①]（本书后面将做展开介绍）揭示的"减税、增加公

[①] 贾康,苏京春. 财政分配"三元悖论"制约及其缓解路径分析[J]. 财政研究,2012(10).

| 第三章　税制基本特点与比较研究和财政的"三元悖论" |

共支出和控制政府债务与赤字水平三大目标至多只能同时实现两项"的现实制约，特朗普政府还需认真琢磨和权衡，把握其减税、加大基础设施开支与控制赤字、举债风险的临界点。估计PPP（公私合作伙伴关系，即我国现称的"政府与社会资本合作"）会由此在美国引起更高程度的重视和更为有声有色的推行，以助益于其权衡中临界点的外移而力求"少花钱，多办事，办好事"；另外还要特别指出，美国在全球独一无二所掌握的"美元霸权"即世界货币主导权，也可以为特朗普上述"新政"匹配上放松其自身所受财政"三元悖论"约束的有利条件，因为其由此抬得较高的赤字和债务水平所带来的风险因素，可以在很大程度上分散到全球各经济体（包括中国）美元资产持有者身上来共同消化、共同承担——当然，这种共担机制只是扩大了"可容忍"的边界，并不能否定"三元悖论"的终极制约。

三、中国方面自应"顺势而为"进一步减税，但最为关键的是"全景图"概念下的减负

在全球化时代，国际合作与竞争中的互动影响是客观存在、必然发生的。特朗普减税，也会以吸引包括中国在内的市场主体选择"要素流动"方向而调整预期的机制竞争压力，使中国有关部门更加注重把减税做实、做好、做充分——如把这种互动称为"减税竞争"，似乎也未尝不可。但中国不惧怕这种国际合作与竞争中的"税收竞争"，因为中国从自身发展战略出发，确实也有进一步减税的必要和相对应的一定弹性空间，特别是中美之间"要素流动"的竞争绝不会仅仅由一个税收因素决定，这还广泛涉及"高标准法治化营商环境"概念下众多的其他因素和由于国情发展阶

段等而客观决定的其他"比较优势"因素。美国降低税负，客观上对于中国降税也会形成外部促进因素，但更为重要的是，中国的"降税"与"降负"的关系，比美国要复杂得多，必须确立"全景图"的视野。

以中国"正税"负担而言（即狭义的宏观税负而言），中国的税负现在不到 GDP 的 20%，并不比美国高，但说到"税外负担"中的政府行政性收费、社保"五险一金"缴纳等负担（合成广义的宏观税负），中国已接近 35%，不算低了，特别是这众多的税外负担给市场主体实际造成的负担还涉及和包括了未统计的时间成本，讨价还价"处关系"中的精力耗费，"打点开支"等隐性成本与综合成本——这是双方明显不可比的中方弱项。中国应由此痛下决心以深化配套改革来减负——笔者认为必须指明，"减税"在中国决不代表减轻企业负担的全部问题，甚至已不是企业减负的最主要问题，关键是在中国"全景图"之下如何能够"啃硬骨头"把减轻企业负担中正税之外的负担，做实做好。这一视角的展开分析，请看本书第四章。

四、中美税制结构迥然不同，切忌东施效颦、邯郸学步

特朗普的减税主要是大幅削减企业所得税和个人所得税，中国"照猫画虎"是学不来的，因为中国的企业所得税标准税率早已下调到大企业的 25% 和小企业普遍的"减半征收"，还有地方政府广泛提供的"三免五减"等，哪里有美国从 35% 水平向下调为 20% 左右的那个空间？至于中国的个人所得税，更是与美国不可同日而语，美国的个人所得税是占到联邦政府税收收入的 47% 左右（同时也对州与地方政府做出 10% 左右的贡献），而在中国，早

已边缘化只占全部税收收入的 6% 左右，还有减此税的多大空间呢？中国的税收制度结构是个以间接税（增值税、消费税等）为主体的框架，要学美国的减税，在这个领域里其实不必再强调"学"，我们已把应当做的"营改增"做到了全覆盖，真正的学习任务，倒是如何借鉴美国经验（也是一般市场经济体的共性经验），把中共十八届三中全会指明的"逐渐提高直接税比重"的税制改革任务真正贯彻落实——虽然难度极大，需要"冲破利益固化的藩篱"，但中国若要走向一个现代社会而构建现代税制，这是别无选择的路径。如能真正构建、培育起具有"自动稳定器"和"抽肥补瘦"优化全社会再分配功能的直接税体系，中国也就具备了进一步考虑削减间接税负担的"本钱"与可能。这样一来，具体到中国对美国减税与税制应有的借鉴学习，哪里只是"减税"二字所能概括？在中国，实为减税、减负（税外负担）和适当增税（增直接税）的配套改革任务。

我国成语中早有"东施效颦""邯郸学步"的典故，就是先人早已总结了"画虎不成反类犬"的教训，强调应结合自己的实际情况、"比较优势"和可能空间，制订合理正确的借鉴学习方案（当代中国特别是税制改革方案）。特朗普减税举措所带来的中国的"学习"反应，当如是观！

五、中国除减税、减负、税改外，还应该做好两件大事

中国税制与美国有极大不同，中国必须"量体裁衣"来应对美国减税的"冲击"。除必要的继续减税、税外的企业降负和积极的税改之外，中国至少还应抓住两件大事不放：一是以政府精简机构压低行政成本开支；二是大力推进 PPP 创新以融资合作提升

绩效。

由财政三元悖论可知，减税会衍生出一个新问题——在保证政府财政赤字可控的前提下使公共服务供给支出受限。如何在实现降低企业综合负担、不扩大政府赤字的同时，尽可能保证公共服务的供给数量和质量，是政策制定者需要深入思考的关键。这就需要抓住使既有财政三元悖论式制约边界外推扩围或内部松动的创新方式，努力缩小政府规模与充分发展PPP的必要性。

（一）以"大部制""扁平化"改革缩小政府规模

大部制（以归并和减少政府机构为代表）与扁平化（以省直管县为代表）的改革方向早已确立，但10余年间推进十分有限。政府机构、部门设置过多，由于层级过多，引出的问题是行政成本高昂，而且企业要找的部门过多，部门权力派生的是过多的明的"收费权"和暗的"设租权"，这使企业实际负担抬高，苦不堪言，也使政府开支中的行政成本（自身运转的维持费用）居高不下。显然，行政收费减免涉及大部制改革等"拆香火"式的实质性问题，一方面要对企业降费，另一方面要精简政府机构，从而进一步降低行政开支来保障公共开支。由此看来，改革中缩小政府规模是降费、降行政成本并服务于改善民生的不二选择。所以必须这样理解：中国式减税降负决不是单纯靠税务部门就能独立完成的，而需要各部门、整个体系的配套改革联动。即便我们在减降正税上的空间有限，未来动作不会太大（直接税逐步替代间接税则需要税制改革的大决心、大动作），但通过优化政府规模，依然可以取得削减企业实际负担的效果，对冲特朗普"税收洼地"的吸引力。由于缩小政府规模的改革是一场"啃硬骨头"的硬仗，所以更需要各方凝聚共识,积极研讨可行操作方案,力求付诸实施。只有这样,才能达到更小税外负担、更少行政开支的境界,也就在财政"三元悖论"于中国实际制约的边界之内,形成了减税、控制赤字债务和加大公共支出的新的组合空间,优化了公共资源配置。

(二)以积极推进 PPP 这一制度创新,扩大融资提升绩效

众所周知,政府发挥职能是现代国家治理不可缺少的组成要素,由此看来,政府规模不可能无限小,这使我们必须在供给机制上关注除缩小政府规模之外的一项另辟蹊径的创新,即在传统公共服务供给方面别开生面并有所建树的 PPP 制度。

以公共支出形成基础设施等公共服务供给是政府的责任之一,需要持续稳定的资金支撑。传统上,我国的公共服务供给由政府独家提供,然而,许多不尽如人意的地方不容忽视:一是以税收方式筹资往往导致供给不足,而以赤字方式支付往往导致公共债务膨胀和代际负担不公;二是上下级政府之间信息不对称,权责不清晰,上级政府无法准确判断下级政府的真实需求,地方政府之间为了争夺财政资金而"创造必需"的竞争现象,从而加剧区域差异和若干不均;[①]三是政府支出用于公共工程等项目建设,往往引发超概算、拖工期、低质量以及竣工使用后服务水平差等多年来为人诟病的问题。

2000 年后,我国进入中等收入阶段,民众的公共服务需求被进一步激活。多方压力之下,财政赤字率已于近年升至 3%,地

---

① 欧纯智,贾康. 以 PPP 创新破解基本公共服务筹资融资掣肘[J]. 经济与管理研究,2017(04):85-94.

方财政也持续增压,截至 2015 年末,我国地方政府的债务余额已达 16 万亿元。① 可以预见,在减税降负的过程中,至少短期内财政收入趋紧,如果其他条件不变,在不增加政府财政赤字与举债规模的情况下,可用于公共服务供给的资金就会进一步减少。如果单纯靠财政资金支持公共服务供给,不但很难回应特朗普减税,且供给能力不足与绩效难达意愿将是显而易见的,财政三元悖论制约之下的捉襟见肘更是无法得到改善,还会加剧矛盾。现阶段,面对经济社会发展对国家治理提出的更高要求,以 PPP 创新拉动政府体外业已十分雄厚的民间资本、社会资金,与政府合作形成有效供给来适应公共服务的多元需求,从种种与公共工程相关的"托底"事项和发展事项来改善民生、增进公共福利满足民众诉求,是公共服务供给机制的有效升级,特别是这还将使政府、企业、专业机构在伙伴关系中形成"1+1+1＞3"的绩效提升机制,不仅使政府少花钱、多办事,而且能办好事、获好评。凭借 PPP 这一制度供给创新,可把财政三元悖论在中国的制约边界实际上进行安全的外推。这当然是在特朗普减税冲击下我们应做得有声有色的一件大事。其多种正面效应,除政府、民众、企业受益之外,还会促进混合所有制改革,引领新常态中的对冲经济下行压力,以及倒逼、催化法治化等方面②。据估算,在今后 3~4 年,中国如果把公共部门负债率同口径提高到 50% 左右(仍在安全区内),可增加的公共工程投资资金规模至少将达 7 万亿元,结合 PPP,有望较好拉动民间资本跟进,以发挥乘

---

① 2015 全国人大地方债调研报告。
② 贾康.PPP:制度供给创新及其正面效应[J].光明日报,2015-05-27.

数效应。[①] PPP 作为制度供给的伟大创新，在我国供给侧结构性改革当中，能够在保证减税降负以及适当控制财政赤字的同时，开启我国更多、更好地增加公共服务供给的新篇章。

---

① 贾康.PPP制度创新打开了民间资本跟进的制度空间[N].财新网.2015-01-16 http://opinion.caixin.com/2015-01-16/100775317.html.

第四节　财政"三元悖论"[①]
##　　　　与"中等收入陷阱"

贾康和苏京春在 2014 年提出了财政分配的"三元悖论"分析框架，指出减税、增加公共福利支出和控制政府债务与赤字水平三大目标，至多只能同时实现两项。对这种制约关系的处理不当，在中等收入阶段已有拉美"中等收入陷阱"的前车之鉴，这种关系也为我国现阶段政府调控管理带来了明显的棘手难题。正视"三元悖论"制约，是调控当局的必然命题；缓解"三元悖论"制约，有必要特别重视与"少花钱、多办事""用好钞、办实事""少借钱、多办事""扩财源、优事权"紧密相联的四方面机制创新和综合配套改革。

美国经济学家保罗·克鲁格曼在蒙代尔－弗莱明模型（Mundell-fleming Model）和蒙代尔"不可能三角"（见图 3-1）的基础上提出了著名的"三元悖论"（The Impossible Trinity，亦可译为"不可能的三位一体"）原则：一国不可能同时实现本国货币政策的独立

[①] 关于财政分配"三元悖论"假设（限定）条件变化的影响分析，可点击 http://www.newsupplyecon.org/index.php?m=content&c=index&a=show&catid=48&id=54 查看。

性、汇率的稳定性、资本的完全流动性三大金融目标，至多只能同时选择其中两个（见图3-2）。

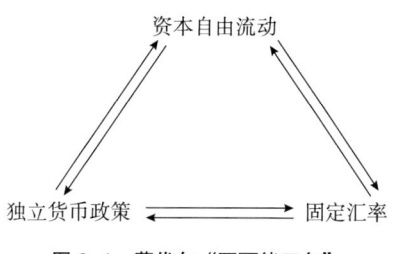

图3-1 蒙代尔"不可能三角"

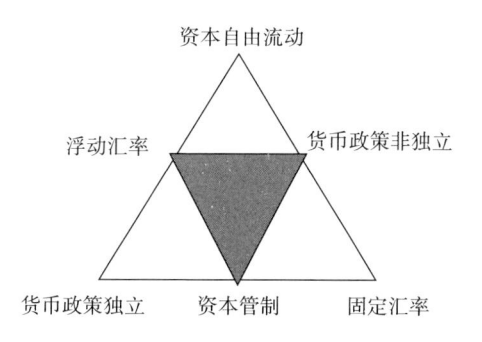

图3-2 克鲁格曼"三元悖论"

若以这种简明、直观的"三元悖论"形式，比照考察财政分配相关基本导向的内在制约关系，我们也可以得到"减少税收""增加公共福利支出"和"控制政府债务及赤字水平"为目标的财政分配的"不可能三角"，进而引出（限定条件下）财政分配的"三元悖论"制约。在这里我将介绍并阐述财政分配的"三元悖论"，并在此基础上着重探寻"中等收入阶段"财政分配"三元悖论"的特点及缓解其制约的路径选择，以期循此逻辑路径更清晰地洞悉和揭示财政分配中的规律性与制约关系，从而提出合理可行的缓解制约的思路与方略。

一、财政分配的"三元悖论"

比照蒙代尔-克鲁格曼（Mundell-Krugman）的"不可能三角"与"三元悖论"形式，考察财政分配的内在制约，可以在常规限定条件下得出财政分配的"三元悖论"，即在财政经常性支出的管理水平、政府的行政成本水平和政府举债资金融资乘数既定情况下，财政分配中减少税收、增加公共福利和控制政府债务及赤字水平三大目标，至多只能同时实现两项，而不可能全部实现。

（一）三目标关系的一般考察

图3-3直观地表明在前述限定条件下财政分配的"不可能三角"。任一特定时期，人们在减少税收、增加公共福利支出和控制政府债务及赤字水平这三个通常看来都"很有道理"的目标中，其实只能进行以下三种选择：第一，若在财政分配中"减少税收"和"控制债务及赤字水平"，那么必须以减少（而不可能是增加）公共福利支出为前提；第二，若在财政分配中"减少税收"和"增加公共福利"，那么必须通过提升（而不可能是控制）债务及赤字水平来实现；第三，若在财政分配中"控制债务及赤字水平"和"增加公共福利"，那么必须通过增加（而不可能是减少）以税收代表的政府非债收入来实现。由此出现图3-4所示的财政分配的"三元悖论"，该三角形上每一顶角所标目标的实现，必然要求相联两条侧腰线上标出的事项配合，也必然要违反另外两个顶角上标出的目标中的至少一项。

其实，图3-3中的数量关系十分明确，因而相关的公众关切与取向的内在悖谬这层"窗户纸"也是很容易捅破的。A.减少税

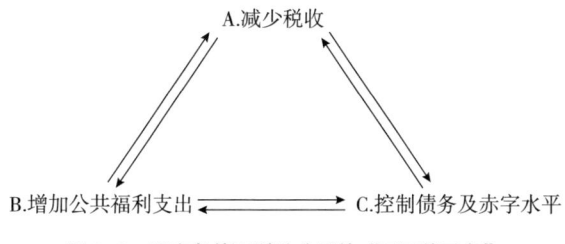

第三章 税制基本特点与比较研究和财政的"三元悖论"

图 3-3 限定条件下财政分配的"不可能三角"

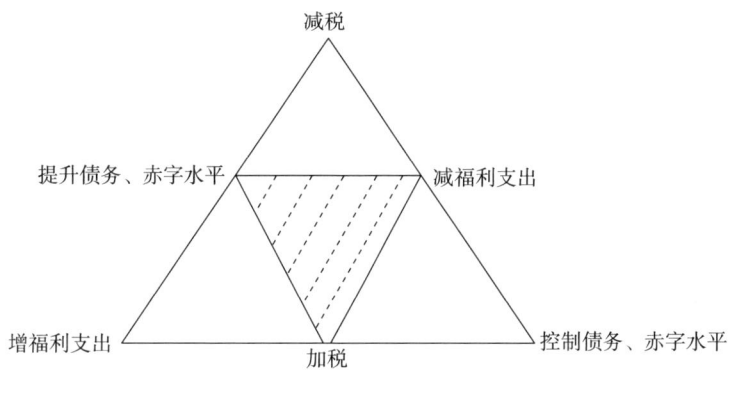

图 3-4 财政分配的"三元悖论"

收可减少企业、居民负担，因而会受到广泛欢迎，B.增加公共福利支出则会增加社会成员的实惠，因而也会受到广泛欢迎，但这两者并行恰会扩大政府收支缺口，必带来 C.增加赤字，从而提升为弥补赤字而必须举借政府债务的总水平——这便涉及"安全问题"——其实公众对这个问题也并不缺少"常识"，因为一说到政府债台高筑，又往往会有公众广泛的忧虑与不满。所以由此可知，"巧妇难为无米之炊""鱼与熊掌不可兼得"的常识，在财政分配中不过意味着"税为收入，福利为支出"，两者必须是顺向匹配的，一般情况下，加则同加，减则同减，如果一定要顺向增加福利而逆向削减税收，那就必须找到另一个收入项——举债——来顺向地提高它以支撑原来的匹配关系。前述 A、B、C 三者中，要同时保 A、B，就必须放弃对 C 项的控制，但这又会遇到公共风险的客观制约，想三全其美是绝不可能的。这里体现的约束是客观规律，并一定会引伸、联通到整个经济社会生活"可持续"概念下的终极约束。

以上分析可归结出一个基本认识。虽然公众福利的增进是经济社会发展的出发点与归宿，但在某一经济体发展的任一特定阶段、具体条件下，公众福利的水平（可以用公共福利支出规模为代表）并非越高越好，高过了一定点，对于经济发展的支撑作用就会迅速降低，甚至导致经济增长过程不可持续。福利支出水平带来的福利增进对于经济发展的正面效应及其转变，在直角坐标系上可简明表示为图 3-5。

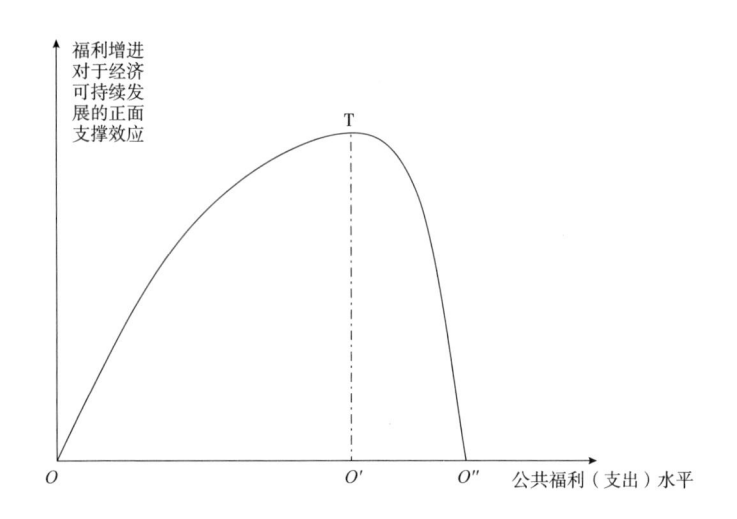

图 3-5　福利增进效应转变曲线

图 3-5 中横轴表示公共福利水平（以公共福利支出水平为代表），纵轴表示福利增进对于经济可持续发展的正面支撑效应（亦

可按一定数值单位量化）。在原点 O，假设无福利，其正面效应自然无从谈起，而右方一旦有一定的公共福利，便会随其水平上升迅速表现为对经济成长的正面支撑效应的上升（现实生活中常被称为人民群众的积极性，因为基于物质利益原则的激发与调动等措施而促成经济活力的上升），一直可上升到对应于横轴上 O' 的曲线上 T 这一最高点（最佳值）。但若还一味继续增进福利，其正面效应的下滑（现实生活中表现为经济体成长活力的迅速滑落）将迅速导致 O" 点上正面效应丧失殆尽而进入负值区间（可与拉美式"中等收入陷阱"案例比照），而 O'—O" 的距离是相当短的。也就是说，公共福利水平一旦超出最佳值，其对一国经济可持续发展的正面支撑作用会很快转变为迅速下滑后的负面效应，所以从调控当局而言，必须精心、审慎地把状态控制在接近或达到峰值，但不超过临界点的区间内。

这一福利增进效应转变曲线与贾康于 20 世纪 90 年代提出的国债规模正面效应变化曲线[1]十分相似，两者的内在逻辑完全一致，在某种意义上可认为是同一演变过程的不同角度表述。

（二）欧债危机案例分析及美国的特殊性

近年世界经济最为重大的事件是"百年一遇"的由美国次贷危机引发的全球金融危机，其在重创美国经济后，更是触发了严重的欧债危机。

从财政分配"三元悖论"制约关系的内在逻辑来看，缓解欧元区债务危机的基本要素在于减少税收以刺激经济、削减赤字及

---

[1] 贾康．关于我国国债适度规模的认识［J］．财政研究，1996（10）．
贾康，赵全厚．国债适度规模与我国国债的现实规模［J］．经济研究，2000（10）．

控制债务规模以降低违约风险——这两大财政分配目标需要以牺牲公共福利来实现,而这又必然与民众的直接利益、短期实惠相抵牾,处理起来十分棘手,极易引起"经济问题政治化",更是已经引发了希腊等地的多轮罢工风潮与社会震荡。欧债危机爆发后,除法、德等欧元区强势经济体外,希腊、意大利等受挫国家的执政层合乎逻辑地提出削减赤字及控制债务规模,却在"福利国家"的刚性框架制约之下久久不能达成尽量减税、尽量多保福利支出的有效权衡点,鲜明地体现着财政分配"三元悖论"的内在逻辑。这一案例可总结为:欧元区在应对危机不得不减少税收、削减赤字及控制债务规模的财政分配目标组合下,需要以牺牲公共福利的手段来实现;如果现阶段欧元区一边需要减少税收来刺激经济,一边需要削减赤字及控制债务规模来保持财政可持续,与此同时还想顺应民意保持原有的工作舒适闲暇程度和较高的公共福利水平,这显然是不现实的。有时不现实的东西在政治家那里需要着意淡化或掩饰以抚慰民意,争取选票,但在理论分析这里,不现实就是不现实,因为这对应着我们已勾画阐明的财政分配"三元悖论"原理。

有别于财政分配"三元悖论"的逻辑,美国掌控着独一无二的世界货币霸权,给予了其一定阶段上与形式上选择其他逻辑路径的条件,即通过全球全体持有美元资产的主体一并为危机埋单的方式,放松其自身财政分配所受的制约。自美国次贷危机引发了全球金融危机爆发以来,它选择了一方面减少税收,另一方面保持原有公共福利来维持社会稳定性的目标组合,实现路径是既减税,又放宽债务及赤字控制水平,却不下调美国公众的基本公共福利标准,而是通过三轮的"量化宽松"(Quality Engineer,QE)

政策将危机产生的风险（通货膨胀压力和金融债务风险等）分散化，以其全球经济中硬通货霸主的地位，"经济地"（实为强制地）将风险输送到全球经济体系当中，让全世界共同为其埋单。美国已经出台了一轮又一轮的量化宽松政策，正是因此"有恃而无恐"。回到财政分配"三元悖论"的逻辑路径上来分析，实质性的奥秘在于：由于美国的财政分配主体得到了实为同一主体的"世界货币霸权"的支撑，有条件在"量化宽松"的方略下制造出美国税收、举债之外的第三项巨额收入，即货币发行收入（"铸币税"），而不中断其财政运行的可持续性，所以美国所受财政分配之无悖论制约的空间，比其他任何经济体都大为宽松。这也是当今世界上其他任何经济体都学不来的。这就是美国案例的特殊性。

但是，美国的"宽松"并不否定"三元悖论"原理及其揭示的终极制约，因为这种"宽松"也并非无限。它的客观制约边界在于，以美国"财政悬崖"概念和形式隐含的美元进入"掺水"过程后，其"国际性安全资产"地位还能保持不坠的那个客观临界线。

（三）限定条件与权变逻辑

前文对财政分配的"不可能三角"与"三元悖论"的相关分析论述建立在若干限定条件基础上，这些限定条件具体包括：第一，财政经常性支出管理水平既定；第二，政府行政成本既定；第三，政府举债资金融资乘数既定。这些限定条件都是短期难以出现较大改观的"慢变量"，但又是可以变化的。它们的变化，对于财政分配"三元悖论"中的各项目标均会产生影响，具体分析如下。

1. 财政经常性支出管理水平

财政经常性支出主要包括人员经费支出、公用经费支出及社会保障支出。财政经常性支出管理水平与"不可能三角"中各项目标的逻辑关系如下：第一，财政经常性支出管理水平越高，财政支出中人员经费、公用经费及社会保障支出的资金使用效率就越高、资金流失就越少，即"少花钱多办事"的能力越强，显然有利于减少税收和控制债务及赤字水平；第二，财政经常性支出管理水平越高，社会保障支出的绩效水平就越高，显然有利于增加公共福利。总之，财政经常性支出管理水平与财政分配"不可能三角"中各项目标正相关：管理水平越高，则越有利于减少税收、增加公共福利和控制债务及赤字水平，反之亦然（见表3-1）。

表3-1 财政经常性支出管理水平与"不可能三角"三要素的关系

财政经常性支出绩效水平	减少税收	增加公共福利	控制债务及赤字水平
↑	＋	＋	＋
↓	－	－	－

2. 政府行政成本水平

政府行政成本主要包括国家管理机关、行政事业单位、公检法系统及各种驻外机构等运行的相关费用，此类费用既不像经济建设类支出那样能够直接推动经济发展，也不像社会性支出那样能够直接提高社会公共福利水平，而是在政府履行职能过程中产生的。从性质上可以将其看作是一种任何运行系统都无法避免的运行成本或"沉没成本"，但这种成本与制度安排、管理机制构建等因素密切相关，又有高低之别。政府行政成本水平的变化与"不可能三角"中各项目标的逻辑关系如下：第一，政府行政成本水平越高，政府履行职能过程中产生的"自耗"费用就越大，这些费用全部来自财政收入，那么显然不利于减少税收和控制债务及赤字水平;第二,政府行政成本水平越高,同等财力水平下,对财政社会性支出的挤出效应就越大,那么显然不利于增加公共福利水平。总之,政府行政成本水平与财政分配"不可能三角"中各项目标是负相关的关系:行政成本水平越高,越不利于减少税收、增加公共福利和控制债务及赤字水平,反之亦然(见表3-2)。

表3-2 政府行政成本水平与"不可能三角"三要素的关系

政府行政成本水平	减少税收	增加公共福利	控制债务及赤字水平
↑	−	−	−
↓	+	+	+

3. 政府举债资金融资乘数

凯恩斯乘数理论所指的是一种宏观经济效应,即某一变量的增减所引起的经济总量变化的连锁反应程度。参照乘数效应的定义,我们认为"政府举债资金融资乘数"可以定义为:政府举债资金的变化引起的政府融资总量变化的连锁反应程度。政府举债资金融资乘数与"不可能三角"中各项目标的逻辑关系如下。第一,政府举债资金融资乘数越大,通过政府举债资金融资得到的支持资金总规模就越大,即用较少量的政府举债资金就能够融资到较多的可用财力;在政府筹集直接举债资金方面的压力就越小,或者说政府举债资金带来的可支配性支出就越多,显然有利于减少税收和控制债务及赤字水平。第二,政府举债资金融资乘数越大,同等政府举债资金数量下,融资得到的可支配资金就越多,财政可支配性支出中为非融资事项所腾出的财力也随之增加,财政社会性支出力度便可以加大,显然更利于增加公共福利。总之,政府举债资金融资乘数与财政分配"不可能三角"中的各项目标成正比：融资乘数越大，越有利于减少税收、增加公共福利和控制债务及赤字水平，反之亦然（见表3-3）。

表3-3 政府举债资金融资乘数与"不可能三角"三要素的关系

政府举债资金融资乘数	减少税收	增加公共福利	控制债务及赤字水平
↑	＋	＋	＋
↓	－	－	－

（四）财政分配"三元悖论"的公式推导及解析。

在文中对财政分配"三元悖论"的原理与制约，以及限定条件与权变逻辑进行分析的基础上，可知该原则可用以下公式来体现：

$$D=\theta+a_1 T+a_2 W+a_3 S \qquad ①$$

其中，D（Distribution）为财政分配目标；T（Tax）为税收水平；W（Welfare）为公共福利水平；S（Stability）为财政状况的稳定性，由债务及赤字水平来反映；θ 为税收、公共福利和财政状况稳定性以外的其他因素总和，在本公式中视为常数；a_1、a_2、a_3 为系数，且 a_1、a_2、$a_3 < 0$。

公式①可以作为财政分配的"三元悖论"的一般性公式，该公式所表达的含义是：财政分配中若以税收水平（T）、公共福利水平（W）和债务及赤字水平（S）为测算维度，按照"三元悖论"原则，各维度的财政分配目标——减少税收、增加公共福利和控制债务及赤字水平不可能一起实现，而只能实现其中两个，即公式中三者系数 a_1、a_2、a_3 两两同号、三者乘积小于0。为更加方便

第三章 税制基本特点与比较研究和财政的"三元悖论"

地进行数理逻辑分析与公式推导,笔者选择将 W 的系数认为是负值,设:t=-a₂ 那么①式可以表示为:

$$D = \theta + \alpha_1 T - tW + \alpha_3 S \qquad ②$$

其中,α_1、t、α_3 为系数,且 $\alpha_1 > 0$,$t > 0$,$\alpha_3 > 0$。

由公式①变形后的公式②可以更清晰地看清楚三者之间的关系,按照上文中分析目标组合的逻辑顺序:第一,若选择以减少税收和控制债务及赤字水平为财政分配的目标,那么公式②中的 T 和 S 同时减少,若保持 D 不变,-tW 一项必须增加,则 W 项必须减少,即该目标组合需要通过牺牲公共福利来实现;第二,若选择以控制债务及赤字水平和增加公共福利为财政分配的目标,那么公式②中的 S 减少、W 增加,以数据项分析,$\alpha_3 S$ 减少、-tW 减少,若保持 D 不变,$\alpha_1 T$ 一项必须增加,则 T 项也必须增加,即该目标组合需要通过提高税收水平来实现;第三,若选择以增加公共福利和减少税收为财政分配的目标,那么公式②中的 T 减少、W 增加,以数据项分析,$\alpha_1 T$ 减少、-tW 减少,若保持 D 不变,$\alpha_3 S$ 必须增加,则 S 项也必须增加,即该目标组合需要通过提高债务及赤字水平来实现。

按照上文中的论述,限定条件与财政分配的"不可能三角"中各项目标的正负相关性如表 3-4 所示。

表 3-4 限定条件与"不可能三角"三要素的正负相关性

	减少税收	增加公共福利	控制债务及赤字水平
A	+	+	+
C	−	−	−
M	+	+	+

其中，A（Administration）为财政经常性支出管理水平；C（Cost）为政府行政成本水平；M（Multiplier）为政府举债资金融资乘数。

仍然以公式②为例，上文中阐述的限定条件直接影响公式中的三项系数，若将该影响通过公式来表示，可得到如下方程组③：

$$\begin{cases} \alpha_1 = a_1 - a_2 C + a_3 M * \\ t = -c_1 A + c_2 C + c_3 M ** \\ \alpha_3 = m_1 A - m_2 C + m_3 M *** \end{cases} \quad ③$$

其中，a, c, m 为系数，且 $a>0, c>0, m>0$。

将公式②和方程组③联立，得到如下公式④，各限定条件对各项目标的影响便更为清晰和直观：

$$\begin{cases} D = \theta + \alpha_1 T - tW + \alpha_3 S \\ \alpha_1 = a_1 A - a_2 C + a_3 M * \\ t = -c_1 A + c_2 C - c_3 M ** \\ \alpha_3 = m_1 A - m_2 C + m_3 M *** \end{cases} \quad ④$$

二、中等收入阶段财政分配"三元悖论"制约的特征与调整路径选择

财政分配的"三元悖论"原则，在不同的经济发展和居民收入阶段，可以呈现出制约特征上的差异，将其内在逻辑与制约特征相结合，有助于引出该经济发展和收入阶段的合理调控路径选择。我国经过改革开放新时期40年的发展，目前已位于"中等收入阶段"，具体而言是位于低中等收入至高中等收入阶段的转轨期，

且从人均 GNI（国民总收入）的增长趋势看，将较快步入中等收入阶段至高收入阶段的转轨期，但关于"中等收入陷阱"的讨论已引起广泛关注。鉴于拉美地区由于实行民粹主义基础上的福利赶超等原因而落入"中等收入陷阱"的前车之鉴，我国应当高度注重中等收入阶段上发展战略的正确把握。从本文的视角看，则很有必要剖析中国中等收入阶段财政分配"三元悖论"的制约特征，并结合其内在逻辑做出正确的调控与路径选择。

（一）中等收入阶段民粹主义基础上的福利赶超与中等收入陷阱

居民福利本是发展的出发点与归宿，但其应是随着后进经济体的经济赶超阶段的不断升级而逐步提高的。然而，拉美代表性国家 20 世纪由多种因素造成的"民粹主义基础上的福利赶超"却因其不可持续性而半途夭折，并把国民经济的赶超拖入了"中等收入陷阱"。

拉美福利赶超的主要表现是民粹主义的劳工保护和社会性支出的盲目扩大。第一，随经济高速增长，拉美国家城乡收入差距逐步扩大，农民工不断由乡村涌入城市致使城市劳动力市场供过于求从而工资不断降低，进而导致收入差距问题日趋严重。在失业率高与发达国家福利体制的"榜样效应"的双重作用下，简单照搬美国式"选举"民主政治，民粹主义情愫越发凸显，多方促成拉美国家盲目设立了高就业保护与高福利保障，成为宏观经济发展的沉重负担。第二，拉美国家为迎合民粹主义取向，在 20 世纪 70 年代以后将财政支出主要着力于扩大社会性支出方面，整个拉美地区各个国家从 1990 年至 2000 年社会性支出占

GDP 的比率不断上升，个别国家社会支出占公共支出的比重高达 60%~70%，甚至在财力严重不足的情况下，仍然继续盲目扩大财政赤字来满足社会性支出，从而彻底拖垮了宏观经济。

由民粹主义基础上的福利赶超导致经济赶超失败从而落入中等收入陷阱的逻辑规律可以被纳入"民粹主义宏观经济学"（Dornbusch & Edwards，1989）。其逻辑路径大致为：宏观政策初战告捷—经济增长遇到瓶颈—经济发展全面短缺—民粹主义政府破产。

第一阶段的主要表现是：民粹主义社会基础所支持的政府在经济赶超中实施福利赶超，经济产出水平和实际工资水平在一开始得到普遍提高，同时由于出台了劳工立法，能够保持合意就业率，并迎合民众意愿提高社会保障水平，经济呈现一片欣欣向荣的景象。但由于第一阶段属于纯消耗阶段，没有什么积累，所以进一步的发展就遇到了瓶颈制约。第二阶段使第一阶段存在的隐形问题显性化：一方面，以扩大财政赤字为主的财政支出规模增加造成了对国内商品的巨大需求，而这种巨大需求与生产供给不足严重对立，因此，更多的商品要依赖运用外汇购买进口，与此同时，已经非常吃力的财政还要维持"高福利"，简单机械地照搬欧美福利制度并要赶超欧美，让财政更为雪上加霜；另一方面，由于大笔外汇用于进口，外汇越来越短缺，这致使所需要的更多商品，没有更多的外汇再去支持进口来满足需求。这种典型的供给矛盾在第三阶段上导致政府控制物价的行为无法继续，只能施行价格调整、本币贬值、外汇管制、产业保护。这一阶段，民众的工资增长很快，但是通货膨胀增长更快，这导致实际购买力下降。经历了前三个阶段的发展后，前一任民粹主义社会基础所支持的政府在种种矛盾激化局面下必然破产倒台，新一任政府出面主持大局，不得不实施正统宏观政策下的稳定计划，或借助 IMF（国际货币基金组织）等国际机构的援助，以求继续维持本国经济发展。此时，国内民众实际工资已出现大幅下降，低于民粹主义政府当政之前的水平，并将在很长时期内处于这样的低水平，经济增长停滞不前，甚至出现倒退，即落入所谓的"中等收入陷阱"。这样的民粹主义基础上的福利赶超带来的严重后果，是使拉美经济落入"中等收入陷阱"难以自拔。福利赶超虽然是归宿，但是若没有强有力的经济赶超作为可持续的支持手段，则无法最终达到追求的福利目标。

（二）中等收入阶段财政分配的"三元悖论"制约特征与路径选择

"拉美化"问题作为前车之鉴表明，位于中等收入阶段的经济体应当着力避免民粹主义基础上的福利赶超以及由其引发的社会矛盾激化后果。按照本文提出的财政分配的"三元悖论"原则，拉美地区在中等收入阶段的财政分配进程中显然选择了"减少税收"和"增加公共福利"这一目标组合，按照"三元悖论"揭示的逻辑，该目标组合需要通过扩大债务及提高财政赤字水平的方法来实现。从拉美民粹主义基础上的福利赶超导致其经济落入"中等收入陷阱"的实践来看，该地区确实是通过扩大债务及提高财政赤字水平的方法来试图实现其对减税和增加公共福利的追求，却最终拖垮了国民经济而落入"陷阱"。对于同样处于中等收入发展阶段的中国而言，在财政分配的"三元悖论"中如何掌握"可持续"上的权衡和缓解制约，是非常值得深入思考的。一般而言，

"中等收入阶段"财政分配的"三元悖论"制约的特征突出表现在以下两个方面。

1. "三元悖论"反映的制约关系通常更强烈地与民意取向相抵触

发展经济学的理论分析和实证考察可以表明,一国收入水平进入中等阶段,通常带来民众关于收入提高、福利改善预期的更高水平,这种预期极易超前于实际收入增长的可达速率和政府改善公共服务提高公众福利水平的供给能力,于是便有了"老百姓端起碗吃肉,放下筷子骂娘"的不满,以及与之相互激发的种种"矛盾凸显"。以"民众永远有理"为内在逻辑的民粹主义倾向在此阶段极易抬头,甚至大行其道成为潮流。尤其在与西方发达国家经济发展与福利体制的横向比较下,这种民粹主义情愫更易迅速升温,更倾向于对福利的追逐与渴求。我国近年已普遍存在并逐步升温的民粹主义情愫,如果对应于财政分配"三元悖论"中的逻辑路径,倾向上显然就是拉美地区已做过的选择:对减少税收和增加公共福利的强烈追求。然而,这种诉求需要以扩大债务、提高财政赤字水平来实现,并且绝不是无边界的。在民粹主义情愫催化下,很容易导致福利赶超超前于经济赶超,债务规模过度扩大。当有人强调"三元悖论"内含的制约关系而发出理性声音时,便会强烈地与民意取向相抵触而遭遇"群起而攻之"的压力,与西方力量的悬殊又很容易导致福利赶超继续高歌猛进,债务和赤字规模走向失控,最终可能将国民经济拖入"陷阱",福利赶超愿望从高空跌落尘埃,一起跌下来的,还有经济赶超的可能性与整个国家发展的后劲。因此,中等收入阶段正是经济赶超发力的时期,应当坚定与合理地贯彻经济赶超战略,与此同时稳步匹配国民的福利赶超,而不能让其与民粹主义情愫相互激发、升温，形成只侧重眼前利益却伤害长远利益的失衡，成为经济可持续发展的隐患。因此，我们有理由认为在中等收入阶段，在财政分配"三元悖论"制约下，选择适当"减少税收"和"控制债务及赤字水平"的目标组合是更为科学的，但这一目标组合需要以控制公共福利增量为代价来实现，因而在民意层面是"不讨好"的。为了在中等收入阶段避免民粹主义基础上的福利赶超而最终实现跨越"中等收入陷阱"的经济赶超战略，决策层需要有远见、有定力、有策略地在与民意的互动中引导理性思维发挥充分的影响，协调好短期利益与长期、根本利益的权衡、衔接。

2. "经济的政治化"压力上升与"缓冲"社会矛盾的弹性空间收窄

鉴于"三元悖论"反映的制约关系在中等收入阶段通常会更强烈地与民意取向相抵触，所以在财政分配"三元悖论"制约下，选择和坚持统筹兼顾、瞻前顾后、既顺应民意又引导民意的科学发展路径是根本性的、首要的选择。无可否认，民粹主义情愫对政府的政策选择会产生显著的影响，政府政策从某种意义上看会经常处理好相关的复杂问题，步入中等收入阶段后，一系列敏感的经济问题如物价、税收、公用事业供给等，很容易与收入分配、政府管理等方面的矛盾凸显形成密切的关联，使"经济问题政治化"的临界点降低，社会问题的"维稳"压力上升，也使为缓解压力、平息不满做出妥协和调停的可用"缓冲"弹性空间收窄。

按照财政分配"三元悖论"制约关系，减少税收、控制债务及赤字水平与增进公共福利的目标组合逻辑决定了三者不能同时兼得，"缓冲的弹性空间"实质上是在顺应社会心态而最集中、最便捷地尽可能减税和增加公共福利供给的同时，以那种相对不直观的逐渐扩大公共债务规模的方式提升这些即期利益总水平所对应的安全操作空间。从财政分配"不可能三角"中的逻辑来看，提升的公共福利的程度加上减少的税收水平和控制债务及赤字的水平成反比，决策层必须特别关注为缓解社会矛盾而扩大公共负债规模的安全区问题，一系列局部防止"经济的政治化"的操作恰恰会归结为放松公共债务控制，而连年赤字、债务不断积累，一旦越过了已收窄的缓冲弹性空间的边界，便可能形成隐性问题，造成显性化的矛盾爆发和危机局面，甚至造成全局发展态势的改观，"黄金发展"过程的中断。

三、缓解财政分配"三元悖论"制约的可能途径：四个方面的机制创新

如上文所述，财政分配的"三元悖论"制约是在一定限定条件下，既定的财政支出管理水平、政府行政成本水平和政府举债资金乘数效应之下的一般认识，且存在正负相关性：财政支出管理水平越高，行政成本水平越低，融资乘数越大，则越有利于减少税收、增加公共福利和控制债务及赤字水平。鉴于此，加入对政府职能转型、机制创新、深化改革的思考角度，缓解财政分配"三元悖论"制约的可能途径主要可从以下四个方面考虑。

（一）切实提高财政支出管理水平——"少花钱，多办事"

提高财政支出管理水平要求制度创新、管理创新、技术创新互动的全面改革，为真正实现"少花钱，多办事"，需分别从三方面着手，并加强三方改革互动。第一，制度方面应特别注重财政体制深化改革和以其为制度依托的资金绩效监督考评体系的建设。

第二，支出管理方面应继续推行科学化精细化管理，建立健全财政支出全程监控体系。相关的财政支出绩效评价可考虑引入平衡计分卡（表）等方法，使其趋于细致、全面。第三，相关技术方面应考虑在"金财""金税"等政府"金"字号工程的基础上继续全面推进和落实适用最先进信息处理技术的系统化工程及升级政府财务管理系统。在落实2002年提出的"十二金"工程的基础上，继续提升电子政务的先进性、安全性和综合性，提高信息获取、信息处理、信息传达的便捷性和准确性，将制度信息化、电子化并与绩效管理方法系统化融合落实，从而全面提升财政支出管理水平，放松"三元悖论"制约。

（二）有效降低政府行政成本——"用好钱，办实事"

有效降低政府行政成本的关键是推进经济、行政、政治全方位配套改革，其重点内容包括以下几个方面。第一，施行行政体制改革，在各级政府职能、事权（支出责任）合理化基础上精简机构和人员，提高人力资源质量，在提高政府工作效率的同时减少行政管理机构、降低人员成本。第二，继续落实预算信息公开制度强化监督。预算、决算信息公开是公共财政的本质要求，也是政府信息公开的重要内容。向社会公布中央、地方政府"三公"经费等预算信息，表明了政府履行承诺、接受公众监督的决心，也为推动各级政府进一步公开各项行政经费、在公众监督下厉行节约、降低政府运行成本奠定了基础。第三，进一步改革政府行政经费相关的管理制度。例如：推进公车改革，严格审批因公出国，减少出境团组数和人数；严格控制公务出差、公务接待经费标准，严禁赠送礼品等。第四，大力完善财政资金监督考评与问责体系，促使"纳税人的钱"每一分都用到实处，发挥出最大效益，从而能够将节省出的财政资金投入到民生最需要的方面。

（三）扩大政府举债资金融资乘数——"少借钱，多办事"

如前所述，政府举债资金融资乘数是指政府举债变化引起的政府实际融资总量变化的连锁反应程度。融资乘数越大，越有利于减少税收、增加公共福利和控制债务及赤字水平。提高政府国债或地方债的融资乘数必然要求一系列的管理和机制创新，特别是与政策性融资体系机制相关的全面配套改革，具体实施的关键点之一是要在财政、政策性金融机构、企业、商业银行和信用担保等机构之间，搭建一种风险共担机制（而非财政"无底洞式"的兜底机制），在市场经济环境下，运用政策性资金、市场化运作、专业化管理机制，追求资金的"信贷式放大"即"四两拨千斤"地拉动社会资金、民间资本跟进，并提高资金使用效率。

发掘这方面的潜力，在市场经济环境下具有可行性与必要性，有利于缓解财政"三元悖论"制约，"少借钱"而"多办事"，即以提高乘数效应力求更大规模地引致、调划社会资金来形成更可观的合力。

（四）实质转变政府职能类型——"扩财源，优事权"

我国在市场经济发展健全的进程中，政府职能的合理化调整势在必行，国家政治权力治理的实施方式将主要体现为社会公共事务管理，行政管制型政府要完成向公共服务型政府的转型。财政作为"以政控财，以财行政"的分配体系，必须服务于这一历史性转型并进行自身相应的转变，即健全公共财政。实质性地转变政府职能，要求政府体制、机构和社会管理多方面的改革。例如：政府体制方面必须逐步清晰，合理界定从中央到地方各级政府的职能，由粗到细形成事权明细，并在预算中建立和运用完整、透明、科学合理的现代政府收支分类体系，为履行政府职能提供基础性的管理条件。政府社会管理方面，应在继续建立和完善覆盖全民的基础教育、基本医疗卫生保障和基本住房保障制度等的基础上，强调政府向服务型转变；鼓励和引导建设各类面向市场、面向公益的非政府主体和中介组织机构，完善公私合作的种种机构和制度。公共工程、唯公共产品供给方面的 PPP 模式应是政府转变职能过程中特别值得重视与发展的模式，其中至少包含设计—建造（DB）、运营与维护（O&M）、设计—建造—融资—经营（DBFO）、建造—拥有—运营（BOO）、建造—运营—移交（BOT）、购买—建造—运营（BBO）、建造—租赁—运营—移交（BLOT）等多种公私合同种类，并可以随着我国市场经济体制的完善和经济社会发展形成更加广泛的应用和优化，从而促进民间主体和非政府财力为政府职能转变与优化注入新的活力，以及为公共福利水平提升打开新的财力来源与资源潜力空间，有效缓解政府债务和赤字压力。

四、小结

财政分配的"三元悖论"揭示的是减少税收、控制债务及赤字水平、增加公共福利职能这三者至多只能同时实现两项的"不可能三角"的制约关系。这种制约具有广泛存在的共性，并在我国中等收入阶段的经济社会发展进程中，与矛盾凸显过程相伴随而越显其不容忽视。为长远计，欲尽可能以较平稳、社会代价较小的方式和过程实现造福于中国人民和全人类的中华民族"三步走"现代化战略目标,决策上在进入中等收入阶段之后就需特别注重避免民粹主义基础上的福利赶超倾向,增加公共福利水平而造成税收减少与债务及赤字水平,防止一味提高的过渡状态,规避经济社会发展的"中等收入陷阱"。现阶段,我国应当在全面、协调、可持续的科学发展观指导下,精心、审慎、合理地权衡把握财政政策目标组合,沿合理逻辑路径处理财政分配服务于可持续发展的一系列棘手问题,既正视财政分配"三元悖论"的限定条件制约,又积极、能动地通过提高财政支出管理水平,有效降低政府行政成本,扩大政府举债资金融资乘数,实质性转变政府职能类型和优化社会管理,以改革和创新中的活力与潜力释放缓解"三元悖论"制约关系,坚定而有序地走向现代化国家。

第四章　中国如何应对美国减税

第一节　中国企业减负需要正税与税外齐减

一、曹德旺议题重要，结论还不到位

结合美国减税而考虑"中国怎么办"的讨论关联于一个曾引起整个社会舆论关注和聚焦的事件，就是福耀玻璃集团董事长曹德旺专门对中美之间各种各样的企业负担的对比，发表了一番看法。人们在网上看到这套对比后大多有较深印象，因为其内容相当广泛。除涉及人工费、电费、天然气的成本、物流中的过路费，以及其他开销里的厂房、土地发生的费用之外，还有各种各样的融资、清关、与配件相关的负担，等等。在讲这些企业负担的时候，他一开始说到的是税，后面总结时，又以税的概念提炼了一个基本认识，就是相较之下，中国企业的综合税负比美国高35%。他的这番议论，引发了社会大讨论，在跟进的研讨中，又有天津财经大学的李炜光教授给出了一个概念：中国企业遇到了"死亡税率"问题。他也做了不少调研，说到有一些企业家在座谈会上声泪俱下，讲"活不下去了"，很震撼。但是其后的政府部门坐不住了，为此税务总局和财政部做出过一些回应。

关于这个问题的讨论，舆论场上仍然众说纷纭，其实这个话题是很有严肃性的。我们如果力求做中肯而深入的理论联系实际的考察分析，即在学术上追求严谨，在实际生活中敢于面对矛盾和现实，做出抓住真问题的回应，那么显然有助于更加及时有效地解决这一重大现实问题。直率地评价，曹德旺涉及的议题非常重要，但他提炼的结论还不到位，他说中国综合税负比美国高35%，就需要澄清一下，他这里说的到底是税，还是税与其他负担的总和。依相关讨论内容可知，其实这里形成的全套认识绝对不限于税，但是最后关于税的问题上的对比，即做总结时只涉及了这个全景图的一部分。当然我们可以先说税，但是光说税是远远不够的。

至于李炜光教授的"死亡税率"，确实容易给人一个误解，容易把这个问题想得更窄。税有很多组成要素，如果是制度设计，里面不同的要素可以说是制度设计不同的参数。税率只是参数之一，一下说到死亡税率，就似乎是把它说到税的问题下面一个具体参数、一个局部上了，容易把人们的想法引得更窄。如果是死亡税率，那么把税率调一下，这个问题不就迎刃而解了吗？显然不是那么简单。所以从这个基本的切入点开始，就需要接着往下展开，做进一步的分析、辨别讨论和澄清。

二、曹德旺并未要"跑掉"，然而全球发展竞争中确实有"用脚投票"的

讨论问题不宜上来先做道德谴责。曹德旺做了他的评价以后，遇到了一种舆情的压力，有人说他要"用脚投票"，要跑掉。他很委屈，专门说道："我都70多岁了，我到美国以后连英语都讲不好，我往哪儿跑？为什么要跑？"实际上他的汽车玻璃生产经营是跟着产能走，早就在美国布局，早就"走出去"了，过去这样开展生产经营的时候没人说他，现在他做出这一番评价以后，却

被人扣上这样的帽子。他觉得有压力,特别强调自己的爱国情怀等。笔者多年前就对曹德旺有所注意,在一些场合也有过一些交流,他给人感觉很真诚。自己已是 70 多岁的人,还在一心一意地谋他的企业、事业的发展,不应该就为这个事情想到要"用脚投票"跑掉,如果真心要跑,完全没有必要发表这番议论。反观另外一些著名企业家投资布局的改变,则确实在"用脚投票",要"跑掉"。其所做的种种表态,可以说都是想淡化人们对他们正在"用脚投票"的判断,而事实证明他们就是"用脚投票",改变投资的方向和重心。曹德旺不是这样,他在美国布局,在中国也发展,他的产业跟着产能走,中国和美国的市场都想在里面跟进,这应是客观的评价。因此我们不必再纠缠对他个人从爱国情怀、道德角度来评价的看法。

但从全局看,关于企业是不是"用脚投票"、要不要跑,这件事情不是我们主观意愿能决定的,是"全球化"中的全球竞争使然。我们已经看到整体而言不可逆的全球化过程,这个不可逆的全球化中间的一些波动,都不足以影响大趋势、大潮流。就像"一带一路"倡议也是中国现在顺应全球化、在中国综合国力提升的过程中提出的,在"走出去"的概念之下,又在战略层面形成了一个更清晰的思路,即战略性的倡议和一种通盘设计,就是顺应全球化潮流里的要素流动,这个流动确实有全球竞争发展中生产要素在企业家即企业决策者主导之下的"用脚投票"。一些民营企业家非常敏感,很多人只要闻着社会上的氛围的味道不对头,就会拔脚就走。

从 2016 年第一季度开始,民营企业、民间资本的国内投资是明显下滑的,但是同期另外一条曲线却明显上扬:海外布局的投资一个劲儿地往上走。这个对比里，除了常规的"走出去"因素，确实包含着由一些特定因素决定的企业"用脚投票"类似"资本外逃"的行为特征。

中央在这方面早就有察觉和反应，2016年"两会"期间，习近平总书记专门到工商联和民主党派会场上讲"亲、清"二字，讲坚定不移支持民营企业在今后继续发展，后面大家看到中央推出了一系列的文件，鼓励企业家精神，指出不要追究民营企业的所谓原罪，要保护产权，特别是到了2016年底的经济工作会议，提出要加快编纂民法典，并显然有问题导向、有所指地说要纠正侵犯企业产权的错案、冤案。2017年党的十九大之前，中共中央办公厅、国务院办公厅高规格联合发文，要求保护和弘扬企业家精神，在保护产权、甄别相关有影响的案件方面，十九大后已有明确的动向与进展——当然这些中央重大的指导精神和方针怎样更好落实，我们还要继续观察与共同努力。

因此有关曹德旺跑不跑这个问题后面的背景，我们应该明确，中国现代化发展无法回避在全球化的发展过程中加入国际合作和竞争、面对生产要素"用脚投票"这个问题。要把这个事情掌握好，当然就应结合中国现有的发展基础，处理好继续和平发展、和平崛起的方向感、安全感、希望感等问题，继续调动一切积极因素，包括各种各样民营企业内在的潜力和进一步成长的可能性，形成我们在新时代推进现代化的总体过程。应该把大家普遍关注的重要问题，在广泛地讨论以后，导出更多理性共识，更好地形成对真实情况的清晰认识、分析、把握，争取提出尽快解决问题的建设性的对策措施。这样来理解，现在讨论的企业的负担问题，绝不是就事论事，因为企业负担的降低和投资环境的改变，与企业应有的保持未来发展的信心和越来越多得到法治化营商环境保护的预期，是有内在联系的。这是我们应该追求的国家治理现代化的境界取向。

三、全面、理性看待企业负担问题，绝不限于税，可以先从减税说起

正面理性看待我国企业负担问题，可先从税说起。企业负担不限于税，但是其中税是最规范的政府收入形式：国家政权体系依据法律，通过带有强制力的对纳税人的这种征收，使相关纳税人必须依法做出利益让渡。中国政府征收的正税从当前法律规定来看，有18种，我们如果从税说起来讨论减轻企业负担，接着就要想18种税之中，我们能减什么，怎么减。力争有建设性，这也是无法回避的、应摆在桌面说清的问题。表4-1列出了中国现在税制规定的18种税的具体内容。这里面属于流转税的有：增值税、消费税、关税，现在已经走到了营业税完全被增值税替代的新阶段，所以在营改增全面覆盖以后，营业税将退出历史舞台。

表4-1 我国税种一览表（18种）

税种类别	税种内容
流转税（3种税）	增值税、消费税、关税
所得税（2种税）	企业所得税、个人所得税
财产税类（3种税）	房产税、车船税、船舶吨税
行为目的税类（7种税）	印花税、土地增值税、城市维护建设税、耕地占用税、契税、车辆购置税、环境保护税
资源税类（2种税）	资源税、城镇土地使用税
农业税类（1种税）	烟叶税

再往下，所得税有两种，即企业所得税和个人所得税。

到了财产税，现在设立的是三种，有房产税、车船税和船舶吨税。具体地说，房产税过去一向是在营业性的相关房产上发生的税收负担，那些非营业性的、个人家庭的消费住房不受这个税调节，但是改革中毕竟已经有了上海、重庆两地在房产税名义下的试点，这个改革试点的法律依据是国务院20世纪80年代已得到了全国人大的授权，即可以具体设置房产税相关的实施细则，国务院利用这个授权启动了上海、重庆两地从无到有的在消费住房保有环节征税，根据具体情况试点形成创新式的税收调节。

再下面，还有行为目的税，表4-1里面列举了7种。环境保护税是"费改税"后，从2018年起开征的。按照2016年12月全国人大审批通过的与环境保护相关的税法，我国从2018年1月1日起开征环境保护税，这是把原来企业排污要缴纳的排污费通过负担平移改为更规范的税收了。

此外，还有资源税的两种：资源税和城镇土地使用税。农业税收方面唯一保留的烟叶税。

这样加在一起是18种税。

我们可注意到，关于税收有一个特定的分类角度，即直接税和间接税。中共中央十八届三中全会指导全面改革的重要文件"60条"中非常明确地表述我们要逐渐提高直接税比重，同时提到要稳定宏观税负。言下之意，哪怕宏观税负是稳定的，在提高直接税收入所占比重的同时，也必须要降低间接税的税负。至于说宏观税负如果要往下调，更是要注意到如果不是逆转"逐渐提高直接税比重"这个改革方向，就要更大力度地降低间接税的税负。我们近年进行的"营改增"，是带有减间接税特征的，是符合这样一个逻辑和改革方向的。

四、降间接税需同时考虑提高直接税比重

上述基本情况从税收方面可做一个小结：如果我们肯定降低间接税的方向，从全局考虑，必须同时考虑提高直接税的比重，因为哪怕是宏观税负往下降低，也不可能降得特别低。这个间接税往下面减轻负担的同时，原来中央已经明确表述的逐步提高直接税比重，必须有所作为。不论是在维护适当的宏观税负还是在降低宏观税负的情况之下，都要考虑优化税制，而优化税制的结构取向是必须把直接税更好地培育起来。这是中国配套改革里要从正面考虑的一个具体要点。虽然在宣传上大家会感受到，方方面面在刻意回避对提高直接税比重的表述——只是明确表述在十八届三中全会的"60条"里提及的（平常我们接触到媒体宣传的时候，很少听到重复的表述）。为什么有意无意不提这个呢？就是因为说这个问题是很"得罪人"的，我们的公众心理已经形成了一种社会氛围，讲减税天经地义，但说逐渐提高什么税的比重意味着增税，大家就会非常厌恶。这符合一般的利益倾向，人都是趋利避害的。减税是利，而提高某种税负被认为是有害的，是增加负担的压力。

这样考虑，如果贯彻中央后来说到的降低宏观税负，加上的约束条件会更加严格。光讲减税而不讲适当提高直接税比重，是不能够真正把握好配套改革要点的，这个问题后面还会专门涉及。

减税的同时，客观要求必须维持整个政府体系运转履职，还必须安排各种支出满足一系列的社会目标、要求。要保民生事项的托底，这也是"社会政策"的托底。这方面比较突出的事情很多，

大家都会认同,到 2020 年要全面建成小康,全面小康一定要解决中国农村 7000 万贫困人口脱贫的问题,而且,中央表述为精准扶贫,这就意味着在对 7000 万贫困人口的致贫因素一一分析到位以后,对症下药,投入各种资源——以公共资源为主,使他们从贫困的状态转为脱贫的状态。这个精准的操作里面,有一些资源的投入是没什么可商量余地的。比如,要认定这 7000 万人里面相当大一部分人致贫的原因,如果是因为他们居住的自然生态环境不适合人类生存,解决之道就是必须实行异地搬迁扶贫。现在是配有时间表要求的,就剩下这几年,异地搬迁扶贫不管多高的成本,必须在通盘规划之下尽快找到建新村的地皮,然后新村要尽快建起来,在硬件投入后面,还有软件的投入——要给干部适当的出差津贴,让他们盯着贫困户,一家一户动员,陪同他们完成搬迁。搬迁以后,过一段时间还要回访,因为过去有经验,过了几个月,很可能有些人说新的地方住不惯,又回老地方了,那还是不能脱贫。所有的投入没什么可商量的,都必须以财政为主,甚至就是完全由财政负担,把财力安排出来,这件事才能做到位。

这还只是列举出一件事情,其他还有很多的支出,如住房保障、教育、医疗、就业、养老,这些支出是要不断加码的,财政管理上的术语叫"刚性",指这种支出只能抬升不能降低。我们在这样的压力之下,财政赤字率在 2016 年和 2017 年已经提高到了 3%,而赤字率的提升,隐含的机制是中国必须依靠发行更多政府公债来填补这个赤字的缺口。穆迪公司近年给中国政府主权债务降级,原因里面就包括这一点,也就是说现在举债的水平已相对比较高,而且未来几年看不到有可能降低,很可能是继续提高。(当然,这个降级里面有非常值得商榷之处。评级本来应该是引导市场预期的，中国在经济下行几年以后，已经出现了2016—2017年连续五个季度经济运行"小平台"的状态，而且略有抬头之势。这个时候如要说以评级引导以后市场的预期，应该审慎地考虑，中国是不是有可能走完进入中等收入阶段以后这一波下行的过程，从认识、适应新常态到引领新常态，对应中高速增长——完全不考虑现在这样一个必须进一步审慎观察的问题，实际上降级直接带来了从导向来说的看空，即看得更悲观，这一点很值得商榷。但其后的背景，是在强调政府方面实际感受到的举债压力。）我们也不讳言，中国现在赤字率控制在3%，不会轻易再抬高，但也不能绝对排除以后有必要时再往上抬一些的情况。然而，在社会普遍的关注之下，想迅速把赤字率抬得很高，恐怕不现实，会把经济问题社会化和政治化。

按照以上分析，哪怕肯定了增加直接税，这个方向要真正实施也是困难重重的，这是一个很慢的变量。减少间接税却是很快的，必须在操作方面很快落实——比如，2017年国务院再次表态，原来说的年度要减少的企业方面综合算账5500亿元的负担，要向上抬到万亿元的规模。这是在顺应这方面的社会诉求，呼应企业主体的心愿，但是政府受到的压力是不可讳言的。我们从可持续性来说，这个比较快往下调整的减少间接税的变量，在其他因素不变的情况下，必须找到短期内填补它的收入来源，这与在正税之外更多举债，有一个必然的关系。

如前所述，在前些年研究中，我们已有了一个规范化的"财政三元悖论"的表述。这是比照金融学里克鲁格曼和蒙代尔的"三元悖论"框架来表述的财政领域的关系。简单地说，老百姓都非常拥护的减税，还有增加公共支出，以及大家非常认同的控制赤字和举债规模。这三件事,在一个具体的操作中,同时至多满足其中两项,而不可能三项一起满足。这是非常简明的"三元制约"的关系。由于这个框架里面三项至多只能满足两项,就必须找到一种理性的权衡,让这件事情能够在可持续的视角之下得到尽可能理性的处理方案。我们要在这里面处理的制度供给和其他要素供给,就是形成理性的供给管理方案,这考验了政府的决策水平。

五、中美"减税"基本不可比,应防"东施效颦"

前面所说的税,说到中国有多少税,又说到中国的税制改革里面的直接税、间接税有不同的变化趋向。接着要强调的是,中国、美国现在都在讲减税,但是这两个经济体的减税基本不可比,我们在特朗普减税的压力下,只好更努力地做减税,但同时要清醒地意识到,中国不能照猫画虎否则就可能会变成东施效颦,邯郸学步。特朗普的减税看似思路很清晰,其实和当年里根的减税是一个套路,主要指的是降低作为美国联邦政府财力来源中最主要支柱的个人所得税,还有适当降低美国的公司所得税(美国的公司所得税在州一级政府是重要收入来源,个人所得税则是联邦政府的主要收入来源)。美国还有称为 Local(局部)的地方层级,一共三级。依靠个人所得税,联邦政府形成了其 47% 的收入来源,差不多一半的收入,这个税种是非常典型的直接税。联邦政府拿到这一最大的收入来源之后,再匹配与社会保障体系相关的工薪税,这也是一种直接税,但它有特定用途——支持美国的社保体系。这两个收入来源加在一起占美国联邦政府收入的 80% 左右。最主要的收入就靠这两项,而且都是直接税。

美国的州和地方政府在个人所得税里是以很低的税率参与税

基的分享，而联邦政府的个人所得税是比较典型的超额累进，一定的收入水平，到了某个收入数量临界点后会往上跳档，即边际税率往上提升。特朗普所说的个人所得税降低，就是要降低它的最高边际税率，往下压，同时减少跳档的档次，更简化一些，减少这种税的调节力度。公司所得税没有超额累进的特定设计，意愿上是把标准为35%的税率一下调低到15%。特朗普的方案按照美国的法律走过全套程序，很难避免在国会和其他方面制约条件下的修改调整（如原意愿中的公司所得税的税率水平降为15%没有达到），但是基本的思路是非常清晰的，是在重复里根经济学概念之下的供给学派力主的减税改革。这很显然是个直接税概念下的减税。

如果我们比照美国这样减直接税，在中国是没有什么操作空间的。中国的企业所得税，在实际生活里早已经有处理标准，税率为25%，上市公司与高新企业为15%，再加上用加速折旧、研发费用抵免所得税达175%等优惠措施。除了大企业之外，中小企业都已经减半征收，标准税率25%减半就是12.5%。到了小微企业，是简便征收办法，是很低平的负担，而且"起征点"的标准还在不断抬高。所以中国的企业所得税不是说不能考虑继续降低，但是确实已经没有多少空间了。中国的个人所得税已经十分边缘化，总体而言更没什么减收空间。对这件事我们必须有一个客观的认识判断，哪怕听来不太愉快，但也必须去正面考虑这一现实。

上一轮中国的个人所得税改革方案出来以后，当时有关部门统计，全中国接受工薪7级超额累进税率调节的范围，缩减到多大规模呢？仅2400万人。我们全国总人口接近14亿人，只有2%被个人所得税超额累进税率调节到了，其他人都跟它没关系。至今仍没有更精确的数据，预计随着这些年工薪阶层收入水平提高，纳税人应有近4000万人，如此而已，在全体国民里的比重充其量是3个百分点出头，这部分收入在税收总收入里仅占6%左右，也就是这样一个分量。

所以，在中国要继续把个人所得税的总收入规模往下调减，基本没什么合理性与可能性。虽然舆论场上大家希望调减，每次到两会的时候，宗庆后等企业家会登高一呼，明确地主张把中国的个人所得税超额累进征收的起征点一下子提高到1万元，等等。但设想一下提高到1万元的情况，个税在我们社会中会进一步边缘化，几乎无足轻重了。减是减了，但是对整个中国的减税全局来说，是在个人所得税已经非常边缘化的情况下再让它几近出局，如此而已。这与美国的减税完全不是一个框架，因为基本的税制不是一回事。我们的直接税总体而言几乎没有减税空间，对这个基本事实认定之后，就要考虑一下，如果按照美国减税取向，我们可操作的，是把这放在间接税领域，这个领域我们确实也在努力，但是在学理分析上，效应方面有很多不如人意之处。

美国的直接税首先产生的是宏观经济自动稳定器的作用，因为经济景气水平上升，越来越多的高收入者实际收入水平跳过了往上接受更高边际税率的临界点，自动跳到更高税率负担的区间去，这样的效应使经济降温，是反周期的。到了经济低迷的时候，收入下降，税率自动往下落档，而落档带来的是经济升温，鼓励大家更积极地参加创业以增加收入，也是反周期。这种自动稳定器的功能，就现在美国减税来说，总体功能、逻辑、方向都没变，只是调整参数状态。中国若想在间接税方面真的按照美国的大规模减税来操作，那其实是在原有的间接税顺周期的不良状态下给它加码，是对已经给物价带来的不良影响，对经济反周期带来的不良影响等有欠缺的方面的推波助澜，这跟美国的效应就不能同日而语了。

我们现在的税制基本没有自动稳定器功能，还可能会激化我们自身的矛盾问题，比如，与以间接税为主相关的顺周期粗放发展、累退调节、扩大财政赤字和举债压力、刺激增费、价格波动等，造成更多综合不利因素。这是中国减税之所以不能够简单化、要防止东施效颦的一个原因。

六、从国际可比宏观税负水平看，中国并不高，应把最宽广眼界下的各负担因素综合起来考虑

把正税清点后，上面已做了一番点评。下面我强调的，是从国际可比的宏观税负水平看，要有一个理性判断：中国宏观税负水平并不高，但是必须紧跟着说，应该把最宽广眼界下的各种负担因素综合起来考虑，这样才能看得出中国现在整个社会的痛点之所在。对于可比的宏观税负水平，IMF 有明确的定义和统计口径，哪些应算进来，这样才可比。前几年，肖捷担任国家税务总局局长的时候，有文章发表在《中国改革》杂志上，他的基本观点到现在还可以参照，因为情况并没有多少变化：按照 IMF 的口径，中国的宏观税负大致是 30%。2016 年，按照 IMF 口径统计，我国政府收入占 GDP 比重为 28%，考虑到我国实际情况，IMF 口径统计的收入在加了土地出让净收益后，政府收入占 GDP 比重为 29%。IMF 数据显示，2015 年世界平均税负为 31.4%，发达地区为 36.2%，新兴经济体为 26.6%，我国宏观税负低于世界平均值 2.4 个百分点，远低于巴西（41.5%）、俄罗斯（41.4%）、日本

（38%）、南非（38%）、韩国（34.3%），但高于新兴经济体平均税负2.4个百分点，接近美国（31.8%）、瑞士（32.6%），高于泰国（22.4%）、新加坡（18.9%）、印度尼西亚（15.1%）。总体来看，我国宏观税负与我国发展中国家"领头雁"的地位相适应。现在有人把它估计得高一点，高到35%、36%，也不是说就高得离谱了（见图4-1）。

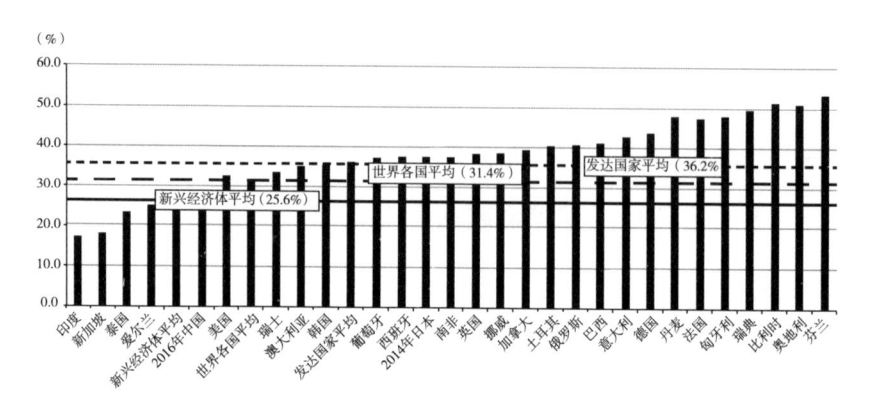

图4-1 IMF统计的各经济体宏观税负

数据来源：IMF DATA.。

注：此处中国为2016年数据，受数据可获得性限制，日本数据为2014年，其他国家数据为2015年。

如果粗线条地讲，发展中经济体的宏观税负约为35%，如说33%，是在平均水平靠下一点，如说36%，也就是平均水平上去一个点，基本的判断就是它并不高。

顺着这个认识框架，既然说中国的所谓宏观税负即政府收入按照可比口径来讲，并不明显偏高，是发展中国家大致的平均水平，而且明显低于发达国家的平均值，那么接着要说的是应注意其他什么问题呢？这就要对接前面特别强调的"全景图"这个概念——不能把税说完后，考察到此为止，这还远远不够。接着需要讲，中国除了十几种正税之外，特别应当考虑企业负担因素，还有行政性收费。行政性收费这些年从多如牛毛的状态正在往下调减，但现在在某种意义上讲还是有多如牛毛的特征。比如娃哈哈集团的董事长宗庆后，在曹德旺发表观点以后，他专门列了清单，说他们碰到 500 多项的税费。拿来一看这里面都是行政性收费，不是正税的概念，又经过发改委和财政部把 500 多项收费清理、认定以后，这里面有一些重复的，还有一些是理解上有误差多记的，但是剩下的也有 300 多种，这 300 多种列在一起，也是一份长长的清单，是不是有点让人眼睛发晕，有多如牛毛的特征？这个特征拿到其他经济体里对比，一般而言是没有的，还未听说过别的经济体里一个企业同时碰到 300 多种收费项目，这是现在我们实际生活中的一大痛点，只不过很多企业家已经说习惯了，一句话归结为"这都是政府给我们的税收负担"。其实这里面名目繁多的大大小小的收费，不是正税，而是正税之外的行政性收费。交这些钱时，企业还要花费心思讨价还价，还要消耗精力并处理隐性成本，这其实也都是企业负担。

此外，还有比较规范的与社保体系相关的"五险一金"。这些行政性收费和五险一金，是不是有往下调整的空间呢？很显然有。除此之外，还有一些隐性的、在法规和政策规则表面上看不到的情况，是通过潜规则起作用的企业综合成本因素。对这些，企业不得不承担，但是承担起来，规范性特征更低。上述这些因素，应该合在一起讨论才是全景图。

从中央到地方有明确文件依据的种种行政性收费，背后是什么？是我们的各种局、委、办等政府机构，是为数过多的管理部门，各部门手上都有公权，这些公权首先表现为审批权，后面很容易派生出来的就是收费权。明的收费权后面,还有暗的设租权。对此可举一个例子,我们在调研中曾经碰到一个小企业的创业掌门人,这个企业家说,他现在正在企业开办阶段,办手续之中,各个局委办要盖章,合计是好几十个章——这还算少的,早几年前是一两百个章。有领导同志不担任行政职务后,领导的一个国家一流智库要建一个永久办公楼,走手续盖的章就有100多个,领导同志感叹地说,过去工作这么多年都没有感受到盖章环节这么麻烦,这样一个事情就要盖100多个章。前面说的企业家遇到的是几十个章,他说其中有一个必须要盖但迟迟盖不上的消防章,这个章盖了以后,办公场所、车间才能够使用,不盖的话,一用就违法。他碰到的问题就是这个章怎么努力都盖不下来,总是说不通,挑这个那个毛病。他很着急。后来有一个人出现了,说我给你指条路,你出6万块钱,请个中介公司,这个事可以摆平。他说当时他还不敢发作,对调研人员的想法就是想要"跳脚骂娘",觉得政府的税收负担真是高得他们喘不过气来!他整个开办公司的费用才一两百万,盖一个章就6万元,还怎么活?那么客观分析,这个案例里的事情,跟税的概念其实没有关系,甚至不是前面所说的行政性收费。可想而知就是有人设一个局,让企业出这个钱,吐这个血,拿这6万元来做利益输送与"分赃"。这种事例很明显是一种公权环节上的胡作非为,这是需要我们通过整顿吏治、反腐倡廉去解决的降低企业隐性负担的问题。企业家碰到这种事情,会本能地非常小心,当场不敢发作,如果发作了,以后的日子可能更难过,那些"穿小鞋"的因素防不胜防。

这些实实在在的负担,最新的表现还有一种,就是拖着不给你办事。八项规定执行越来越严格,很多企业反映,去政府部门办事，经办人确实是客客气气，但是事始终办不下来。办不下来也是企业负担，对企业来说时间就是金钱，市场的情况千变万化，一件事情早两个月办成，可能就会冲破瓶颈期，就可以发展，晚两个月，企业可能就死了。这些都是我们必须讨论的各种负担因素。下面就这些再分别讨论一番。

七、正税和行政性收费具体可以减什么？先看正税

如果说把前面已涉及的从正税往下说的行政性收费、五险一金、还有各种各样的隐性负担放在一起，梳理一下，从正税和行政性收费说起，我们具体可以考虑减什么？怎样减？

具体地讲，营改增做到全覆盖以后，还有一系列的细则问题，经过调研以后需形成解决方案。比如金融界有一些反映，有关部门和金融界讨论，已经在做细则上面的调整。

另外一些企业反映的问题解决起来恐怕有一定的难度，比如，增值税种种优点可得到肯定，但必须承认有一个缺点，就是它实际上不鼓励那种创新型企业投入很多的财力去稳定住他们研发创新的带头人。这种创新人才在市场竞争中间需要不惜高薪才能稳住，高科技企业要出高薪稳住自己的研发带头人和它最核心的创新团队，就要抬高薪酬水平，而这项支出在增值税的抵扣链条上是没有任何进项抵扣因素的。于是，有可能一些高科技企业在新的增值税环境之下，名义税率提高了，其他企业靠较充分的进项抵扣降税负，但这类企业开支实际上得不到多少进项抵扣，大量的投入表现为高端人才的薪酬过了某一个临界点，企业实际的税负是不降反增的。这个问题似乎现在还没有更好的办法解决。诸如此类的，还有营改增要进一步完善的事例，其他各种各样不同

的行业和类型的企业，营改增怎么完善，还要具体考虑。

还有企业所得税。关于小微企业的起征点，可以再抬高些，但是抬高到多少？再怎么抬，油水已经不大了，对小微企业来说，在规模划线之下，完全不征所得税的话，一个月能享受到的好处是多少呢？也就是几千元。免除一两千元或者几千元的企业所得税，小微企业实际得到的好处对它能有多大的帮助？其实未必有太大的帮助。这时候企业需要的不是这一点好处，可能需要的是几十万元的贷款，从这个视角来看，我们的讨论就需要到后面再展开到融资问题。这只是表明在正税的框架里面，就企业所得税而言，想学美国减税，对于企业降低税负的局限性是非常明显的。我们前面提到对中小微企业已给出了很多企业所得税减免的优惠措施了，在这个基础上再降，实话实说，空间不太大了。

当然还有企业研发投入这方面，已把加计扣除从原先的150%提高到175%，再往上提，有人建议干脆提到300%。即使如此，也不能说产生多大的对企业的帮助，企业对研发投入100元，你抬到300%，也就是可以抵扣300元的企业所得税。一个企业这方面如果投入1万元，在这一时期里最多能得到3万元的企业所得税的抵扣（如果它能挣到要交这么多税的毛利润的话），如此而已。这是理论上推到极致的情况，实际上大量的企业在这方面盈利水平相去甚远，对他们没有多么可观的支持作用。

还有细节问题，比如加速折旧，这是可以肯定的。企业从财务上的税负来看，在某一个时间段里它可以加速提取折旧而更多减少它的当期所得税负担，把这个税收负担转移到后面的时间段去逐步完成交纳，实际上就给了它一块时间价值，给了企业某一个时间段里争取超常规发展的可能性。这些都可以继续讨论，但实话实说，这方面的潜力可能有限，中国在减少正税方面，可以讨论的，只是还能在哪些事项上做到极致。

八、减少行政收费关联大部制改革等方面的攻坚克难

接着就是减少行政性收费。相比税制改革中的减税，减少行政性收费更是攻坚克难的问题。娃哈哈作为一家企业还有300多项收费，再往下降，真正要把这个事情做好，是李克强总理所说的，就是怎样真正做机构的精简、按照大部制和扁平化做行政架构伤筋动骨改造的问题了。我们已经进行了这么多年机构精简，这方面的原则有反复的声明，至少两届政府都明确地表示要推进大部制改革，但实际只走了一点小碎步、小花步，真正大部制的框架还没有形成，其形成的难度是非常大的。各级几个部门的领导班子合成一个班子的时候，在中国实际生活里，产生的就是各种各样的争权问题。

人员怎么分流安排方面，也是棘手的问题。逻辑上讲没有走不通的路，如果合并在一个班子里，所有人可以保留待遇。比如，两个部门领导班子都是8个人，合在一起16个人，以后慢慢会有人退休，把班子人数降下来，但现在的问题是什么？把后面的人在仕途上追求提升的空间先封住了，等前面这些人都消化完了，后面的人才有位子。这会带来一些带队伍的难度。走上仕途的人很多非常看中的，就是一个台阶一个台阶往上走。领导层心中对这件事情都有不说出来但其实要做的考量：有这么多要做的改革事项，这件事情能够往后放，就往后放一放。

20世纪90年代初期，笔者去韩国访问，印象很深刻，韩国财政部不叫财政部，叫规划与财政部，前身是相当于我们国家计

委(后来的发改委)的机构叫规划院,现已合并进了规划与财政部。后来去法国,人们总说法国有集权特征,中央级部门规模很大,但是部门的数量并不多。法国有一个几万人合在一起的部门,叫经济、产业与财政部,把我们所说的通盘经济规划的功能,与工信部以及其他一些有产业特征的部门合在一起了。美国的农业部工作人员有几万人,但是美国农业部是垂直到地方的,地方政府层面没有农业部门,这个垂直系统处理全美国的农业发展、农业补贴、农地轮作休耕等。

如果把中国现在大部制改革方面对比一下韩国,会很有感触。现在韩国的发展有很多我们看得朦胧的地方:它是在20世纪八九十年代以后形成经济起飞之势,90年代初期的GDP迅速增长,发展势头非常好,但是社会矛盾表现为学生运动闹得非常过火,动不动就是学生罢课上街游行、形成群体事件。有意思的是,韩国的工人跟着学生,学生罢课,工人也罢工,而且罢工还不回家,也跟着学生一起上街。那个时候韩国的街头动不动就是群体事件。韩国是靠军警上去打催泪弹——接待中国研究者的韩方官员说,因为有现实的需要,韩国形成了世界上最高水平的催泪弹生产工艺。当时在会场交流,听到街上有动静,会议结束我们出去,听说刚刚驱散了一个大规模的群体游行。这时候街上已经看不到人了,也看不到催泪弹的烟,但是能闻到味儿。

韩国人的处理方式客观上说,在社会矛盾累积为表现出直接的街头冲突时,靠打催泪弹做到基本不死人、不流血。前面曾有很惨痛的"光州事件",军警不知什么原因开枪,对社会刺激很大,从此以后韩国就靠催泪弹处理矛盾激化问题,基本做到街头不死人。再过一些年,学潮、罢工都不闹了,不管什么矛盾,已经把这个大部制改革做到前面了。

中国要承认，我们的很多改革与他国简单对比，是明显滞后的。现在种种的"矛盾累积、隐患叠加"与社会的不和谐都有一定关系，又与行政架构改造成功与否有内在关联。因为公共权力环节有这么多部门，公权在手都有自己的既得利益，"要冲破利益固化的藩篱"，但是怎么冲破呢？每个部门都把自己的审批权放在最重要的位置，明的收费权，暗的设租权，跟着的是企业负担，这些负担要真正往下降，一定要配套改革，改造公权。首先在行政架构方面把庙拆了，拆了老庙再说新设的庙怎么按大部制尽量精简，控制数量瘦身消肿，怎么安排和尚念经（转变职能应以规则、政策功能为主，必不可少的审批必须具体优化到用什么形式审批，以及如何更多做政策优化、做好规划工作），是这样的一个系统工程。"大部制"改革旁边还需要匹配"扁平化"改革，即不但要减少管理部门数量，还要减少政府管理层级，应通过"先财政，后行政"的渐进路径，把我国的五级政府架构，在一般地区扁平化为三级架构（即中央、省、市县，乡镇将类似于城市的"街道办事处"，只是派出机构）。这样的系统工程带有整个行政系统"脱胎换骨"式改造的彻底性和艰巨性。

九、降低"五险一金"水平必须解决社保基金制度机制问题

再下面我们需要讨论五险一金的水平合理化怎么解决？涉及相关的社保基金制度机制改革问题。以五险一金进行国际对比，觉得明显高了，但是为什么要降低的时候，在中国却有很多地方过不去呢？现在从基本养老来说，我国最高只做到省级统筹，那么全国是三十几个资金的池子，然而从这些养老的资金池来说，

理应做到全国统筹，汇成一个池子。全国三十几个这样的池子里的资金，彼此隔绝是不能调剂使用的，但本来基本养老的资金在池子里面，就是要发挥互济、共济的功能。基本养老的资金池按照内在逻辑，应该是放在统一市场的最高层面，做全社会统筹，由全社会形成基本养老的一个大的蓄水池。在这个蓄水池互济、共济功能充分发挥的情况下，可以降低缴费率，以后费改税，体现为社保税率，还可以再往下降。

在辽宁省只有自己一个蓄水池的情况下，由于辽宁产业工人退休人员比重非常高，养老金很早就入不敷出了，但是广东、深圳在职工年龄结构特征是年轻化的情况下，其攒出来的蓄水池里面的水量（资金量），却根本无法调到辽宁来支持亟待解决的运行中资金支付问题。所以一边是看着辽宁特别着急，中央必须给它一系列的政策和财力支持，才能让它渡过难关，另一边是广东等一些区域，它们存下的资金量已经很大了，有建议是让社保基金理事会代为做安全理财。在这方面，如果不把全社会的事情统筹起来，今后这种矛盾会进一步显性化。高高低低不同的地域之间，无法形成五险一金对应的社保制度应该具有的共济互济机制功能。要把蓄水池的构建提高到全社会统筹，恰恰又是触动既得利益的事情。我们在内部早就听说，相关的部门因为有自己的收费权，已经发展出"几十万大军"的人员队伍，维持这个队伍实际上带来种种实惠，因为缴费的同时它的运营费用与员工的福利、待遇等，都是必然发生内在关联的。那么在部门来看，对这块实权是要做最大努力来保证的。这种带有"命根子"意义和分量要保护的既得利益，怎么能够化解，怎么能够按照更合理的改革逻辑形成社保基金的全社会统筹，使基本养老的蓄水池功能充分发挥，还能带来费率的调低，企业负担的减轻，就是中国真正的问题，是很现实的、啃硬骨头的改革任务。

十、企业的隐性负担问题在中国相当严重

前面已说到企业隐性负担问题，在这里再强调一下，中国企业负担中的一大"特色"是隐性负担沉重。比如，企业开办要盖几十个章，实际上产生了一系列、合成一大块的隐性成本、综合成本。企业运行起来了，对几十个局、委、办等公权部门的"打点"也会常年不断。这些成本在国外不能说没有，但与中国比可能有天壤之别。

十一、正税减降不是企业负担问题的全部，甚至不是最主要的问题

在中国，我们一方面要继续坚定不移地减税，另一方面一定不能忽视减税概念之外，怎样更好地整顿我们整个营商环境，减降各种税外的制度性成本，遏制潜规则造成的设租寻租、变相索贿等问题。在为官不为的情况下，拖延也是一种负担，这个负担在现实生活中越来越多地反映出来，也让企业非常痛苦。这些约束要破除，必须依靠什么呢？依靠中央说的"冲破利益固化的藩篱"。改革的方向明确，原则也都有，怎么做？这是非常现实的问题。

十二、如何看待人工费

此外，还需要简单讨论一下其他负担问题，如人工费、电费。按照曹德旺的说法，美国白领工人薪酬比中国高一倍，即相当于中国白领的两倍，蓝领则相当于中国的八倍。可想而知，美国的

蓝领和白领之间的差异已经很小了，中国的白领和蓝领的差异却相当大。但是总体来说，中国在这方面对美国还是明显有相对优势的。然而这个相对优势按照现实的趋势，正变得越来越少，因为我国现在的招工难、用工贵、民工荒，已经在不断抬高一线的劳动成本。这几年非常明显的情况变化是，低端的劳动者，包括粗工、壮工、农民工、家政服务的保姆，他们的收入水平在提高，并且高于社会的平均工资增长幅度。改革发展到了一定阶段，刘易斯拐点来了，劳动力不再是无限供给的低廉状态，市场上你不抬高工资水平，人家不在你这儿干了，自然有人给更高的工资，总体水平就必须往上抬了。从正面讲，这是使劳动群众能够分享改革开放成果的一个特定的劳动力市场的机制；从负面讲，这也是我们必须要意识到的"无可奈何花落去"的现实局面，前面那些年支持中国超常规发展的劳动力要素成本低廉这一比较优势，正在迅速撤空，这个比较优势的滑坡在若干年内会基本走完。对美国，我们可能还能维持若干年这种因素的相对优势，但对与我们更近的东南亚，我们已经明显丧失了这种竞争力。从珠三角开始，不得不"腾笼换鸟"，那里常规的投资正在往外转移，转到越南、孟加拉、缅甸、老挝、柬埔寨等地去。这就和当年这些产能往我们这里转是一个道理。面对已经发生的这种变化，我们需要处理好以劳动合同法约束和健全市场上的相关制度环境等问题，争取在这个过程中掌握好应该动态把握的合理平衡点。但总的趋势就是，低廉劳动成本优势早晚要放空殆尽，不再成为我们的比较优势。

十三、电费要借改革压低，但中国不能与美国比拼电价

说到电费，现在说美国是中国的一半，那么中国的电力部门

改革，有可能使我们电力供应的实际价位往下调。但是，中国是不可能简单跟美国比拼电价的。中国的电，到现在为止最主要是用煤烧出来的火电，而美国基本不用烧煤了。煤的使用中，"负的外部性"非常明显，造成环境压力，从开采到运输，到使用中有害气体的排放，外部成本是非常明显的。中国已受到了使发展有可能不可持续的环境危机因素影响，从雾霾看，一般的分析认为，最主要的源头因素一个是烧煤，另一个是机动车尾气排放。想控制这种造成环境危机因素的烧煤，在中国实际的资源禀赋情况约束之下，见效是非常慢的。我们现在有一个基本的估计：在未来很长一段时间之内，作为基础能源的煤的比重可以缓慢下降，但这个过程要延续几十年。我国现在全力发展风电、光电，虽然增长比较可观，但是基数很低，离挑大梁还有很长的发展阶段——现在在整个电力能源供应结构中，风电、光电合起来只占几个百分点。水电还在发展中，我国还可以开发的水电资源主要是怒江流域，那个水力资源运用是有国际连带关系的，我们已经碰到很棘手的国际协调问题。要提升水电在能源供应中的比重，在未来是很难实现的，很可能比重还要下降。另外，还有核电，在日本福岛核电站事故之后，我国有关部门曾表态，不再考虑在内地建核电厂，现在有所松动，但还搞不出大动作来。

  这是基本的情况，中国既然是以煤为主，努力想做煤炭清洁利用，控制煤的不良气体排放与污染，所发生的各种各样的综合成本非常高，在环保的约束之下，从经济学逻辑来说，如何逼着产业链上运营中的相关企业，千方百计减少能源耗费，千方百计开发有益于节能、降耗、绿色、低碳发展的工艺、技术和产品？电的比价关系就不能让它表现出很便宜的特征，应该在比价关系上使大家感受到用电相对成本是很高的，从而千方百计要节电、省电，这才是中国真正的全局、长远利益之所在。

改革开放初期，北京居民用电价格是1角6分多一度电。现在改为阶梯电价了，每块电表前面2280个字（第一阶梯）的电价是每度电4角8分多，就是只增长了两倍——快40年了只增长两倍，而北京老百姓过日子其他东西的物价涨了多少倍？可绝不止几十倍。大家都要吃的西红柿、黄瓜、白菜就涨了100多倍。那么什么金贵，什么不金贵，什么需要精打细算，什么可以忽略不计，其实大家自然有选择，谁也不会真的把节电当一回事儿。到了企业，大体跟这个情况相同，工业用电、商业用电有点差别，比居民用电贵一些，但是企业其他的开支已翻了多少倍！相比差旅费、人工费的支出涨了上百倍，谁会把节电当回事儿？中国跟美国比拼低电价，是没有前途的，因为我们可持续发展要控制雾霾、控制类似的环境方面从大气到水流、到土壤的污染，抓住比价关系是抓住市场经济中经济利益为主的引导机制，必须以此考虑处理好中国特色之下能源价格政策问题。

中国有一个"胡焕庸线"的国情问题，这与美国不可同日而语。美国也有人口密集、聚集的区域，但绝对不是中国这样。"胡焕庸线"右下方东南半壁40%左右的国土上聚集的是世界第一人口大国将近14亿人中的96%，这种情况造成了我们分析指出的"三重叠加"，人口密度和与人口密度相关的能源高密度消耗、机动车高密度行驶等，叠加上了我们的粗放发展阶段所形成的高排放、高污染不良影响，再叠加上以煤为主的基础能源要素禀赋结构造成的中国特色的清洁发展压力，使环境承载力相关的可持续性问题呈现"非常之局"，要有非常之策才能解局。

从这个角度来看，曹德旺所比较的电价，我们就不能简单地说中国在这方面以后可以跟美国比拼谁更低。中国的国情跟美国有明显的不同，美国在不依靠烧煤发电的情况下，它的原油战略储备之丰厚是别的国家无法同它相竞争的。美国把自己所有探明的国内油田都封存，在国际上不断按照最合适的方式抢价格低点进口原油，而且是按照美元的国际霸权控制行情。美元跟黄金脱钩以后，实际上与基础战略资源石油是挂钩的。近年又成功推进了"油页岩革命"，基础能源的实力和掌控能力全球第一，这都是美国十分明显的相对优势。中国在这方面必须承认，我们跟美国完全不是一个类似的机制，低电价是学不来的。我们还应积极推进资源税从价格改革来"水涨船高"地增加法定的价格，形成机制中税收因子的分量，促使大家在产业链条上的税负传递中更多比拼谁能更好地节能降耗、节煤减污。

十四、中国也不宜与美国比拼过路费

说到过路费，其实也完全不能设想中国和美国比拼。美国全国高速公路四通八达，最早是艾森豪威尔总统利用"二战"时期的欧洲经验，在20世纪50年代推进美国高速公路网的建设，带来基础设施支撑力的提升，经济的蓬勃发展，并且基本不收费。20世纪80年代前后，只有东边的宾夕法尼亚州和西海岸边上的加利福尼亚州有两条高速路是收费的，其他都不收费，最近一些年多了几条，也就那么屈指可数的一些收费路，其他都是免费的。中国可以这样设想吗？在可预见的时期内还无法设想，因为我们是在追赶发达经济体，在很长一段时间内，中国做不到美国那样在交通干道、高速公路上基本不收费，因为我们还不得不依靠贷款和PPP融资，然后以收过桥过路费的方式，形成在这样一个循环中支撑基础设施并加快建设的机制，这是中国现代化中从追赶到赶超的特色。虽然收费也引起了老百姓的一些不满和企业负担方面的抱怨，但是同时必须说清楚，老百姓和企业在这方面总体而言是受益的。公众对收过路费有不满，应该依靠阳光化机制，说清楚这个钱收来以后怎么用。比如，北京首都机场连通T1、T2的高速路收费口，大家知道等于开着印钞机，川流不息的车辆到那里都要交费，民众会问什么时候还清贷款？后来发现贷款已经还清。那为什么还继续收费？这就形成了巨大的社会舆论压力。管理部门不得不变成单向收取，还把10元过路费降到5元。其实更合理的机制，应该是说清楚北京除了首都机场之外，还有现在正抓紧建设的第二机场，而第二机场也要匹配交通干道，加快建设需要巨量的资金，如果能阳光化地、清晰地说明白：这边贷款已还清了，但是继续收费是在控制人工成本的情况之下，把收入转到支持第二机场的高速公路建设，那就完全可以继续收费。遗憾的是有关部门总是不能在收费上阳光化，社会压力来了以后，就宣布双向变成单向收费，又变成现在只是单向收5元，谈不上全面考虑优化处理的对策。做好自己的事情，坚持制度建设方面的阳光化、透明度和公众参与、公众监督，才能够使中国国情之下很多的收费机制更好地接近于最优化。

十五、滥罚款的痼疾主要是吏治问题，不是税费问题

一方面，物流费用。比如，中国现在这么多的交通干道上，货物运输中碰到的问题就是载重卡车不超载就赚不到钱，因为一路上要面临着很多交费与罚款。另外，超载造成的安全事故，其

造成社会的综合代价,很自然地引申出一个管理部门的收费和罚款的理由:我需要加重罚款力度,通过取得罚金实现加强管理,这才能把这个事情理顺。其实这是一个恶性循环。笔者认为这种恶性循环跟税一点关系都没有,而是中国怎么整顿吏治的制度性建设问题。说了这么多年形成合理的收费机制,总是做不到位,这是值得我们深思的。法治不到位而使得阳光化监督机制缺失让罚纳双方陷入螺旋上升的畸形博弈,解决这一问题的关键,是建立相关良法、实现阳光化执法,整顿管理人员作风和规范其行为等一整套制度安排,必须在改革中落实到位。

十六、如何看待土地、厂房成本

说到土地和厂房的成本,曹德旺说他去美国投资,土地成本得到了州政府的补贴鼓励,对冲掉了,土地几乎是白拿的。这种情况中国有没有?有而且为数也不少。我们很多中西部地区就是这样的,给予种种的地方优惠,土地送给你用,叫以优惠政策招商引资。但是仍然不能如愿地成功招商引资,那就是其他条件不到位,但也不能一概而论。我们在发展过程中,在与土地和不动产相关的这些方面,怎样使企业得到降低税负的条件是一个侧面,另外一个侧面还要注意,美国又有一个和它的土地、不动产相关的财源,即地方政府称为财产税的非常稳定的大宗收入来源。前面提到联邦政府主要靠两个直接税解决其收入问题,到了美国的地方层面——这是三个层级中最下面的层级,大到1000多万人的纽约市,小到几千人的一个自治镇,主要依靠的收入来源是什么?就是称为财产税的房地产税。这个税收在其本级收入中的比重可以高到占地方政府收入的90%以上,低也低不到40%以下。各地的情况千差万别，但是总体来说，在某种意义上也是美国的土地财政，只是"靠山吃山，靠水吃水"。不像中国这样，一次靠土地批租把钱拿足，造成的短期行为是在领导自己这一任里尽快出政绩，后续的多少代领导班子怎么过日子，不是我考虑的问题。美国不一样，美国有一定的地租收入，但最主要的地方政府层面的收入不是地租，而是靠每一年都收取财产税。这个财产税是透明的，是非常稳定的大宗收入来源。

从这个意义上来说，又回到中国在借鉴国际经验时应注意的双方差异：如要对美国减税做出回应与学习，得看到美国能够在降低企业所得税和个人所得税的同时，从基层地方政府开始形成的财产税的支撑力，我们现在没有像样的地方税，没有基层（具体为县和市，乡镇一般而言实际上已经不成其为一级实体政权）的财力来源。这个支撑力的形成是和"靠山吃山，靠水吃水"的土地财政的概念相关联的，绝对不是我们现在短期行为特征非常突出的靠一次土地批租把钱拿足，而应是稳定的、细水长流的，年复一年由财产税制度形成的收入支持。

十七、如何考虑融资等方面的成本

融资方面的成本，有高有低，也是非常重要的影响企业发展的负担因素。中国在融资方面的一个突出问题，就是常规金融在某些区域明显被边缘化，灰色、地下金融甚至是高利贷大行其道，最典型的就是长三角增长极区域的温州：演变出的"跑路事件"。前几年，看起来温州的发展非常有生机和朝气，但是已经隐含着危机因素，世界金融危机发生后，冲击压力达到某个点，"跑路事件"就发生了，温州的金融系统出现了危机局面以后，暴露的又是它的产业空心化：在金融不能有效服务于实体经济更新换代的情况下，实际的融资成本是中、高利贷形成的，这使区域全局的产业升级受阻，而实体经济发展迟迟不能实现产业升级的结果是，原来一个强劲增长的区域跟着金融危机痛失好局，原来的隐患变成现实的危机，必须做出痛苦的调整。2017年上半年社会热议的山东"辱母事件"，背后也是高利贷因素引发的祸端。

我们应特别警惕，像温州这样的不良案例，会不会在长三角、珠三角复制。比如，前一时期珠三角的某些代表性区域也让人有点担心，2017年后，笔者听到一些消息，那里的调整虽然有震动，但似乎不至于形成像温州那样明显产业空心化的状态。我们希望在金融方面，中国一定要在深化经济改革和金融改革的过程中，让整个金融体系充分多样化，能够无缝衔接地对应实体经济的各类融资需要，提供不同类型的金融产品，包括在商业性金融的旁边，要无可回避地对接我们需做正面表述的政策性金融体系。所谓开发性金融、绿色金融、普惠金融，都必须在后面有一个国家财政为后盾的政策性融资机制的支撑才能可持续运行，包括现在有明显政策融资色彩的产业基金、引导基金。在这些都能形成有效供给后，各种各样无缝对接的金融产品体系里，应有常规金融的低利贷，有充分发展起来的小贷公司式的中利贷，有政策金融各种多样化的融资形式，它们合在一起，要能够把高利贷边缘化、挤出去，这样我们的金融生态环境才能够健康起来，曹德旺所说的融资方面很高的成本、费用，才能有把握往下降低。

十八、考虑了"减税减负"，还不得不考虑"加税"

讨论了这些减税、减负的往下调整之后，还必须说到往上加税的命题。中国的个人所得税是一定要推进改革的,这里面有减税,主要是低中端要往下调整,也有加税——除了像唐骏这样的"打工皇帝"应该在他们那种极高薪酬里面接受最高边际税率调节之外,最关键的是要把工薪收入者之外其他先富起来的人群(比较典型的是厂主式的富豪)的非工薪收入"归堆",合在一起接受超额累进税率调节。如果这些综合在一起,对直接投资的资本要借鉴国际经验网开一面,给予相对优惠的比例税率。剩下的则应都归在一起,合在一起接受超额累进税收的调节。这时候,最高边际税率就可以降低,没有必要高达45%,可以降到35%甚至30%。档次也可以减少,现在7级,以后是不是可以减少到5级甚至更少。所谓"起征点",是应该适当提高,过了起征点的第一档税率,现在是3%,再改革后甚至可以设计为调低到1%。过起征点交1%的个人所得税,有利于培养纳税人意识。然后往上,会走得比较慢,待走过应培育的中产阶级(中等收入阶层)主体收入水平的某一个数量值以后,应非常明显地把超额累进的力度抬起来。这是一套应通过个税新一轮修法改革实施的比较合理的有减税、有加税的新机制。"综合与分类相结合"的同时,应再加上对家庭的一些必要的专项扣除,如考虑赡养系数,考虑家庭第一套住房按揭贷款,对月供中的利息支出做专项抵扣,这一方面是国际惯例,另一方面也是适合中国老百姓的诉求,体现了个人所得税应有的公平税负的具体设计要领。

十九、个人所得税改革还会有较漫长的路

根据对个人所得税这方面的改革的观察,在中国可能还得有个思想准备,有关部门下这个改革决心不容易。当年推出了全年

收入12万元以上的纳税人要主动申报,但后来并不敢动真格去核查。管理部门意识到,如果敢动真格去查某一个申报者的收入,那么其他人查不查?查了以后政府能不能真正很规范、严格地依法征税、应收尽收?如果做了这件事情,就要准备接受纳税人更细致、更严格的监督,出了问题以后可能会因面对社会批评的巨大压力而"吃不了兜着走"。所以这么多年来,年收入12万元以上收入者的申报就是一个形式,没有听说政府拿哪个对象彻查一下。美国多年前没有网上信息系统的时候,却敢动真格的,每年抽查1%~3%的人,抽到谁算谁,抽到以后查个"底儿掉",补该补的税的同时,还要交滞纳金、罚金。较过分的逃漏税,当事人还要被投入监狱以示惩戒,这样对全社会产生了威慑作用,"杀一儆百"。中国动这个真格,是非常难的政治决心,因为在现实生活的种种制约之下,大家都知道,把这个硬骨头啃下来是要承担极大风险的。所以,很可能在中国的个人所得税改革向前推进的进程中,还有比较漫长的道路要走。但是毕竟要先把框架推向与综合分类相结合的初步形态上。相关"税收法定"的程序何时启动,要看决策层和管理部门怎样处理这个"烫手的山芋"。

二十、房地产税需从无到有

减税之外的增税,在中国可谓是难上加难。在逐步提高直接税比重的过程中,住房保有环节的房产税需要从无到有。应当强调,这是中国走向现代社会、打造现代税制必须经受的一个历史性的考验。但在中国又必须设计好社会可接受的起步框架方案,不能照搬美国的普遍征收制度。重庆试点比上海试点更激进一点儿,但是它所动的存量,是最高端的"花园洋房独立的别墅",把联排、双拼的别墅已通通排除在外，整个辖区就是这几千套有自己独立院落、一望而知的高端消费住房，作为存量房，也要施加保有环节的税收调节。下一步如果启动我国房地产税"加快立法"过程，对于如何做房地产税税法的具体设计，本土经验会很有意义——在我们的本土试点经验中，可观察重庆式的180平米扣除即给出"第一单位"的免税处理。那么我们可以讨论，为在中国社会使这一税改可接受，全国人大立法时，到底怎么做"第一单位"的扣除？是按照人均平米数，还是宽松一点，按照每个家庭的第一套房，还是更宽松一点，允许单亲家庭扣第一套房，双亲家庭扣前两套房，以避免离婚潮等。这些都要在立法过程中充分考虑。没有第一单位的扣除，估计中国社会建不起此税可接受的实用框架。我们应该非常积极地推动中央早已要求的"加快立法"，进入一审，即是实质性进入了立法过程。但今后何时可走到这个程序环节，尚有待观察——那时，就有望进入一个有理性讨论氛围的新境界，各个方面对于税法草案都可以提出自己的意见、建议以及陈述表明其论据，有关部门还有必要举行专门、专题的一系列研讨会，以及接受社会公众各种意见建议的听证会等，以加强各界交流，寻求"最大公约数"。

二十一、小结：中国的税制改革有减法有加法，需要在攻坚克难中解决"真问题"

如对此问题做简单小结，前面说到的是从曹德旺的议论引出的"全景图"的考虑：中国需让企业减轻的负担，是从正税到非税，到隐性的各种负担，到相关的各种各样投资和发展环境中的负担。放在一起，对这个全景图的把握，我觉得一定要避免所谓

"盲人摸象"式的理解认知,这是处理好这个重要热点问题的一个基本要领。如果没有这个全景图,很多事情就说不到一起去。说到负担的时候,角度不同,有人摸到的可能是象鼻子,有人摸到的可能是象腿,还有摸到象身子、象尾巴的,但是这个问题的真实面貌,到底是一堵墙、一根柱子,还是像一片大扇子,还是像一条绳子,各说各的道理。盲人摸象的各个局部的东西合成了全体,才可以使我们更好地把握企业降低负担的解题思路,在中国走向现代化的过程中,要力争让企业尽可能轻装上阵,加入国际合作与竞争的发展过程。前面所提到的分析和种种看法,显然可引出一个基本认识,也是无法回避的问题:这些降低企业负担、使各种负担合理化所要做的事情,应匹配的是一系列的改革,不是简单加强管理、技术上怎么做得更周到的问题。首先是敢不敢触动既得利益,敢不敢啃硬骨头的问题。中国如何凝聚改革的基本认识,合成改革推动的力量来攻坚克难,使制度供给由此真正提升到一个高标准、法治化、低负担、公平竞争的营商环境和社会和谐环境,是"全景"模式下我们要牢牢抓住的中国"真问题"。全社会应群策群力,贡献我们的才智,一起去攻坚克难,啃下税制改革的"硬骨头"。

第二节　减负与大部制改革

前面一节已强调，在中国减少行政性收费和企业其他隐性负担等，关系对到政府机构大部制改革等"啃硬骨头"的攻坚克难问题。有必要在本节对此做一些专门的考察分析。

一、改革深水区的攻坚克难中，政府部门架构需有伤筋动骨、脱胎换骨式的改造，以利有效降低制度成本、企业负担，真正转变政府职能，关键词是"大部制"与"扁平化"

本书前面已涉及了这两个关键词，这里再专门展开作深入讨论，首先需强调其重大意义和迫切性。这将以合理、充分的精简机构，减少层级相结合来配合政府职能转换，形成使政府"更好发挥作用"的制度建设，可显著降低行政成本、提升行政效率，从而提升政府公信力与合法性，增进公共利益的最大化。政府部门林立、机构臃肿，引出了过多的公权环节上的"审批权"，进而派生出名目繁多、五花八门的"收费权"和实际上很容易发生与滋长的"设租权"，加大企业和社会成员的实际负担。所以机构改革实为涉及拆机构"香火"，对于降低企业负担具有"釜底抽薪"意义的治本之举。

关于中国政府部门改革,在提炼改革内容方面,早已涉及"大部制"和"扁平化"。中国改革进入了深水区,这些年的攻坚克难如履薄冰、困难重重。笔者始终认为,中国政府部门的架构需要有一种脱胎换骨,至少是伤筋动骨的改造。这方面,"大部制"已经研讨多年,"扁平化"在中央过去文件里实际上也是早已做出要求的取向。"大部制"和"扁平化"合在一起,要让政府的架构符合精简、高效原则,减少信息不对称,产生降低行政成本等正面效应,来配合政府职能转换,落实党的十八届三中全会所说的市场在资源配置中起决定性作用,后面紧跟着要求"政府更好地发挥作用"。政府更好地发挥作用是迫切需要制度建设的,现在所说的政府部门架构的脱胎换骨式的改造,实际上是中国完成改革的决定性任务,是为中国实现现代化提供有效制度供给方面绕不过去的坎。

人们越来越意识到实际生活中行政成本高、行政效率低,而且政府的公信力、自然法意义上的合法性方面受到了挑战等问题。为了增进公共利益,即理论上所说的促进公共利益的最大化,制度建设是根本的层面。

如果从中国生活中的现实矛盾来说,体制内的几千万人中,公务员不到1000万人,但是参公和实际上按照公务员体系来加以管理的体制内人员,至少是4000万人,有好几千万人的行政事业单位,组成了大体与行政体系一样的管理规则的体制内人员。此外还有离退休人员、军队武警等,加在一起的数量就更加庞大。

这些体制内的公职人员,大多面临非常纠结的情况——多少年前北京就碰到了一个现实问题:下决心学南边广东等地,把北京市所有机关的薪酬来一个"阳光化"——"3581"。新增"3581"在北京的推行,指工资最高档在市级,大约10 000元一个月,司局级8000元,处级5000元,科员3000元,其他五花八门暗地里的东西通通拿掉。北京市实施以后,据说法院检察院的实际收入水平是下降的,另外一些单位的实际收入水平上升,还有约50%是不变的。这个是在广东、长三角一些地方先试行了以后北京跟上做的事情,合理不合理?听着当然合理。这使体制内人员的待遇体现了符合大致公平取向的调整和改进。但同时矛盾就来了:在北京还有中央机关人员,中央机关跟北京市机关的生活环境、物价环境没有什么区别,那中央机关这些人的工资改不改,怎么改?矛盾非常突出。当时财政部的领导同志在大会上说,这个事情大家要想明白,财政部只有解放全人类才能最后解放自己,财政部如果想调整自己的人员待遇,首先要考虑中央机关敢不敢动,中央机关如果敢动,首先就要考虑全国所有类似体制内的人员,他们的待遇敢不敢动?没有任何办法,眼睁睁看着北京"3581",中央机关学不成"3581"。近几年,虽然工资有向上调整,但是中央机关的干部实际收入可能比北京市还差一截。大家掂量掂量,上有老、下有小的中央机关的工作人员,周末敢随随便便上街吗?带着家里人上两趟街,月工资就用光了,怎么过日子,怎么维持体面生活?

接着就得追问,为什么这些年来公职人员要加薪始终就不敢动?观察起来,我国综合国力已提升了,不是绝对没有加薪的财力,就是觉得向社会不好交代。如果理直气壮地给体制内人员加薪,前边应有做起来很漂亮的事情,就是实行"大部制""扁平化"改革,有像模像样的方案公之于世,还可以征求社会意见供大家讨论,政府机构瘦身、消肿之后,职能怎么优化,跟社会说清楚——比如部门职能将聚焦规划、政策设计和优化，必要的审批将收缩到最小限度。有了这样的改革，政府公信力的确立应该就没有什么大的问题，可以把体制内工作人员薪酬水平，提高到与社会平均工资相比中等偏上的水平，而且还可以结合香港和其他一些地方的行政体系的已有经验，配上在住宅、养老、退休待遇方面的优惠，但同时有非常清晰的约束：如果在职业生涯里出现违规，以后所有预期的待遇一并取消。这是较好的改革所应该达到的目标：既提高了整个行政系统的效率，又降低了行政成本，还体现了体制内工作者的人文关怀，阳光化地让他们得到应有的待遇。所以"大部制"、"扁平化"改革实际上也是使体制内公职人员较充分合理加薪的一个大前提。

二、大部制在方向上和原则上早已得到确认，但10余年来只走出一点"小碎步"，实质性的推进方面步履维艰，是属于"拆香火"的"冲破利益固化藩篱"的啃硬骨头之举

现实生活中，有机构有香火的公权单位，最看重的是审批权，派生的有设费收费权和设租聚租权。企业的感受是：收费仍多如牛毛（如娃哈哈等案例）。试问能在中国把发改委和财政部合并而成一个"发财部"吗？（PPP创新，会由此从两个主管部门变为一个主管）显然难上加难。但国际经验都显示此为大方向（试看美、法、韩）。其他涉及多部门的大部制改革方案设想，网上也早有多轮讨论。

为具备前述的大前提，"大部制"是一个非常重要的改革方向。现实生活中，方向和原则早已经确认，已经横跨三届政府了，为什么10多年来只走了一点小碎步、小花步，没有太大的实质性

的进展？国务院领导也提到了，那是拆人家香火的事。这也是习近平总书记说了多次的冲破利益固化藩篱，啃硬骨头的一个典型。实际上这些公权单位最看中的就是审批权，这是它们的命根子。由审批权派生出来的就是种种收费权，还有设租聚租权。

现在企业感受的负担沉重，一下子聚焦到税的概念上，实际上很多是税外的。对于税外很多的收入，首先可说说行政性收费。在曹德旺发表了一番议论以后，娃哈哈的宗庆后坐不住了，说娃哈哈集团统计了一下有500多项行政性收费项目。接下来是财政部和发改委坐不住了，派了工作组专门去核实，核实完说这里面有一些重复计算，大项下面的小项都算上了，那么合并了以后，也还有300多项，这也算多如牛毛了。不敢说其他的经济体没有这样的收费，但敢说全世界稍带一点现代化特征的经济体里，绝不可能有中国这样的情况。一个企业面临300多项大大小小的行政性收费——这不仅是钱的问题（有的项目收钱不太多），还要投入精力，还有扯皮，还要打点。在中国要让企业的负担减轻，就应在减正税做出努力的同时，降低行政性收费，该取消的取消，该降低的降低。此外还要考虑降五险一金——这又涉及社保体系"啃硬骨头"。此外，还要减轻隐形的企业负担。比如，公权行使环节上"设一个局"的胡作非为、变相索贿。这是需要通过配套改革整顿吏治才能解决的问题。

这几年中央执行"八项规定"，这种事情可能不像前几年做得那么过分了，但新的苦恼又来了，现在企业去政府办事，你送礼他不敢收，也不和你吃饭，但你的事就是不办，拖着也不得了，拖着也是企业的隐形负担。企业感受的负担问题，要真正解决，与前面的审批权林立问题有直接的关系。审批权应该尽可能少，而审批权尽可能减少所需的制度性大框架，就是政府机构尽可能精简。接着就要讨论，在中国精简政府机构，网上大家可以看到各种各样的方案设计。但是在改革实践方面，几十年过去了，比照国外的"大部制"，我们现在还在较多的"纸上谈兵"！这是我们改革中无法回避的难题，说了那么多改革是最大红利之所在，但现实生活中怎么过这个坎？

2018年党的十九届三中全会之后，于全国"两会"上传来有力度的机构改革信息，非常值得肯定，值得期待。

三、扁平化包括财政省直管县及其逻辑内含的向行政省直管县的推进，但也步履维艰，进展有限

农村税费改革后的"乡财县管"加上浙江经验的"省直管县"，可首先把实体财政层级由五级变三级，配合省以下分税制由无解变有解的变革，服务于社会主义市场经济与现代化经济体系建设全局。与之呼应要稳妥处理的有：行政层级扁平化在财政省直管县后的跟进；必要的"县改区"的处理；适当划小特大省，增加总的省级行政区数量。

"扁平化"取向首先是在财政体制上，现实逼出了一个客观需要，即推广浙江经验实行省直管县。以后中央的文件在肯定财政省直管县后面又特别强调了有条件的地方都可以实行省直管县的改革，指的是行政的省直管县。有了这些文件指导后，人们了解到虽然中央的意图很明确，但是真正在财政省直管县后面配上行政省直管县的，全国只有广东省顺德市，但顺德市在做过明白规定的试点后也无声无息了。

财政的省直管县，明确下文有到2012年全国除了民族地区之

外全覆盖的要求，但这个全覆盖，是指有了各个省的试点，最近几年对此公开讨论不多，实际的推进也有限。

省直管县再加上农村税费改革以后的乡财县管，实际上是把财政的实体层级从五级变三级，即中央、省、市县。这五级变三级看起来是技术性调整，是减少层级的精简，但实际上它的意义非常重大，使1994年财税体制改革这个框架能够有可持续性，解决与市场经济匹配的以分税制为基础的分级财政，在中国真正于省以下落实必须解决的问题。因为1994年实行分税制时，还来不及处理省以下体制，希望以后能够在试验过程中，走出一条五级分税制的路（省以下是四级，加上中央共五级）。然而从全世界看，没有一个五级分税的先例，中国走了一段时间以后，也可以看得很清楚，五级分税此路不通，无解。总共就不到20种税，5个层级间怎么分？乡镇这一级在有了农村税费改革后，已看清楚了，大量农业为主的地方辖区的乡镇一级，已经产生不了什么收入，农业税取消了，其他各种各样的提留都不许开征——比如合肥市旁边有一个乡，其中心街道上也有些经营场所，但是乡财政所认为，这些都没有达到小企业简易征收办法的起征点，整个乡就没有任何财政收入来源。所以无法想象在这种地方配金库，也无法真正按照把乡镇财政做成一级实体层级的方向进一步推进乡镇财政制度建设。因此搞乡财县管，就是把乡镇看成县级预算下管的一个预算单位，已经在全国农村税负改革以后，把这件事做到位了。剩下的，就是市和县这两个平台有没有可能归并在一起了。

浙江经验，就是多少年来风风雨雨中始终强调市县可以行政不同级但是财政应该同级。减少一个财政层级以后，有利于县域经济的发展，而且正好对接上了现在所说的搞市场经济的分税制，从中央到省再到基层,怎么理顺这套体制来加以落实的问题。如果五级变成三级,原来的无解马上变成有解,世界上其他国家的经验可以借鉴,我们自己摸索经验之后可以总结:五级变成三级框架下,进而真正理顺中央、地方各级政府间的事权关系,给各级政府事权后面再配好税基,解决分税制在省以下落地的改革攻坚任务。一级政权,跟着要有一级事权,再要有一级财权——财权最关键的是配税基,税基基本解决了"钱从哪里来",跟着再解决"用到哪里去""怎么用",这就是预算。将政权、事权、财权、税基、预算理顺了,使中央所说的事权和支出责任相适应,落到可操作的支出科目上,就能体现政府职能的合理化。当然在后面还有各级产权、举债权和中央、省两级转移支付支持的制度建设问题,都要安排好,使整个财政体制最后达到这样的境界:无论是发达地区还是欠发达地区的地方政府,都能拿到必要的财力以履行其应该履行的职能。如果说到极端,在可可西里三江源区域,地区政府不可能有收入,但是在那个地广人稀的地方,还得组织与承担地方政府要做的事情,对少数当地居民要有公共服务,还有接待别的地方来的旅游、地质勘探人员,以及与国际接轨的有偿狩猎者等。这个地方的政府职能的履行钱从哪来?就是自上而下的转移支付,还有横向的转移支付、生态补偿等。为达到这种境界所要求的行政层级的"扁平化",可以相对从缓,但首先要把财政的省直管县、财政层级的"扁平化"进一步明确到位。

如果把这件事情做好,当然实际生活里就得比较小心地去处理与带有一体化特征的市旁边的县的问题——依过去已有的经验,就是县改区,即市、县已真正一体化的地方,就不纳入省直管县的范围之内了。比如,萧山一直是全国百强县,后来萧山变成杭州的区，就没有省直管县的问题了，以此承认一体化达成的经济发展的基本格局。当然，原来的两级、两套干部，要并成一级、一套干部，人事调整的事情，就得精心处理。

还有人说到，如果是实行"扁平化"，那么中国特别大的省应该划小——从政治学角度来说这有道理，但这个问题急不得，可以从容讨论，最关键的是怎么把改革方向进一步确认后，择机逐步推行。

四、十九大后"新时代"两步走实现现代化的愿景，与2020年改革取得决定性成果的时间表，反复考察的现实生活的"问题导向"，都在呼唤配套改革中大部制与扁平化改革的实质性推进

这两方面的改革都有"啃硬骨头"的明显特点，近年在公开场合已经听不到这方面的讨论。但是党的十九大之后走向新时代，由新的"两步走"实现现代化，已时不我待。中央要求2020年改革取得决定性成果，这种决定性成果必须匹配行政架构的改革。看大趋势，无法回避脱胎换骨，至少是伤筋动骨式地把"大部制"和"扁平化"合在一起的改革，有待实质性推进。

新时代的目标导向已明确，就是党的十九大给出指导的新的"两步走"。在与之结合的问题导向下，现在很难设想，不把行政架构脱胎换骨的改革这个"硬骨头"啃下来，中国很难形成新的发展后劲而一路达到实现建成现代化的宏伟目标。实际生活中需有改革的决心、勇气，还需有尽可能周到的规划设计、条件创造、机遇把握，在积极审慎的实施方案之下，渐进实现。在党的十九大之后，又有2018年一季度召开的十九届三中全会，在三中全会

上，中央已对这样至关重要的改革给出了进一步的权威性的指导。我们各个方面，也应该积极讨论并提出可能的建设性意见。

中国式减税降负绝不是单纯靠税务部门就能独立完成的任务，需要各部门、整个体系的配套改革联动。即使我们在减降正税上的空间相对有限，未来动作可能不会太大（直接税逐步替代间接税则需要税制改革的大决心、大动作），但通过优化政府规模，依然可以取得削减企业实际负担的效果，对冲特朗普"税收洼地"的吸引力。由于缩小政府规模的改革是一场"啃硬骨头"的硬仗，更需要各方凝聚共识，积极研讨可行的操作方案，力求付诸实施。只有这样，才能达到更少税外负担、更少行政开支的境界，也就在财政"三元悖论"于中国实际制约的边界之内，形成减税、控制赤字债务和加大公共支出的新的组合空间，优化公共资源配置。

第三节　税改的中国样本：
营改增及相关变革

从中国在特朗普减税冲击下"变压力为动力""顺势而为"地推进减税及相关税制改革来看，需要在中国已有的税制改革基础上深化改革，所以有必要在此对近年中国的税改做出基本的考察评估，进而讨论如何进一步顺势而为。

一、我国现阶段营改增的改革成果

推进营改增是深化财税体制改革的"重头戏"，这项改革不仅仅是简单的税制转换，更重要的是有利于消除重复征税，减轻企业负担，促进工业转型、服务业发展和商业模式创新。从总体上看，我国营改增全过程大体可分为部分行业地区试点、部分行业全国试点和全行业全国推行三个阶段。从2012年1月1日，上海率先开展营改增试点工作开始，完成于2016年5月1日。从2016年5月1日起，将营改增试点扩至全行业，营业税完全退出历史舞台，时间跨度5年。

营改增试点改革作为我国供给侧结构性改革的重要内容之一，其改革成效可以归纳为以下几个方面。

第一，原增值税纳税人因营改增后抵扣范围扩大而带来的减税或因税制转换带来的减税，使减负效应明显，并增强了企业活力，稳定了经济增长。

第二，促进经济结构调整和产业结构升级，增值税的"道道征、道道抵"的机制对产业分工是"中性"的，消除了阻碍第三产业发展的财税体制机制制约，促进了第二、第三产业融合发展和产业链上下游关联企业的社会化协作，为制造业服务化、产业链协同发展扫除了税制上的瓶颈。扩大了工业制造企业抵扣范围，研发投入与实物投入享有同等的增值税抵扣政策（外购技术信息服务也可以抵扣），鼓励企业增加投资、加快技术改造、全面提升工业层次和水平，促进工业转型升级。

第三，增强了服务贸易出口竞争力，优化了出口贸易结构，对国际运输服务、向境外单位提供的研发服务和设计服务，适用增值税零税率、实行免抵退税办法，有效降低了企业经营成本，增强了服务贸易的国际竞争力，优化了出口贸易结构。

第四，促进了税收征管的规范化，相比于营业税时代而言，政策更加明确规范，最新出现的业务也明确纳入增值税征税范围。政策明确及管理规范化，挤压了企业避税的"灰色空间"，提升了我国税收征管的质量和税制的公平性。

二、应对美国减税的全面营改增优化

面对美国减税的"冲击"，中国必须"量体裁衣"，针对我国的特点，完善营改增试点改革，使积极税改的作用可以最大限度得到发挥。

（一）进一步完善增值税制度

目前中国增值税制度存在的主要问题包括三个方面：一是过渡

期的优惠政策过多,从而导致抵扣链条中断,重复征税问题未能彻底消除;二是增值税多档税率并存,影响增值税"中性"特点的发挥;三是退税机制不健全,一方面影响税收"中性"的发挥,另一方面造成纳税人负税以及消费型增值税的"名实不符"。针对这三个问题的改革完善思路包括以下几点。

1. 简化并且适时降低增值税税率

目前增值税税率档次过多,且差距较大,从17%~6%(甚至更低)不等,因此增值税税率简化改革难度较大。更理想的模式应为1档基本税率+1档优惠税率,辅助以出口零税率和1档征收率,适当降低基本名义税率。并采取小步慢跑、非同步调整和提前发布的方式稳妥推进改革。

第一,税率简化设想。依据我国增值税税率设计的历史经验,结合国际实践,除零税率和征收率外,我国增值税税率可设定为2档,即1档基本税率,1档优惠税率。基本税率设定为11%~13%、优惠税率设定为5%~6%为宜。基本税率适用于绝大部分商品和服务,优惠税率适用于与人民生活息息相关的商品,如食品、牛奶等,具体可参见表4-2。

表4-2 增值税税率简化设想

税率类别	税率水平	适用范围
基本税率	13%~15%	除以下三种商品和服务之外的所有商品和服务
优惠税率	5%~6%	生活必需品、与农业生产相关的商品或服务
零税率或免税	0	出口商品或服务
征收率	3%	适用简易计税方法的行业或纳税人(不包括金融业)

上述设想是基于以下考虑。

一方面，1档基本税率+1档优惠税率可弱化增值税的累退性，且符合历史习惯与国际惯例。从理论上来看，增值税单一税率是发挥其中性特点最理想的税率格局，但从另外一角度看，增值税的比例税又使其具有税负承担上的累退性特征，为此许多国家对诸多基本生活用品适用低税率，以弱化其累退性。

营改增之前，我国增值税税率总体上是1档基本税率+1档优惠税率的税率格局，尽管还有其他零散税率，但适用范围极窄。从国际实践来看，也基本上呈现基本税率+优惠税率的格局，只是在优惠税率的档次上略有差异，有些国家为1档优惠税率，也有一些国家有2档优惠税率，与其历史习惯有关。

因此，出于兼顾发挥增值税中性特点和弱化其累退性作用的考虑，建议将我国增值税税率简化为1档基本税率+1档优惠税率的模式。

另一方面，优惠税率设定为基本税率的一半（5%~6%）可以较好地降低基本生活消费品的税收负担。增值税的累退性主要体现在高、低收入者的税负无差异方面。基本生活消费品低税率可以较好地降低基本生活消费品负担，进而减少低收入者生活成本。从国际实践的情况看，优惠税率也多为基本税率的一半左右。因此，我们建议将优惠税率设定为5%~6%，即基本税率的一半。

第二，税率简化实施路径。上述税率简化方案可以采取小步快跑、非同步调整（先升后降或先降后升）、提前发布的方式予以稳步推进。

小步快跑是指税率按照每年增加或降低1%~2%的方式逐步过渡到方案中设定的基本税率或优惠税率。这样做的好处是对经济社会的冲击较小。因为增值税对物价、财政收入以及企业现金流都有重要影响，小步快跑的方式可有效减缓上述影响，给社会各方准备预留调整时间。

非同步调整是指税率升降不可同时进行，即先将高税率降下来，后将低税率提上去；或者先将低税率提上来，再将高税率降下去。税率同步升降对生产性服务业的影响较大。如果升降同步进行，则带来生产性服务业的销项税额增加、进项税额减少，相应对生产性服务业的影响是双重的，短期内则会造成企业税负（税负转嫁需要时日）陡增，对企业现金流的影响也较大。先降后升是指首先将商品类增值税基本税率（17%）降至11%~13%，同时将适用13%的税率降至5%~6%。之后，再将现适用低税率（11%和6%）的行业税率逐步提高至11%~13%。这种做法阻力较小，对物价影响较小，但财政减收压力较大。反之，先升后降则对生产性服务业影响较大，对物价上涨的影响较大，但财政减收压力会相对降低。至于选择先升后降还是先降后升的实施路径，可综合考虑其他税制改革情况，如果同时进行消费税或资源税配套改革，则可选取先降后升的方式；如果是增值税税率简化改革单项推进，则可以考虑采用先升后降的改革路径。

政策提前发布是指税率简化政策发布与实施之间预留一定时间，便于纳税人调整其营销策略。增值税对价格有重要影响，纳税人生产销售合同往往需要提前签订。如果不提前发布，会使增值税税负难以通过价格调整的方式转嫁税负，从而给企业经营带来不利影响。提前发布可增强纳税人的政策预期，提前做好应对准备。

2. 稳步推进增值税待抵税款的退税机制改革

建议对于超过一定期限，数额占销售收入比重超过一定比例的留抵税款实行予以退税处理。就微观企业个体而言，待抵税款采取退税还是下期结转的税务处理本质上是时间性差异问题，待抵税款予以下期结转表面看起来影响不大，却会抵减未来若干期内增值税税款的缴纳。事实上，留抵税款会占用纳税人现金，而现金是企业的"血液"，长期占用会使企业"大伤元气"。更为重要的是，目前多档税率并存，使适用低税率带来部分企业存在"低征高扣"的情况，从而使留抵税款长期大量存在，对企业经营形成严重影响。

然而，如果对待抵税款采取全退税（所有企业、所有待抵税款）的模式，一则会带来"骗税"风险，二来会造成财政减收。

兼顾征纳双方的客观现实，我们建议对待抵税款实行有条件地退税，即对超过一定期限、数额占销售收入比重超过一定比例的待抵税款给予退税。

（二）相关财税改革的联动改革

营改增试点改革"牵一发而动全身"的影响力，也倒逼财税改革做出统筹规划，稳步推进。对于营改增试点改革对整体财税改革的影响主要包括两个方面：地方税体系建设的紧迫性和增值税收入机制的完善。

1. 积极推进地方税（费）体系完善

我们认为，中国地方税（费）体系建设应遵循的原则包括：第一，以职能定收入的原则；第二，充分尊重各税种属性、兼顾调动两级政府积极性的原则；第三，充分体现地方政府收入"受益性"原则。

在上述原则指导下，中国地方税税基应由商品服务（消费）、所得和财产共同组成，近中期以消费和所得为主，中长期以消费和财产为主，完善地方政府使用费制度，建立科学、规范的地方收费制度体系。

2. 完善增值税收入分享机制

增值税是一种典型的消费税，纳税人与负税人不一致，税负由消费者负担。从区域层面来看，增值税收入规模大的地区往往不是增值税负税规模大的区域，因为前者与"生产"高度相关，而后者与"消费"相关。根据"辖区财政"理论，地方政府分享的增值税收入规模应与本地区的负税规模相关联，以体现辖区财政收入与支出的对应性。当前国内增值税收入分享机制是与地方政府的征收规模直接相关，征收规模越高，地方政府从中分享的额度越大，因此割断了与"负税"和"消费"的关系。

现行工业的增值税税率高，税源大，国有资本介入较多，在财政收入利益的驱动下，地方政府愿意并且能够"抓工业、上项目"。所以，当前增值税收入分享模式放大了地方政府的投资冲动，对全国统一市场的形成、去产能形成逆向激励，且不符合地方财政"取之于当地、用之于当地"的辖区公共财政理念。

从各国实践来看，多将国内增值税作为中央税，然后按照人口等因素转移支付至地方政府。这种处理方式名为中央税，实际功用则为地方税，有利于地区间分享规模与负税规模大体一致。因为总体而言，人口与消费规模直接正相关，人口数量占全国人口的比重能够大体反映本地区消费规模占全国消费规模的比重。但这种分配方法也有弊端，切断了征收量与分享规模的关系，不利于调动地方政府发展经济的积极性。

我国营改增试点改革完全到位后，要达到国内增值税的完全消费税特征还需时日。因为完全消费型的增值税除了要保证所有固定资产进项税完全纳入抵扣范围外，还要保证所有投资完全不负税，这意味着目前所采用的待抵税款（当期销项税款小于进项税款）向下期结转的处理方法要改成完全退税，短期内不但征管条件不具备（试观目前出口退税中骗退税情况仍时有发生），也会带来财政减收。同时为发挥地方政府发展经济积极性，建议仍将国内增值税作为共享税，但尽可能较大幅度地降低地方政府分享比例，比如，可考虑降低至10%~15%，然后将中央政府分享的收入作为中央政府对地方一般性转移支付的来源。

（三）大力推广电子发票

增值税征纳成本相对较高，其中发票的印制、开具、管理成本将构成增值税征纳成本的重要部分。据相关机构测算，我国全社会每年发票开具量为3000亿份，按照每份2元的成本测算，全社会的刚性成本则达到6000亿元。据报道，京东商城每年发票打印成本在3亿元以上。为此，自2015年12月1日开始，税务总局推行了增值税发票管理新系统，开具增值税电子普通发票，目前重点在电商、电信、金融、快递、公用事业等有特殊需求的纳税人中推行使用电子发票，但仅局限于普通发票。

营改增后，电子发票的推广更加迫切，它不仅可以节约财政资金，而且对降低增值税征纳成本具有重要意义，应大力推广电子发票，尽快将电子发票覆盖至增值税专用发票。

第四节　中国税改难点聚焦：个人所得税、房地产税等直接税

前文已强调，中国总体的税制框架与美国相比大相径庭，推进减税不可东施效颦、邯郸学步，必须针对中国的现实问题和推进税制现代化的客观需要，在"顺势而为"的对应举措中，贯彻落实党的十八届三中全会已明确提出的逐步提高直接税比重的改革方针，在攻坚克难中，在努力降低间接税比重和合理把握宏观税负水平的同时，逐步提高直接税比重。这样，才能真正"做好中国自己的事情"。

直接税是指直接向个人或企业对所得、劳动报酬和利润征税，如所得税、财产税、社会保险税等，其本质是税负难以转嫁，纳税义务人同时也是税收的实际负担人，符合现代税法税负公平和量能纳税的原则，对于社会财富的再分配和社会保障的满足具有重要的调节职能作用。2013年召开的党的十八届三中全会明确提出，要逐步提高直接税比重。提高直接税比重是调节收入分配、促进社会和谐的迫切需要，在深化税收制度改革的六大任务中，个人所得税和房地产税属于直接税，因此当前逐步提高直接税比重主要是从个人所得税和房地产税着手进行优化调整。

一、提高直接税比重势在必行

长期以来，我国一直实行以间接税为主体的税收制度，增值税、消费税等间接税占税收收入的比例一度高达 70% 左右。虽然近两年直接税占税收收入比例有所上升：2015 年、2016 年直接税比重均超过了 40%，但观察 2016 年直接税中几个与土地和房地产相关的税种变化（个人所得税同比增长 17.1%，其中财产转让所得税同比增长 30.7%；契税同比增长 10.3%；土地增值税同比增长 9.9%；房产税同比增长 8.3%）就可发现，直接税比重的上升与当期房地产交易活跃有极大关系，并没有形成直接税占比增长的长期趋势，不具有可持续性。

间接税比重过高的税制结构不利于收入再分配的调节。间接税收入随商品和服务的价格可转嫁，由最终消费者负担，即使是恩格尔系数较高的中低收入群体购买生活必需品也同样要负担。间接税对整体利益格局的影响是"累退性"的调节结果，缺少公平性，高收入群体的消费占收入比重低于低收入群体，因此越是收入高的人越无关痛痒，而越是收入低的人，其缴税支出占总收入的比重越高，"税负痛感"越强烈，这也是为什么前些年"馒头税"曾引起社会上轩然大波的根本原因。

现代市场经济所要求的税制体系，总体来说应是"多种税、多环节、多次征"的复合税制，因此必须设计一套包括不同税种的组合，而直接税在组合中的作用除筹集政府收入外更多地体现在调节收入分配，调节经济和社会生活。直接税的这种调节作用，最集中且首先要肯定的是按照支付能力原则"征富补穷"，这种调节显然有遏制两极分化的趋向和功效。从各个经济体的发展经验来看，这种调节功能不能说是万能的，但是没有它又是万万不能的。因此，构建现代税收制度，促进社会公平正义，改革的方向应是在维持税负不变的情况下，进行结构调整，提高直接税比重，让税费负担的分配和人们的收入、财产挂钩：财产多的人加税，财产少的人减税；收入高的人加税，收入低的减税。

二、要理性看待税收调节作用

当前我国正处于中等收入阶段，关于税收认识的社会氛围比较浮躁，需要我们更多地引导理性的讨论，认识逐步提高直接税比重的重要性和必要性。理性看待税收调节作用应认识到：税制不是万能的，但在建设中国特色社会主义市场经济、推进经济社会转轨过程中不考虑税制的改革又是万万不能的。目前推进直接税改革争议多、难度大的主要原因之一就是对税收调节存在错误的思维取向，可概括为以下三点。

第一，"税收万能论"，认为经济社会发展中遇到任何事情都要依靠税收调节和制导，夸大了税收的作用。不可否认，税收在经济社会发展中，确实具有重要的调节功能，对于宏观调控、经济结构调整、产业发展、能源消耗限制等方面能够发挥引导作用和积极效应，但要赋予税收"万能"的地位，就以偏概全了。曾经开征的"筵席税"就是"税收万能"式认识误区下的失败案例。20世纪80年代后期，我国对在境内设立的饭店、酒店、宾馆、招待所以及其他饮食营业场所举办筵席的单位和个人按次从价征收筵席税，以期达到遏制大吃大喝、挥霍浪费，引导合理消费，提倡勤俭节约社会风尚的目的。但事实上，筵席税很难按最初的意愿发挥调节作用，自1988年开征以来，税收收入一直不丰，到

1994年全国筵席税收入仅为87万元。这是因为筵席的起点为一次筵席支付金额人民币200~500元，只有达到或者超过征税点的，才按支付金额全额计算征收筵席税，在实际操作中，筵席税由经营者代征代缴，顾客和经营者很容易形成合谋将本已超过征收点的餐费分成若干份，买卖双方皆大欢喜，如此看来，筵席税征不上来也就不足为怪。1994年税制改革时，筵席税下放地方管理，由各省、自治区、直辖市人民政府自行决定是否征收，除内蒙古、陕西等少数省（自治区）外，多数地方都停征了筵席税。2002年1月1日，筵席税彻底退出了历史舞台。因此发挥税收对经济社会发展的取向是正确的，但是理性地看，税收绝对不是万能的。

第二，"税收无用论"，认为税收政策效果不大，无法发挥调节作用，这种观点与"所有的政策都是无用的"的极端化认识倾向有关，理由是每推出一个政策，就会影响公众对政策效应的预期，社会公众在预期之下就会在中长期做出对应调整，化解中长期政策效应，这显然与现实不符，否则就不需要政府制定政策进行调控了。不能看到税收可能产生扭曲，可能产生负面效应，就说它无用；不能强调税收的筹集收入功能，就忽略调节功能；"税收作用有限""税收不是万能的"这些说法的潜台词绝对不是消极的"税收无用"，否定税收万能，但不能走到另一极端。在税收应该发挥调节作用的环节绝不能回避，比如，有专家说在收入分配中税收的作用是有限的，应主要依靠公平竞争、机会均等，这显然是将收入分配的初次分配和再分配两个环节混为一谈，在初次分配中的确应强调降低准入、机会均等和公平竞争，但到了再分配领域，税收的调节作用是无可回避的，如果绕开"抽肥补瘦"的机制就无法形成一个关于再分配的正确认识框架。中国要走向现代国家治理，必须匹配现代税收制度，这就要求直接税充分发挥调节作用，这是不管发达国家还是发展中国家都必须注重的制度建设问题。

第三，"自然演变论"，认为直接税比重的上升是一个自然演变的过程，就中国目前的经济发展水平而言还不能指望其发挥多大作用，照此逻辑等于否定了税制改革的必要性。税收的调节分量、税制的发展，确实需要一个水到渠成的过程，但税制绝不是自生自定，必须发挥人的主观能动性：通过立法机关、税制设计者、决策者等方面主体有意为之的过程不断优化税制。换句话说，税制是有可塑性的，否定税制的可塑性只强调自然演变，就否定了税制改革的必要性，也等于是在逃避税改的历史责任。

三、加快建立综合与分类相结合的个人所得税制

20多年来，建立综合与分类相结合的个人所得税制一直是我国个人所得税改革的大方向，中央文件曾多次提到，但此项改革始终未有实质性进展。该项改革的第一次提出是在1992年党的十四大正式确立"我国经济体制改革的目标是建立社会主义市场经济体制"后的第一个五年计划"九五"计划中，此后"十五"规划、"十一五"规划、"十二五"规划多次重申努力推进该项改革。2013年召开的党的十八届三中全会和2016年发布的"十三五"规划也再次提出要"建立综合与分类相结合的个人所得税制"。

（一）综合与分类相结合模式既体现按支付能力课税又可区别对待所得

个人所得税按照课征模式可分为综合、分类、混合三种。综

合个人所得税制是对纳税人一个纳税年度内取得的各种形式、各种来源的所得汇总,减去不予计征项目、扣除项目、宽免额后得到应税所得,再根据超额累进税率计算应纳税额;分类个人所得税制是指对于纳税人一个纳税年度内取得的各类所得,按来源分别适用于不同的扣除标准和税率,分别计算应纳税额;混合个人所得税制(也称二元个人所得税制、综合与分类相结合的个人所得税制)是将纳税人一个纳税年度内取得的部分收入实行按年汇总纳税,同时对其他部分所得实行分类计征。未来综合与分类相结合所得税制的基本考虑是将部分收入项目,比如工资薪金、劳务报酬、稿酬等,实行按年汇总纳税,同时对财产转让所得继续实行分类征收。

目前,我国采用的是以个人为纳税单位的分类所得税制。在分类税制下的个人所得被划分成11个收入项目,包括工资、薪金所得,个体工商户的生产、经营所得,劳务报酬所得,利息、股息、红利所得、财产租赁所得、财产转让所得等。其中,对于工资薪金所得,适用3%~45%的7档累进税率;劳务报酬所得,适用20%~40%的税率;利息、股息、红利所得,适用20%的比例税率。分类所得税制征管简便且成本低,同时可区别对待不同来源所得,适用不同税负体现政策意图,但其弊端也显而易见:只能体现个人某一项目的所得,不能体现个人所有收入项目的整体负担能力。综合所得税制可以消除收入来源不同和多寡对税负的影响,能较好地反映纳税人在一定时期(一个纳税年度)的收入水平及纳税能力,体现量能负担的公平原则和补偿原则,便于科学地进行费用扣除,从世界各国的实践来看,综合所得个人所得税制是所得课税制度的发展方向,美国、英国、德国、日本等大部分国家均使用此种课征模式,但也存在缺点,即征管成本和遵从成本都较高。综合与分类相结合的个人所得税制吸收了前两种模式的优点,既能总体上体现按支付能力课税原则,又可以有选择性地区别对待不同来源所得。

(二)支撑改革的条件和环境已成熟

近些年,虽然社会各界对于实行"个人所得税制综合与分类相结合"改革的技术环境有质疑,但是不可否认的是支撑该项改革的征管技术条件正在不断完善,税务部门对居民收入信息的监管能力也已逐步提高,社会环境持续优化,各方面已初步达到综合与分类相结合所得税制改革的基本要求。

第一,相关部门间信息共享程度大幅提高。1994年,我国的工商税收制度进行了重大改革,建立了以增值税为主体的流转税制度,为了提高对纳税人使用增值税专用发票的有效监控,杜绝利用伪造、倒卖、盗窃、虚开增值税专用发票等手段进行偷、逃、骗国家税款的违法犯罪活动,多部门合作启动了"金税工程",利用覆盖全国税务机关的计算机网络对增值税专用发票和企业增值税纳税状况进行严密监控。近年来,税收信息化有了长足的发展,并与许多部门都建立了信息共享关系,比如,税务部门可以通过网络访问纳税人金融机构的银行账户,并可实时扣缴税款,这足以表明区域内税务部门和金融机构间对于企业纳税人的信息共享,已基本不存在制度和技术上的障碍,外推至居民个人,困难也不会大到无法克服。至于全国层面的个人金融账户信息的收集,可通过网络联结将其集中至国家税务总局,供全国各地税务机关查询。目前各地税务系统的纳税申报信息已集中至省级,国家税务总局可方便地从省级税务部门抽取所需信息。同时，修订的《中华人民共和国税收征收管理法》明确规定："税务机关有权了解、收集个人所得税纳税人的银行存款、大额资产信息，金融机构、公安、国土管理、房产管理、知识产权管理等机关应按照税务机关要求的内容、格式、时限、口径提供本单位掌握的个人所得税纳税人的银行存款、大额资产信息，"这为税务机关搜集个人收入信息提供了制度保障。此外，人民银行于 2005 年建立个人征信系统，目前已收集了 8 亿自然人相关信用记录，包括个人基本信息、信用交易信息、公共记录信息和公用事业信息等项信息内容。这可为税务机构利用第三方信息监管个人所得税提供强大支持。

第二，财产实名状况可支撑个人所得税改革。2000 年 4 月 1 日，我国开始实行存款实名制，即自然人在金融机构开立个人存款账户时，必须出示本人有效身份证件，并使用该证件上真实姓名存取款的制度。2008 年 7 月，人民银行重申存款实名制度，建立身份识别制度，对实施实名制（2000 年 4 月 1 日）之前开立的账户继续使用时必须进行身份的重新确认，同时对未按规定履行身份识别义务的金融机构按照《反洗钱法》予以处罚，并且目前各金融机构均安装身份验证系统，可实时登录公安部身份证系统验证身份证的真伪，使利用假身份证存取个人收入的可能理论上降低至零。存款实名制对于个人所得税来说，最大的意义在于可以通过监控使金融机构获得的收入归总至个人名下，进而顺利实现超额累进征税。近年来，房产、股票等资产也基本实现了实名制。实际上，只要新增财产实行了实名制，就不会影响个人所得税的缴纳，因为个人所得税是对当期所得即"财产的增量"计征，因而对于目前未实名的财产，只要在处置依其取得的收入时实现实名制，也就不会造成个人所得税的流失。目前的制度框架，已基本能够保证新增财产实名制，因而财产实名状况可进而在技术上支撑个人所得税"综合与分类相结合"的改革。

第三，现金交易对个人所得税的不利影响也基本能够规避。现金交易给个人所得税带来的最大问题是现金的坐收坐支，即个人收入以现金取得，又以现金的形式支出，这类收入独立于金融体系运行，使得税务机关难以监控。目前，全国城镇企事业单位已基本实现了工资发放直达个人账户，逐步规范企事业单位发放劳务酬金采用转账方式，以及金融机构关于现金提取的各项规定趋于细密，以现金形式取得收入的情况在逐渐减少。从发展前景看，只要现金发放方遵守个人所得税源泉扣缴制度，现金收入带来的个人所得税流失问题就会大大减少。

（三）简单提高免征额将同时削弱个税筹集收入和调节收入分配作用

个人所得税免征额即"工薪所得减除费用标准"，体现劳动者基本生计所需，为维持劳动力再生产的基本必要支出。现行个人所得税法第六条规定，工资、薪金所得，以每月收入额减除费用3500元后的余额，为应纳税所得额。个人所得税免征额一直是社会各界关注的焦点，"提高个税免征额"不仅在网络调查中总是"民意所向"，还有一些企业家身份的人大代表、政协委员也在每年"两会"期间频频发出呼吁，然而事实上免征额只是个人所得税制的诸多要素之一，没有其他税制要素的配合，将难以优化实现个税税制的整体效应。过度关注提高个税免征额，而将民众注意力引向了错误方向，决策部门的大量时间和精力也消解于解释和设计免征额政策上,将误导我国个人所得税改革。

现行"工薪所得减除费用标准"已经实现"对低收入、高负担者少征或不征税",不必再提高。自 1994 年现行个人所得税基本框架确定以来,已经多次提高个人所得税免征额:2005 年由 800 元提高至 1600 元,2007 年提高至 2000 元,2011 年提高到现在的 3500 元,但目前还是存在要求再次提高个税免征额的声音,从实际出发来看,个税免征额对中低收入群体并无太大负担,没有提高的必要。第一,现行 3500 元的免征额可以覆盖基本生活支出。2015 年,城镇居民人均消费支出为 21 392 元,按人均负担率 1.9 计算,城镇职工年人均负担家庭消费支出为 40 645 元,每月为 3387 元,[①] 低于 3500 元 / 月的费用扣除标准。第二,低收入群体基本无税。2016 年全国最低工资标准最高的前三个地区,上海为 2190 元 / 月,深圳为 2030 元 / 月,天津为 1950 元 / 月,均远低于个税免征额。第三,中收入群体缴纳税额较少。2015 年,全国城镇在岗职工年平均工资为 62 029 元,[②] 即每月平均工资为 5169 元,个人按照国家规定缴纳的各项可在税前扣除的社会保险和住房公积金(一般占工资收入的 20% 左右)约为 1034 元,再扣除 3500 元的免征额,每月工薪收入的应纳税所得额为 635 元,属于超额累进税率的第一档,适用 3% 的税率,只缴纳 19 元个人所得税,对于中收入群体的负担可以说是微乎其微。

在"量能纳税"原则下,个人所得税除了对低收入、高负担者少征或不征税,还要对高收入、低负担者多征税,但是在超额累进税率的设计下,一味提高减除费用标准,反而会出现高收入

[①] 数据来源:《中国统计年鉴(2016)》。
[②] 数据来源:《中国统计年鉴(2016)》。

人群比中低收入人群更加受益的情况。例如，在现行税率下，若不考虑社会保险和住房公积金缴纳，月薪6000元的中收入者在减除费用标准从3500元提高到5000元后，实际少缴个人所得税115元/月，而月薪3万元的高收入者在上述调整后，实际少缴个人所得税425元/月。综上，现阶段提高个税免征额，减少了个人所得税收入，不但不会让低收入人群过得更好，还会让高收入人群得到更多的政策倾斜，完全不符合个人所得税调节收入再分配的初衷。

（四）科学调整标准扣除，合理增加分项扣除

个人所得税税前扣除制度是指纳税人在取得应税所得时，允许其扣除一部分费用，再对其所得征税的一种制度，具体包括标准扣除和分项扣除两种形式。标准扣除是指允许全体纳税人扣除的某一固定标准数额，标准扣除在有些国家对全体纳税人是统一的，在有些国家则是根据纳税人身份的不同有所区分，这类扣除的目的是维持基本生活所必需，因此也称基本扣除或生计扣除。分项扣除是指纳税人根据自己实际发生并且税法允许的个人费用进行据实扣除，例如，医疗费用、慈善捐款等，分项扣除可以准确、全面地扣除纳税人的各类费用，更好地体现量能纳税原则，但对纳税人的诚信程度和税务机关的征管要求都较高。

我国现行个人所得税的标准扣除是存在于"工资、薪金所得"中每月3500元的减除费用，以及对在中国境内无住所而在中国境内取得工资、薪金所得的纳税义务人和在中国境内有住所而在中国境外取得工资、薪金所得的纳税义务人，每月在减除3500元费用的基础上，再减除1300元的标准，并没有根据纳税人的家庭实

际情况制定不同的扣除标准,"一刀切"显然有失公平。比如,一个夫妻双方每月工资均为3500元的家庭与一个夫妻一方每月工资7000元但另一方无工作的家庭,虽然收入相同但个人所得税负相差数百元。再如,一个单身汉如果每月5000元工资基本可以覆盖日常支出,但如果此人要抚养孩子或赡养老人,那可能就要入不敷出了。标准扣除的目的是保障纳税人有足够的经费满足生存所需,而纳税人的家庭状况直接决定了其基本生活开支,因此未来在改革个人所得税标准扣除时要根据纳税人婚姻状况、配偶是否就业、赡养老人、扶养子女、其他丧失劳动能力的亲属以及家庭特殊费用开支等情况的差别设定不同等级的扣除标准。此外,目前我国个税的标准扣除还未考虑通货膨胀因素,不能准确地反映纳税人基本生活开支的变化,下一步应将标准扣除与通胀指数挂钩进行动态调整,既可以更加科学合理地减轻中低收入群体的税收负担,又可以避免调整标准扣除的频繁和随意性。

除了标准扣除,我国个人所得税的税前扣除还包括一些分项扣除,包括单位为个人缴付和个人缴付的基本养老保险费、基本医疗保险费、失业保险费、住房公积金;按照国家统一规定发给的补贴、津贴;福利费、抚恤金、救济金、保险赔款等,在标准扣除的基础上针对纳税人的实际负担进行了调整,特别是自2017年7月1日起,对个人购买和单位统一为员工购买(计入员工个人工资薪金,视同个人购买)符合规定的商业健康保险产品的支出,允许在当年(月)计算应纳税所得额时予以税前扣除,扣除限额为2400元/年(200元/月),进一步充实了我国个人所得税的分项扣除内容。但不容忽视的是,与许多国家相比,我国个人所得税的分项扣除内容还远远不够覆盖纳税人的很多必要支出,如医疗费用，满足基本生活的首套住宅按揭贷款利息的扣除等，个人职业发展、再教育费用，这些都与纳税人的实际生活负担直接相关，一个收入较高但每月要还几千甚至上万元"月供"的纳税人就如同一个收入较低但没有房贷负担的纳税人一样，因此将上述这些纳税人的必要支出纳入分项扣除有利于保证纳税人的税负一致和公平。

与个人所得税税前扣除制度紧密相关的一个税制要素是纳税单位。目前我国个人所得税以个人为纳税单位，下一步如在基本扣除和专项扣除中考虑婚姻状况、配偶是否就业、抚养子女和赡养老人等纳税人家庭实际负担情况，就应匹配由纳税人自主选择个人或家庭为申报单元的制度。如纳税人选择以家庭来申报，则可先以个人为单位进行申报源泉代扣代缴，取得代扣代缴凭证，在年终的时候再以家庭为单位进行汇总申报，算出总所得，结合纳税人的实际家庭情况，再计算出纳税人家庭的实际税负，多退少补，从而更好地体现量能负担原则。

（五）简化、合并和调整税率

长期以来，我国个人所得税调节收入分配的作用有限与税率设计不合理也存在很大关联。

第一，累进税率级次过多，低档边际税率间级距过窄。如表4-1所示，工资、薪金所得的超额累进税率分为3%、10%、20%、25%、30%、35%、45%七档，级次过多增加了税制的复杂性，对税收征管提出了更高的要求。同时税率级距呈现前低后高的特点，使税负在低收入阶段增加过快，更多的是在调控中低收入者之间的收入差距。

第二，最高边际税率过高。工资、薪金所得最高边际税率45%高于大部分国家（国际上个人所得税最高边际税率平均为33%），个别最高边际税率高于我国的也是高福利国家，如荷兰、瑞典、丹麦，显然目前较高的个税最高边际税率与我国居民收入水平和福利状况不符，另外也会降低高收入者的遵从偏好。

第三，不同种类所得的税率差别大。目前我国个人所得税税率根据所得种类不同分为五类，最高边际税率从20%至45%不等，差别很大。比如，工资薪金所得每年超过96万元（每月超过8万元）就要适用45%的税率，而年生产经营所得不论数额多大，超过10万元只适用35%的税率，特许权使用费所得，利息、股息、红利所得，财产租赁所得，财产转让所得等偶然所得均适用比例税率20%。工薪所得税率最高税率高于生产经营所得，远高于偶然所得税率，造成个人所得税调节的对象不是高收入者，而只是高薪收入者，同时也为纳税人提供了避税途径，导致税收横向不公平。

为了更好地发挥个人所得税调节收入分配，真正达到让"高收入者多纳税"的目的，下一步在税率设计上应进行简化、合并和调整，包括以下三个方面：

第一，减少工资、薪金所得的累进税率级次，扩大低档边际税率间的级距。具体来说可以将工资、薪金所得的低档的累进税率从现在的七档合并为五档，简化税制，降低税收征管难度，同时还要扩大较低的边际税率之间的级距，从而减少中低收入群体的实际税负。

第二，降低最高边际税率。结合国际经验，可考虑将最高边际税率调整为35%~40%，在一定程度上减弱高收入群体逃税动机，培养高收入群体的纳税意识，同时还可吸引更多高收入的国际人才。

第三，合并不同类别的劳动所得税率，适当提高财产性所得税率。目前个人所得税法中对于劳务报酬适用20%的比例税率，考虑高收入群体的薪酬外劳动所得占比要高于中低收入阶层且不能得到超额累进的调节，可在综合与分类相结合的改革中，将工资、薪金所得与劳务报酬所得合并，防止高收入群体通过转换所得类型避税。另外，高收入群体所得来源中财产性所得收入占比远远高于低收入群体，为了更好地体现量能纳税原则，还应适当提高财产性所得税率，缩小其与劳动性所得收入最高边际税率的差距，提高高收入群体的税负。

四、在"税收法定"轨道上加快推进房地产税改革

在我国现行税制下，对个人非经营性住房暂免征收房产税，2011年开始在重庆与上海开展的个人住房房地产税试点改革，引起了社会各方高度关注和热议。2013年召开的党的十八届三中全会明确提出加快房地产税的立法并适时改革，这是党中央站在确保国民经济持续健康发展、促进社会分配公平正义的高度上提出的经济战略举措，也是国家治理能力现代化要求下建立现代税收制度的必经考验。房地产税尽管没有在中央要求"财税配套改革重点和基本的事项要见眉目"的2016年有所突破，尽管受到利益调整阻碍，但还是要义无反顾地予以推进。

在多轮社会热议之后，党的十九大闭幕以来，中国社会舆论场中，又再次出现关于房地产税改革的热议局面。

（一）税收法定，加快立法

税收是政府"以政控财，以财行政"来履行其职能的基础性制度，中国在构建现代化经济体系、走向现代化社会的过程中，无可回避地必须经历税制改革的历史性考验。税制中在住房保有环节的房地产税（亦可称房产税、物业税、不动产税等；美国称 Property Tax；英国称 Council Tax；中国香港特别行政区称"差饷"）是纳税人税负很难转嫁的直接税，讨论它在中国大陆"从无到有"的改革，必然牵动千家万户、亿万公民的利益和感情，并遭遇全世界皆然的民众"税收厌恶"倾向下表现出来的不满、质疑、抨击乃至群情汹汹的舆论压力。但税收制度的建设，却是无法简单地依据一般的舆情和"少数服从多数"的公决来决定的，现代文明的相关规范，是在我国亦早已明确的"税收法定"，即通过"全面依法治国"原则之下的税收立法程序，决定一个新税种可否设立，以及依据何种法定条款开征。税收法定原则，在人类文明发展路径上，国际经验可以追溯到1215年英国"大宪章"限制王权的渊源，和北美13个英属殖民地1763年—1776年首提的"无代表不纳税"的法理原则，在中国则可以援引辛亥革命推翻千年帝制之后，国人关于"走向共和"的共识，它体现的是在公共事务、公共资源配资领域解决"如死亡一样无可回避的税收"问题的"规范的公共选择"机制，即社会代价最小、最符合人类文明发展基本取向的博弈机制。我国的国名就是中华人民共和国，所谓"共和"，不是只强调民主或只强调法制，而是强调社会成员尽可能充分地表达不同意愿、诉求后，经过阳光化、规范化的立法程序而达成的"最大公约数"的社会和谐状态，是民主与法制结合而成的"法治",是现代化国家治理的真谛。以此对应于税收,可知"共和"取向下的税收法定,就是使必然各不相同的种种"民意",经过阳光化的立法过程,结合理性、专业的意见引导,最终形成合理性水平尽可能高、最有利于"公共利益最大化"的可执行的税法。

党的十八届三中全会在确认"税收法定"的同时,还明确地指出了"加快房地产税立法并适时推进改革"的大方向,呼应"逐步提高直接税比重"的财税配套改革要领。这与之前党的历次最高层级指导文件的精神是一脉相承的,但在操作路径指向上的清晰性则前所未有,但令人遗憾的是,改革实践中始终没有真正看到立法的"加快"。党的十九大报告指出:要"加快建立现代化财政制度","深化税收制度改革,健全地方税体系",又是与十八届三中全会的要求及其后中央政治局审议通过的财税配套改革方案的设计一脉相承、相互呼应的。

直率地说,近些年最高决策层关于房地产税在税收法定路径上"加快立法"的明确要求,与我国改革实践中启动立法的行动"千呼万唤不出来"、举步维艰状况的巨大反差,直观上是表现出了立法机关实际的"不作为",其后面却是与改革深水区"冲破利益固化藩篱"的极高难度相联的种种苦衷。体制内早早就着手编写、修改过不知多少遍的草案文本,总因为种种理由、顾虑而对其正式提交全国人大启动一审一拖再拖。但迟迟不作此举,草案一直秘而不宣,社会公众却对官方断断续续透露的一些相关信息和口风极为敏感,多次热议,舆论高潮频频出现于近10余年间,客观上形成的,可能就是民众焦虑情绪的积累、传染、激荡,而较好的改革时机可能丧失,政府公信力则会发生滑坡,等等。这些不良效应，会加重甚至恶化党的十九大指出的"社会矛盾与问题的交织叠加"，值得高度重视。

应当强调，在税收法定轨道上，以"加快立法"方针、"立法先行"原则而积极启动并规范化走完我国房地产税的立法程序（具体链条为启动其草案的一审、将草案文本公之于世征求全社会的意见，并继续向前推进到二审、三审乃至四审以求完成立法），恰是使全社会成员运用公民权"走向共和"式地形成"规范的公共选择"的重大而关键的事项。"立法先行"，进入立法程序，是最好、最权威的房地产税改革方案的研讨与谋划、博弈机制，是改变民间议论隔靴搔痒、内部研讨久拖不决、有可能贻误改革时机和现代化大业这种不良状态的必要风险防范和控制，是阳光化地寻求最大公约数、经受建立现代税制历史性考验的重大机遇和应取机制。

当下，本着2017年中央经济工作会议"在经济体制改革上步子再快一些"、"推进基础性关键领域改革取得新的突破"的指导精神，亟应在房地产税税收法定、加快立法路径上积极取得各方的如下共识：

【起点】应寻求的共同点一：不再延续"体制内保密、社会上空议"局面，积极启动相关立法，使房地产税草案进入一审，对全社会公布已有初稿，征求各方面意见，听取全社会的诉求与建议，必要时结合研讨举办系列听证会。

【推进】应寻求的共同点二：排除极端化的对住房保有环节税收全盘否定意见，明确在中国实施这一税收改革的必要性，进而聚焦于研讨税改方案的可行性。

【再推进】应寻求的共同点三：在"可行性"上的研讨应积极

廓清至少以下六大问题：

第一，法理障碍问题，即是否存在"国有土地上不能对房产征税"和"与土地出让金构成重复征收"的"法理硬障碍"。

第二，广义的房地产税制与相关房地产开发、交易、保有各环节各类负担的全面整合、配套改革问题。

第三，住房保有环节房地产税制度设计如何处理"中国特色"问题——最为关键的是如何处理"第一单位免征（扣除）"的方案选择，以使社会可接受地先建成此税制度框架。

第四，如何认识和防范此税开征可能引起的社会冲击问题（是否可能、如何防范此项税改引发房地产领域、国民经济乃至社会的动荡，成为所谓"压垮稳定局面的最后一根稻草"）。

第五，开征此税必须处理好的技术与管理问题（是否可以及如何依据市场"影子价格"作税基评估，如何实施公众参与和监督等）。

第六，此税如能完成立法，如何在之后按照中央对地方充分授权、分步实施的要领渐进推进、适时地区分不同地区不同时点开征。

（二）房地产税改革的必要性

房地产税在我国开征的必要性方面可以梳理出五大正面效应：

一是房地产税为房地产市场及相关领域的运行产生一种"压舱促稳"的作用。它在保有环节上形成的可估量的年复一年的成本，会引导相关主体的预期和行为，产生的效果是有利于抑制肆无忌惮的炒作。经济行为分析中涉及的无非就是利益考量，在持房成本方面造成制约以后，行为会往哪方面发生变化？这种成本会在抑制肆无忌惮的炒作的同时,鼓励越来越多的人在购买选择上更多考虑中小户型——特别有钱的人不会太在乎,但是更大比重的人们在财力上总是要掂量着选择的。原来是努力买个大户型最满意,现在考虑到以后可能要有税的调节,便会放松这方面的要求,改为中小户型,其他的什么地段、楼层、朝向,按自己偏好还是可以不变的。还有就是会减少空置。有些人手上愿意持有几套房的,当然可以继续持有,但是很多人会考虑在持有期间把房子租出去,来对冲税负这个压力。有一部分人说有了一套基本住房以后,还要有第二套、第三套,这叫改善性住房,购买改善性住房的同时,因为有一些基本的经济知识,认为是给自己买了一个"商业化的社会保险",因为自己有生之年买的第二套、第三套房,其市价演变会符合城镇化过程中不动产成交价的上扬曲线,有这个信心,依此不是做买了以后就很快出手的炒房。但是,有了税以后,他会考虑不再让房子空置,会把它租出去,于是就有了租房市场的增供,在这个情况下给社会带来的结果是什么呢?上面这些效应综合在一起,提高了土地的集约利用水平,提高了资源配置的效率。整个社会在减少空置房方面,没有一分钱的新投入,但一下子涌出一大块有效供给,会促进租购并举局面的发展,这当然是好事。这是房地产税在房地产市场方面的所谓"压舱促稳"作用。有的同志特别强调:"从所有的案例观察,上海也好、重庆也罢,收税以后没看见它们的房价回调。美国也好,日本也罢,收了房产税也没有看到房价回调,所以收房产税对抑制房价没用。"我不认同这种观点,经济学分析中需要把所有的参数合在一起,然后尽可能看清它们的合力,这个合力中,不同因素其作用方向是不一样的。你还得反过来问:为什么美国也好、日本也好,其他的经济体也好,到某个阶段上一定就得逼着推出房地产税？如果不推出房地产税，以后的房价会怎么表现？你得问：重庆、上海如果没有房地产税的试点，在这一轮一线城市行情的发展变化过程中，上海的房价是不是会上升得更猛？重庆是不是不会只有5%的上升幅度？需要这样来探究问题。不能说房地产税出来以后，一招鲜吃遍天，就决定整个的走势。它不是定海神针，但它是整个方案优化的选项中的必要选项，该选而不选也是不行的。税不是万能的，但是税制应有的制度改革进步，我们不去推动，又是万万不能的。

二是房地产税与地方政府职能合理化是内洽的，它会"内生地"促进地方政府职能转变。我们都希望地方政府专心致志地稳定和改善投资环境，提高公共服务水平，如果它的财源建设以后可培养出来一个不动产保有环节大宗稳定的收入，是年复一年依靠在辖区内的持有房环节取得税收，那么恰恰就是这样一个机制。经济学逻辑与案例经验都在证明，房地产税就是这样一个与市场经济所客观要求的政府职能合理化内洽的引导机制。一旦地方政府意识到只要把自己该做的"优化投资环境，提升公共服务水平"的事做好了，也就会使辖区内的不动产进入升值的轨道，每隔一段时间做一次税基评估，就是在套现"财源建设"的成果。尽政府应尽之责就把财源建设问题基本解决了的话，那么有什么必要像现在这样拼命去做其他那些认为不做就出不了政绩、解决不了财源建设的事呢？这样的国际经验和我们自己在现实生活中的分析都可以用来做印证。这是与所谓转变政府职能内在相关、一个十分值得肯定的正面效应。

三是房地产税会在给予地方政府一个稳定长久的财源、使它成为地方税主力税种之一的情况下，匹配我国搞市场经济必须建设的分税分级财政体制。分税制要求必须做好地方税体系建设，最基本的道理是，到了分税制境界，是实现经济性分权。原来我国体制有集权也有分权，在分灶吃饭的时候只是做到了行政性分权，各级政府仍然按照自己的行政隶属关系组织财政收入，一个地方政府辖区之内的不同层级的企业，都是按照隶属关系，把自己应该交的收入交到不同层级政府"婆婆"那里，所以仍然是条块分割，"婆婆"对"媳妇"会过多干预和过多关照，仍然不能解决所有企业在一条起跑线上公平竞争，从而真正搞活企业的问题。1994年实现的是这方面的一个重大突破，使所有企业不论大小、不看行政级别、不讲经济性质、不问隶属关系，在税法面前一律平等，该交国税交国税，该交地方税交地方税，至于说共享税，由中央地方自己在体制内去区分，企业就认一个税法。交税以后，后面可分配的部分，按产权规范和政策环境自主分配。这样，就把所有企业公平竞争的"一条起跑线"真正刷出来了，也打通了以后包括国有企业淡化行政级别，发展混合所有制概念之下的股份制和跨地区、跨行业、跨隶属关系"兼并重组"的通道。因此，这个制度变革的意义是全局性的且意义深远的。既然搞市场经济，必须搞分税制，而分税制要可持续运行，就必须解决地方层级税种配置概念下的地方税体系建设问题。中国现在没有像样的地方税体系，省以下迟迟不能进入真正分税制状态，我们维持的实际上是中央和以省为代表的地方之间的这样一个以共享税为主的分税制框架。值得肯定的是，共享税虽越搞越多，但是所有的共享都是规范地"一刀切"的：上海、北京按照原来的75%：25%，现在的50%：50%来分最大税种——就是增值税，西藏、青海也是这个办法，这就封杀了原来的讨价还价、"跑部钱进"、靠处关系来形成财力分配"吃偏饭"的空间,使最基本的分税制度的公正性看起来能够得到维持。但是,这也不是长久之计,不能总是主要靠共享税过日子。应该进一步调整到有中央和地方各自大宗、稳定的税基,不得已的部分才处理成共享税的状态——这才是百年大计。现在在省以下落实分税制方面往前推不动了,不要说欠发达地区,就是发达地区在省以下也不是真正实行了"分税制",还是"分成制",到了一些困难地方和基层,干脆就是"包干制"。所以,这些年说的"地方财政困难""土地财政",还有"地方隐性负债",所有这些弊病都关联一个非常重要的判断:"打板子"应该打在哪里?有人说这是1994年"分税制"造成的。错!我认为这是一个大是大非的判断,恰恰是由于1994年"分税制"在省以下不能够落实,是由于我们过去的那种毛病百出的财政分成、包干旧体制在省以下由过渡态演变为凝固态造成的。那么这个体制怎样才能够调整过来?从技术上来看,有很多的分析,我认为大前提是扁平化:五级分税走不通,三级分税就可能走通了。而三级分税框架下一定要有地方税体系建设。所以看起来房地产税跟财政体制似乎还隔着好远,其实并不远。眼下哪怕能推出房地产税,也不会一下变成主体税,但从国际经验和中国情况的分析预测来看,以后是可以逐步把它培养成地方税收体系里的主力税种之一的,这当然具有非常重要的制度建设意义。

四是房地产税改革正是贯彻中央所说的中国逐渐提高直接税比重的大政方针,总体上降低中国社会的"税收痛苦"。直接税是现代税制里非常重要的税种,国际经验表明它应具有主体税种这样的地位。趋向现代化的国家都是以直接税为主,但在中国以恰恰反过来了,我们没有多少像样的直接税。一些人把企业所得税认为是直接税（但学术讨论中尚存疑），在中国它的比重稍微像样一点，但个人所得税在整个税收收入中这几年只占 6%，即 1/20 多一点，是非常边缘化的一个税种。美国的个人所得税最新的数据是占联邦政府收入的 47%，差不多是半壁江山了，再加上与它的社会保障相关的工薪税，美国联邦政府 80% 左右的收入就是靠这两种税过日子的，也就是说，主要靠这两种税就履行中央政府职能了。它的州一级也要在个人所得税里按比例税率拿一小块，一般情况下要占到州财政收入的 10%。现在特朗普减税，主要是减企业所得税和个人所得税，但中国要照这个学，绝对学不来，因为我们的税制跟它几乎完全不是一回事儿。我们在直接税方面占比低，不能起到经济的自动稳定器的作用，不得已靠间接税唱主角，而间接税恰恰不是稳定器，它还是加大我们运行矛盾的一个"顺周期"机制，以及加大收入分配矛盾的一个"累退"式调节机制：间接税会进一步强化中国社会低中端收入人群的税收痛苦，因为它会转嫁到最终消费品价格里并要占相当大的负担分量。如果按照建立现代税制的方向来说，逐渐提高直接税比重现在可打主意的一个是个人所得税纳税人的高端，还有一个就是财产税概念之下的房地产税。当然，以后条件具备的时候还可以考虑遗产和赠与税。遗产和赠与税现在只能研究，在官员财产报告和公示制度不敢正式推出的情况下，怎么能设想政府公开地要求所有的公民自己把财产报告给政府，准备身后接受遗产和赠与税的调节呢？与房地产税相比，它更需要在法理上说得过去的约束条件与公信力交代。至于说房地产税里的法理问题的澄清与解决，后面我会专门论述。

五是房地产税主要落在地方低端，是一个培育中国社会从底层开始的法治化、民主化的公共资源配置机制、规范的公共选择机制的催化器。人们了解到美国地方政府靠财产税过日子的基本情况后会说，这不就是个"民主税"吗？多年前我就注意到，美国政府三层级中的最低端Local层级，你看它的财产税（他们所称的财产税讲的就是房地产税），所占收入的比重一般没有低于40%的，高的则可以高到90%，虽然差异性很大，但它无疑是一个非常主力的税种。这个税种怎么征呢？一般情况下，当地的预算制定过程是阳光化的，要说清楚，年度内其他所有收入计算完了以后，按满足支出需要差多少财力，就可据此倒算出一个当年的房地产税税率，这个税率要落在法制给出的区间内，一般不超过2.5%。倒算出这个税率经当地走预算决策程序认可而执行。再往后，这个辖区之内所有的家庭、有房地产的纳税人交了税以后，跟着就会问："这个钱怎么用？"美国地方政府普遍会向纳税人书面提供细致的相关信息，纳税人有知情权后，自然而然就跟着会行使质询权、建议权、监督权、参与权（即参与公共事务），这样就形成了一个"规范的公共选择"的机制，这就是"民主税"。实际上，在中国，要想进行正面表述的政治体制改革是千难万难的，在这种情况下，美国"进步时代"的启示就是：能做的事情，"形势比人强"的事情，应该从基层、从大家绕不过的方面着手。在直接税的建设方面就有这样一个切入点，切入以后，大家就必然要关心地方所有的公共资源的配置。这样，在法治的条件下，大家进行公共参与、公共选择，于是就会自下而上地、很好地促进培育出中国"走向共和"的政治文明进步机制。

从构建现代社会的视角可看得出，以上这些正面效应是非常宝贵的。

（三）开征房地产税的可行性可以通过回应最主要的五点诘难来说明

第一，很多人讲，国外的房地产税，可是在土地私有的情况下征收的，而中国所有的城镇土地都是国有的，还在上面再加一道税，这不是法理上面的硬障碍吗？包括一些高端的人士也都表达过这个意思，网上更是广泛流行此种诘难。但我们作实证考察，国外可不是所谓一律土地私有的情况，比如，英国是工业革命发源地、典型的老牌资本主义国家，但它不是所有的地皮都私有，既有私有土地，也有公有土地。公有土地里面还有不同层级政府所有、公共团体所有的区别。建筑物（包括住房）和下边土地的关系方面，大的区分是两类，第一类叫作 Freehold（不动产），即我住在这个房子里，没有任何条件可讲，下面的地皮就是我的，这就是终极产权上地与房是一体化的。第二类叫作 Leasehold（租赁权），我持有这个房产，但地皮要签一个契约，使它成为合法的占有权、使用权的形式。这个 Leasehold 可以把最终所有权跟使用权极度地拉开，最长是 999 年，但在法律框架上产权是清晰的，是毫无疑问的，即最终所有权在哪里非常清晰。总之，在英国，土地跟建筑物、住房的关系就是这两种类型，但是被称作 Council tax（家庭税）的房地产税是全覆盖的，并不区分哪种可以征，哪种不能征。再如，中国香港（当然也是源于原来英国治下的既成事实），那里没有私有土地，土地全都是公有的，但是香港征了多少年的差饷？从来没断过。所谓的差饷就是住房保有环节的房地产税（至于香港的物业税，是营业性的房产要交的另外一种税）。香港差饷来由也很有意思：你要住在这里，就得有警察来保证安全，而治安警察当差要开饷,那么钱从哪儿来呢?大家住在这里,那就参与进来分摊负担吧。所以,从国际的、海外的实践来说,并不存在这样一个人们听起来很有道理的说法,即只有土地产权私有,房地产税的合法性才能够成立。再者从理论分析来讲,也可以印证:中国改革在20世纪80年代前期要解决的问题之一是国有企业要"利改税",要与其他企业一样交所得税,走了两步达成了这个制度。在这个制度建设过程中就有一个学理启示:不要以为国有企业产权终极所有者是国家,那么国家对它征所得税,就是自己跟自己较劲。这不对,这些主体是有相对独立物质利益的商品生产经营者,必须加入市场竞争,而竞争又必须要有一个基本的公平竞争环境,所以国家可以通过立法来调节终极产权在政府手里,但是有自己相对独立物质利益的国有企业和其他企业的利益关系,合理的设计是把它们放在企业所得税的平台上(所有的企业包括外资企业现在是一个平台)。当然后面跟着的还有一个产权收益上交制度,这就合乎现代企业制度各个角度的审视了。这一分析认识实际上可以比照引申为:现在最终国有土地上的这些住房的持有者是具有相对独立物质利益的、各自分散的主体,在最终的土地所有权归国家的情况下,通过立法可以用征税方式调节他们的物质利益关系,无非也就是这个逻辑和道理。中国大陆上与国有土地连为一体的居民住宅,在其土地使用权(通常为70年)到期时怎么办?我国《物权法》已对这一"用益物权"问题做出了明确的"自动续期"的立法原则规定,有关部门应相应制定细则,以回应公众关切和诉求,引导和稳定社会预期。

第二,土地批租形成的地价负担已经包含在房价里,现在再来开征一种税,这不是重复征收吗?很多人听了也是愤愤不平。

但是，实话实说，不要说地价是租，而这是税，就是税本身，作为现代的复合税制表现为多种税、多环节、多次征，也必然产生重复的问题，真问题是各种不同的税负重复得合理与否，不可能只有一个税，其他通通去掉。而"租"和"税"，更不是两者必取其一的关系，所有的经济体都是在处理它们之间的合理协调关系问题，所以如果理性地说，这个问题也不可能构成硬障碍。

第三，如果按照开征房地产税来说的话，新的地皮和以后其上新生成的住房的供给，价格水平会与原来的有一定差异：原来没这个税收因素的时候，动不动出"地王"，以后不敢说有了这个税就不出"地王"，但最大可能是不像原来那个市场氛围和密集频率了，因为各个方面预期都变了，市场更沉稳了，这就是它的调节作用。那么这个价位落差怎么处理呢？必要的情况下，"老地老办法，新地新办法"，中国早就有这些渐进改革中的办法与经验，社会保障方面老人、中人、新人不就是区别对待吗？最后老人、中人因自然规律退出历史舞台了，又回到一个轨道上了，所以这个问题也不形成硬障碍。

第四，有人强调这个税在操作方面过不去。比如，一位较活跃的教授，在一个论坛上强调的就是：税基评估太复杂，中国要征房地产税而解决税基评估的问题，那是 150 年以后的事了！但实际上我国有关部门 10 多年前就安排了物业税模拟"空转"的试点，也就是要解决税基评估的问题，开始是 6 个城市，后来扩为 10 个城市。我去调查过，是把所有的不动产基本数据拿到，录入计算机系统，通过设计软件，分成三类（工业的不动产、商业的不动产和住宅），然后自动生成评估结果。专业人士要做的事就是这个软件怎么合理化的问题。在这里面模拟"空转"不就是要解决税率评估和对接操作的事吗？中国早就在这方面考虑到铺垫和技术支撑，没有任何过不去的硬障碍。实操时还会借鉴国际经验来处理好评估结果与纳税人见面取得认可，以及如有纠纷如何仲裁解决等问题。

操作视角还有一种说法就是："这个事情太得罪人，你征这种税，逼着人家来跟你拼命，也许会形成大面积的抗税，政府怎么收场？"我们观察重庆，这就说到试点的作用——本土的试点其意义的体现。上海、重庆敢为天下先而进入试点，破冰试水，在柔性切入以后，便可看看动静。重庆方案更激进一点，敢动存量，涉及的是最高端的独立别墅。辖区内这几千套住宅要交税，但给出了一个"第一单位"的扣除，把180平方米扣掉以后，才考虑该征多少税。如果恰好是一个小户型的独立别墅，正好180平方米，照样不用交税。重庆做了以后，没有听说产生什么暴力冲突或者对抗性矛盾，没有出现抗税事件，只是少数人迟迟不露面，找不着人在哪儿，其他的交税人一般都是没有多少摩擦就交上来了。可想而知，这些成功人士犯不着为一年交一万多、两万多元的税去跟政府拼命。这些都是本土的试水实验给我们的启发。这方面我虽不认为在操作上就是过不去的事，当然也应强调审慎对待。为什么这两个地方要柔性切入？就是这个事不好碰，但是两地毕竟有战略思维，"敢为天下先"，在本土先行先试。本土的试水经验进入立法过程，它的意义不言而喻，非常宝贵，第一单位的扣除正是从这里得来的一个本土案例经验。我一开始就直觉地认识到中国不能照搬美国普遍征收的办法，上海重庆的做法更让人感受到在中国似乎就应该按照这个技术路线，首先建立框架，再相对从容地动态优化。重庆这个180平方米的边界也在调整，最新调整是收紧了一点，无非就是让社会慢慢适应这个过程，但是一定要做第一单位的扣除。操作方面可能还会有其他一些大大小小的挑战，但总体来说，我认为没有过不去的硬障碍。配套杠杆如处理得好，税改就不会激生动荡、形成所谓"压垮稳定局面的最后一根稻草"。

第五，如开征这个税，小产权房的问题如何解决？小产权房确实是一个中国特色，有这么多的小产权房，征税时怎么办？我们调研后形成的想法就是：小产权房问题不能久拖不决，必须解决。在深圳调研后已写了调研报告，深圳的实践使我们在这方面已经看到一个前景，就是分类处理，一次把通盘方案摆平，双层谈判（政府不在一线上去谈判，先跟那个小区形成一个框架，小区再向住户做工作，就好像现在拆迁，很多时候都是靠小区层面再做工作），谈妥了以后具体兑现可以分期来。小产权房分类处理是早晚要做的事，早做比晚做更主动、更积极。如果这个房地产税改革能够推动，那笔者认为正是应该借势倒逼着把小产权房的问题解决掉，这是好事，必做之事，不是坏事，也不成其为所谓硬障碍的理由。

（四）房地产税改革推进的要领

总体来说，房地产税制改革的推进要领可提到以下几条。

一是按照中央的要求，应该积极考虑加快立法。"税收法定"是一定要做的，但直到现在，也没有看到立法加快，2017 年两会传递的信息是"纳入人大的一类立法，今年不考虑，交下一届人大考虑"，把这个烫手的山芋交给了下一届人大。新一届人大 5 年之内，我们希望能够解决。进入一审后多长时间能走完立法全程，确实还不好预计，但关键是先应启动，不宜再作拖延。等待立法成功以后，可以根据情况分区域、分步推进。假定说2018年就可以推——这完全是假定，那显然不能全国700多个城镇一起动，一线城市，还有一些炒房热的城市，是不是可以作为第一批，先依法实施这个地方税，其他城市区域以后可以从容地分批走，"去库存"压力大的三、四线城市慢慢考虑，不必着急。

二是适应国情与发展阶段，在法定规则中一定要坚持住房"第一单位"的扣除，否则社会无法接受。关于"第一单位"中国社科院曾有方案提出人均40平方米。人均多少平米，我们依靠不动产登记制度可以把信息掌握得一清二楚，但可能还有一些更复杂的事。网上有个反馈意见，是以假设情景的方式表达的反对：按照社科院方案，人均40平方米，有一个家庭父母带一个孩子三口人住120平米，不用交税。但是，不幸的事件发生了，孩子车祸身亡，在父母悲痛欲绝之际，突然有人敲门，政府官员赶到说："你家情况变化，要交房地产税了。"这是以此假设情景表达了对社科院这个方案的不认同，那么给笔者的启发就是：社会生活中真的发生这种事，政府一定会很尴尬，依法执行吗？你就得上门去收，但去依法收税的时候，虽从法条来说严丝合缝，但从情理来说呢？老百姓不认同，执行者自己也会非常难受，那么怎么办呢？没有万全之策，通过立法程序大家可以讨论：还有什么可选的方案？放宽一点，可选的方案就是干脆不计较人均多少平方米，按家庭第一套住房来收缴，第一套多大面积都没有关系，这是一个更宽松的框架。但是这个方案也会有问题，如果按第一套房扣，正如有人说的那样"一定会催生中国的离婚潮"，我认为这也是很现实的问题，因为之前凡是在政策上有弹性空间的时候，公众为了赶上政策"末班车",屡次出现排队离婚的"离婚潮"。如果按照现在提出的思路来解决问题的话,可能还得放宽,放到单亲家庭扣第一套房、双亲家庭扣两套房,这个事情就解决了。

当然,另外一种意见就是:那是不是差异就太大了?但我们总得寻找"最大公约数",潘石屹过去的建议就是从第三套房开始征收,许多人听起来都觉得合情合理。无非是先建框架,寻求"最大公约数"。所以"第一单位"扣除的例子值得再强调一下,我们的立法应是一种全民参与,让大家理性地表达诉求和建议,没有绝对的谁正确,谁错误,无非就是找到一个走得通、按照"最大公约数"社会上能接受的税制改革方案。

三是相关的其他税费改革应一并考虑,处理好协调配套关系,这显然是一个大系统。"房地产税"或"不动产税"这个概念广义地说包括和房地产、不动产相关的所有税收,更广义地说,跟不动产相关的其他收费负担、地租等,也应该一并考虑,优化为一个系统工程。到了具体落实中央所说的"加快房地产税立法并适时推进改革",笔者认为主要聚焦的是狭义的保有环节的不动产税,这个概念的不同口径在不同的语境里要说清楚。但是从宏观指导来说,相关的税费,所有相关负担的改革,一定要放在一起考虑,开发、交易环节的负担总体应尽量减轻(炒房除外)。这方面的信息与技术支撑条件都有,最重要的是现在中央所说的2018年不动产登记制度要到位,实际上在2017年所有城镇区域工作应该做完。当然,能否如期做完那可能是另外一回事,但是这件事情早一点晚一点,肯定是要做的。

四是应对立法突进的困难有所准备。立法过程的速度是不可能强求的,应该是决策层下决心,启动一审,再争取走完立法的全过程。立法中应该充分讲道理，摆依据，积极运用系列听证会等方式尽可能阳光化地促成各个方面的共识。与其在没有立法安排的情况下并没有多少效果地在舆论场这样争来争去，不如按照中央的精神加快立法。在立法过程中，各方发声便都需要慎重考虑，尽量理性地表达各自的诉求。整个社会应耐心地走一审、二审、三审，很可能要走到四审，一定会有社会上的各种意见建议，要收集、梳理出到底实质性有多少条，如何吸收其合理成分。这是一个全民训练"走向共和"的过程，在公共资源、公共社会管理方面，这其实是一个很好的、必须要经历的客观的社会培训过程，也是使我们的现代文明得到提升的过程。我国房地产税立法过程哪怕需要10年，这在历史的长河中也只是一瞬，但是这个"税收法定"的制度建设既然肯定要做，就应该争取积极地尽快做起来。

第五节　深化中国税收制度改革

总体而言，应对特朗普税改冲击顺势而为地做好中国自己的事情，是在"供给侧结构性改革"这一构建现代化经济体系"主线"上的"顺势而为"，全面配套改革中的税制改革，值得在此进行基本思路的系统化勾画。

党的十八届三中全会提出"全面深化改革的总目标是完善和发展中国特色社会主义制度，推进国家治理体系和治理能力现代化"，以及"财政是国家治理的基础和重要支柱"，在最高层级的指导性文件中创新定位和精辟阐述了治国施政的核心理念——国家治理现代化，以及创新定位财政与国家治理的关系，这要求我们必须以建立现代财政制度为目标，加快财税体制改革进程，推进全面深化改革目标的实现，适应新阶段发展的客观要求。

一、中国财税改革的总体思路

在"五位一体"总体布局和"四个全面"顶层设计框架下，对接财政改革与发展中"问题导向"的制度机制创新建设。我们认为，财政体制改革将是全面深化改革中的关键之举。在深化改革中健全完善分税制财政体制改革的总体思路应是：在合理定位政府职能、实现其转变的前提下，配合政府层级的扁平化和"大部制"取向下的整合与精简化，建立"扁平化"的财政层级框架，合理划分中央、省、市县三级事权和支出责任，改进转移支付制度，按"一级政权、一级事权、一级财权、一级税基、一级预算、一级产权、一级举债权"的原则，配之以中央、省两级自上而下的转移支付与必要合理的横向转移支付，建立内洽于市场经济体制的财权与事权相顺应、财力与支出责任相匹配的财税体制；深化预算管理制度的改革，实行促进"调结构，转方式"的税制改革，加快构建地方税体系和优化税制结构；同时强化财税运行的绩效导向。

我们在研究中初步设计了税制改革路线图（如表4-3所示），以清晰税制改革的实施步骤和远景目标，配合中央关于财税改革与配套改革要于2020年取得决定性成果的时间表要求。列出此表之后，本节后面再作进一步展开的论述。

表4-3 2017—2020年税制改革路线图

	2017—2018年	"十三五"时期（2016—2020年）
增值税	完成"营改增"改革	逐步简并税率 适当降低增值税税率
消费税	扩大征收范围	进一步扩大征税范围 调整税率 适当调整征收环节和收入分享方式
资源税	从价计征改革推及到其他主要矿产品	适时扩大资源税征税范围 开征水资源税
环境税	对大气污染和水污染实行费改税，出台环境保护税	全面开征环境保护税 研究适时征收碳税

续表

	2017—2018年	"十三五"时期（2016—2020年）
个人所得税	建立费用扣除标准的动态调整机制，优化和调整税率和级次	适时实行综合与分类相结合的个人所得税制
企业所得税	适度降低企业所得税负担	
房产税	使房产税进入立法程序	择机在全国范围内推开房产税改革
社会保障税	将社会保险费统一由税务部门征收	实施社会保险费改税，开征社会保障税
遗产和赠与税	研究征收方案	择机启动立法

二、深化税制改革的基本思路

（一）增强税制累进性，发挥税收调节收入分配的功能

1. 完善个人所得税

近年来，对个人所得税的调整始终离不开免征额，但收效甚微。从科学、公平的税制设计来看，个人所得税的目标应该是建立综合和分类相结合的税制，建立差别化的费用扣除制度，适当调整税率档次，加强征管力度。首先，建立综合与分类相结合的纳税制度。在近期可考虑对个人的经常性收入（包括工资薪金所得、劳务报酬所得、个体工商户生产经营所得、对企事业单位的承包承租经营所得、财产租赁所得、稿酬所得）实现综合征收，对资本利得和其他临时性、偶然性收入（财产转让所得、利息股息红利所得、特许权使用费所得、偶然所得、其他所得）维持目前分项征收的方式。长远来看，除资本利得单独课税外，个人所有收入均应纳入综合课税范围。其次，实行差别化费用扣除制度。将个人所得税费用扣除分

为两类：一类是基本生活和家计扣除（包括基本生活、教育、医疗三项扣除），另一类是偶发类大项扣除，如购房费用、房贷利息以及大病医疗费用等。基本生活和家计扣除依养育赡养人口的不同而有所差异，费用扣除标准与居民消费价格指数挂钩，进行定期调整。而偶发类大项扣除，也依费用属性特点等因素设定差别化扣除比例。再次，适度调整税率及级次。纳入综合计税范围的所得均适用累进税率，且坚持底端税率低，高端税率高的原则，体现扩大纳税人覆盖面和高收入者多纳税的原则。下调最高边际税率，减少税率档次。可考虑将目前的税率调整为5档，分别是3%、8%、15%、25%和35%。最后，加强对高收入者的监控和征管。继续推进自行申报制度，这是加强对高收入阶层的纳税监控、促进个人所得税调节收入差距的一项重要举措。为了使其能更好地发挥作用，需要一系列制度的配套改革，如建立纳税人永久单一纳税号码制度，推进资产实名制、建立财产申报制度，建立收入监测体系，在税务和银行与其他金融机构、企业、海关等机构之间实现信息共享等。

2. 加快立法，适时在全国推开房产税改革

房地产税与百姓财产直接相关，党的十八届三中全会提出了要加快房地产税立法并适时推进改革。加快房地产税立法与落实税收法定原则相呼应，也更有利于体现房地产税的公平性，凝聚共识，减少阻力。而在房地产税的改革上，需要统筹房地产税费制度，逐步整合目前房地产开发、流转、保有环节涉及的诸多收费和税收，改变目前重流转环节税收、轻保有环节税收的做法，将住房开发流转环节的税负转移到保有环节，适时开征不动产保有环节的房地产税。首先，合并房产税和城镇土地使用税，开展规范的房地产税。在统一了房产税和城市房地产税后，我国现行

房地产保有环节还有城镇土地使用税和房产税两个税种。由于房产和土地政策不同,给实际征管带来许多矛盾和困难。按照"宽税基、简税制"的原则,有必要将房产税、城镇土地使用税和其他与房地产保有相关的收费进行合并,开征统一规范的房地产税。其次,扩大房地产税征收范围和税基。从房地产税征税范围来看,其设计应尽可能地将所有地区、所有纳税人的不动产都包括进来。与原有房产税和城镇土地使用税的征税范围相比,这将要求在三个方面扩大范围:由城镇扩大到农村、由非住宅类不动产扩大到住宅类不动产、由经营单位扩大到个人或家庭。从短期来看,根据我国现有的社会经济发展状况,目前应尽快扩大对个人住房征收房产税的改革范围。从中长期看,可对城镇土地使用税和房产税进行合并,并将城镇居民和农村居民的住宅房地产逐步纳入到征税范围中,并对直接用于农业生产的房地产和农民住房等免税。再次,改变房地产税计税依据。从国外房地产税的计税依据来看,大多数国家趋向于按房地产的评估值征收房地产税,使其具有随着经济增长而增长的弹性特征。我国房地产税也同样应该在房地产市场价值的基础上,以房地产的评估价值作为计税依据。这样既能够准确真实地反映税基和纳税人的负担能力,同时又能体现公平税负、合理负担的原则。最后,在实行了房地产税改革并提高房地产保有环节的税负后,有必要降低房地产流转环节的税负,逐步取消土地增值税和耕地占用税,合并契税等其他房地产流转环节税种和收费项目。

3. 以推进费改税路径,开征社会保障税

实行社会保险费改税、开征社会保障税,不仅有利于更好地筹集社会保障资金,降低征收成本,还有利于建立征收、支出、管理、监督相互分离和相互制约的社保资金监管体制，提高社保资金筹集使用效率。建议社会保险费改税可以分两步实现。第一步，在1~2年内全国社会保险费统一由税负部门征收。对原社会保险经办机构和人员分流进行妥善安置，可借鉴成品油消费税改革时对原交通运输部下属的养路费稽征机构和人员的处理办法。第二步，实施社会保险费改税，开征社会保障税。在社会保险费统一由税务部门征收后，通过一段时间的运行，在总结经验的基础上建立社会保障税制度。

4. 研究遗产和赠与税制度设计

遗产和赠与税是财产税系的一个重要组成部分，在调节财富分配差距方面具有十分重要的作用，同时它还有助于鼓励人们的捐赠行为，促进慈善事业的发展，实现市场调节和政府调节之外的收入"第三次分配"，缓解收入差距。鉴于中国所处的经济发展阶段、居民收入水平和税收征管条件等因素，目前中国尚不具备开征遗产（赠与）税的相关条件，但长期来看，遗产和赠与税仍是实现调控贫富差距的有力政策工具之一，因此需要先行对其政策设计和政策效应等问题做进一步的研究探索，做好理论储备，同时应加快完善财产登记制度和评估制度等相关配套制度的建设，为将来的改革做好准备。一旦时机成熟，则尽快启动和完成相关立法程序予以开征。

（二）减少税制扭曲，促进经济稳定增长

1. 积极推进营改增改革，完善增值税制度

党的十八届三中全会决定提出，要逐步发挥市场在资源配置方面的决定性作用。税制改革作为社会主义市场经济体制改革的

重要组成部分，要发挥市场配置资源的决定性作用，也应发挥税收在国家宏观经济调控中的作用。税制改革应坚持相对中性原则。例如，增值税是以增值额为课税对象所征收的一种税，与税收中性理论的要求相契合。坚持税收中性原则，改革和调整增值税向现代型发展，应进一步扩大增值税的征收范围，在"营改增"试点基础上，最终过渡到将所有商品和劳务都列入征税范围，让营业税完全退出历史舞台，逐步降低增值税税率，减少增值税税收优惠，降低征收成本，完善出口退税制度。

在2016年全面完成营业税改增值税改革，实现行业全覆盖的基础上，加快完善增值税抵扣制度。在不动产行业营改增后，将企业自建不动产和购入新建不动产列入增值税进项抵扣范围，使我国的增值税成为彻底的消费型增值税。另外，适度简并税率。在营改增行业改革基本到位后，应尽快对现行较为烦琐的税率档次进行适当清理、简并，增强增值税的"中性"特点，规范征管。未来需要适度降低增值税标准税率水平，在5~10年时间内逐步将标准税率降低到11%左右，进而降低间接税占比；简并优惠税率档次，仅对食品、药品、图书等基本生活必需品设置一档6%的优惠税率。最后，完善出口退税制度。除高能耗、高污染产品以及国家明确规定不鼓励出口的产品以外，对所有货物和劳务的出口，原则上都应实行零税率，予以彻底退税。这既是保持税制中性，适应经济全球化发展的内在要求，也是应对当前国际贸易形势严峻，贸易摩擦增多环境下促进出口、提高国内产品的国际竞争力的现实需要。

2. 完善消费税，调整消费税征税范围

将部分已经成为日常生活用品的消费品移除出征税范围。将部分严重污染环境、大量消耗资源能源的产品以及奢侈消费行为纳入征收范围，如含磷洗涤剂、一次性饮料容器、电池、过度包装材料、对臭氧层造成破坏的产品、私人飞机等。在未来条件允许的情况下，再进一步将焦炭和火电等高污染、高能耗的产品纳入消费税征税范围。调整消费税税率，实行差别税率，有奖有罚。根据应税产品对环境的污染程度以及对资源能源的消耗量，采取差别税率。对高能耗、高污染、资源利用率低的产品，以及卷烟、鞭炮等危害身体健康和环境的消费品实行高税率；对清洁能源和环境友好的产品实行低税率或免税。调整消费税征税环节和收入分享方式。对一些适合在生产环节征收的品目，如国家专卖的烟草消费品和作为国家重要战略性物资的成品油，仍保留生产环节征税的做法，收入改为中央和消费地共享。对于其他品目，可将征收环节从目前的生产环节后移至零售环节，收入划归地方政府，以体现消费税的消费地纳税原则。

3. 加快推进资源税改革

加快推进资源税从价计征改革。在总结石油天然气资源税和煤炭资源税从价计征改革有益经验的基础上，逐步扩大到其他各非金属、非金属矿产资源，只对少数市场价格比较稳定和价值较低的矿产资源，从便利征管的角度出发，可继续沿用现行的从量计征方式。适度提高资源税税率。适当提高矿产资源的税率税额标准，有助于自愿地提高使用成本，限制资源的过度开发和使用。需要根据经济社会发展的需要，进一步提高稀缺性资源、高污染和高能耗矿产品的资源税税负，并结合资源产品价格形成机制改革，使资源税税负能最终体现在最终消费产品价格上，使最终消费品价格能够真实反映资源成本。深化资源税费制度改革，适时将矿产资源补偿费并入资源税。我国对矿产资源开采同时课征了资源税和矿产资源补偿费,两者具有相近的性质和作用,造成了资源税费关系的紊乱,税费重复征收的问题非常突出。目前清费立税、推进资源税改革已经成为各界共识,在资源税从价计征改革完成后,可考虑将矿产资源补偿费合并到资源税之中。扩大征税范围。目前资源税的征税范围主要集中在矿产资源等不可再生资源上,在未来条件许可的情况下,可考虑将水资源、森林资源、草场资源、耕地资源等可再生资源也纳入资源税的征税范围。

(三)完善地方税体系,增强地方政府收入能力

在社会主义市场经济体制下,完善地方税体系的目的是提高资源配置效率、促进经济增长,实现中央与地方的双赢。而这种结果或者目标实现的关键是中央与地方之间财政关系的规范化和稳定化。地方税体系的完善的重点是如何改革和完善分税制,并在此基础上考虑地方税体系的建设,而不是孤立地考虑地方税税种问题。因此,我国地方税体系的完善就不能将着眼点局限在这些属于地方税税种上,而是在中央与地方合理划分税种的基础上,从更广义的角度来考察地方税体系。从广义角度来理解地方税体系,在营改增改革全面实施后,各种共享税,包括收入规模扩大的增值税、企业所得税和个人所得税都应该视为地方税体系的重要组成部分。具体而言,可以从以下几方面的改革措施入手,从近到远、多方位地充实地方税收收入,完善地方税体系。

第一,调整增值税中央地方分享比例,改革共享方式。营改增之后,增值税的收入将进一步提升。如此多的税收收入,由一级政府独享并不合适,由多级政府共享更为合理。增值税仍作为中央、省、市县三级政府的共享税的同时,适当提高地方政府特

别是省级政府的分享比例，目前改变75∶25的比例为过渡期的50∶50共享方式，确有必要，但不宜长期化，为消除现行做法可能导致的地区间分配不公和地方政府行为扭曲，未来增值税的共享可考虑根据各地的人口数量、消费能力、基本公共服务需要等因素，按照标准化公式在各个地区间进行分配，同时在每个财政年度之前应做好增值税收入分享的预算，使地方政府能够根据这一预算制定地方财政收支预算，从而使增值税成为地方政府的一个稳定、常态化的财政收入来源。

第二，改革企业所得税和个人所得税的税收共享方式，由收入分成改为分率共享。改革现行企业所得税和个人所得税全国一率的税收共享方式，可采用税率分享或者地方征收附加税的形式分成。企业所得税和个人所得税的税权归属中央政府，中央政府设定一个全国统一征收的税率，地方政府可在这一税率之外进行加征，但加征的税率有最高限制。此外，考虑到所得税的税源流动会造成税收地区间分布不均，因此需要建立起一套地区间税收分配的调整机制，促进税收公平。

第三，推进消费税改革，将消费税改造为中央和地方共享税。扩大消费税征收范围，调整消费税征税环节和收入分享方式。对一些适合在生产环节征收的品目，如国家专卖的烟草消费品和作为国家重要战略性物资的成品油，仍保留生产环节征税的做法，但收入改为中央和消费地共享，中央分享大头。对于其他品目，可将征收环节从目前的生产环节后移至零售环节，收入划归地方政府。

第四，推进房产税和资源税改革，为市县政府打造主体税种。从长远来看，在不动产保有环节征收的房产税和对矿产资源征收的资源税可分别作为东部发达地区和西部欠发达但资源富集地区市县政府的主体税种。

第五，加快环境税体系制度建设。2016年12月25日，第十二届全国人大常委会第二十五次会议表决通过了《中华人民共和国环境保护税法》，现行排污费更改为环境税，已于2018年1月1日起开征。为了调动地方的积极性，环境保护税收入全部作为地方税收入，纳入一般公共预算。当前，为了增强地方政府治理区域性污染的能力和调动地方进行环境保护的积极性，还有必要将环境税体系的后续制度建设纳入议程，使其成为地方政府一个相对稳定的收入来源。

（四）实施税收征管改革，提高征管效率

税收征管改革是深化税制改革取得成效的重要保障。随着社会主义市场经济对税收宏观调控作用提出新的要求、中国经济融入世界经济速度加快以及信息技术在税收征管工作中得到广泛深入的应用、纳税人法律意识和维权意识不断增强，中国税收征管改革也应适应经济形势变化，与时俱进，根据税制发展的要求加以积极地改进。具体应从以下几方面加以完善。

第一，加强税收征管法律制度建设。立足解决制约税收征管实践的难点问题，增强前瞻性，抓紧做好税收征管法律制度的立、改、废工作，尽快完成《税收征管法》修订工作，平衡配置税务机关与纳税人的权利和义务，做到既适应加强征管、保障收入的需要，又满足规范权力、优化服务的要求。

第二，建立完备的涉税信息数据系统。完备、准确的信息系统是各项税制改革的前提条件。在大力推进信息定税管税的前提下，税务部门亟须与相关职能部门共享信息，各部门之间也应建立这种

信息共享机制。应建立全国统一通用的全社会人、房、地、企业、政府、社会机构等的标准化唯一代码制，由各部门运用唯一代码采集与之职责相关的个人、企业、政府、社会机构的基础性原始信息，并建立本部门的全国大集中、全覆盖的专业信息系统；在此基础上，形成各部门之间双边或多边信息共享平台；同时再建立一个独立于各部门之外的全国性、综合性的法定信息互通共享大平台，构建既能互通信息，又有限度、受约束、可控制的信息共享系统和机制。

第三，完善征管制度建设，切实提高征管水平。以数据信息的采集和应用为重点，切实加强税收风险分析监控。改进风险分析手段，加强风险分析应用。规范纳税评估程序，改进纳税评估方法，加强对纳税评估工作的监督制约。加强数据管理，充分利用各种信息，不断提高信息管税水平。

第四，实现税收管理的集约化。通过计算机网络互联，实现信息共享、资源共用，在此基础上逐步收缩征管机构，减少管理层次，推进税收机构体制的扁平化，提高监控的范围和时效，降低管理成本，提高管理效率。

第五，做好纳税服务工作。以维护纳税人合法权益为重点，切实优化纳税服务，提高纳税人满意度和税法遵从度。切实增强税收法律法规与管理措施的透明度和确定性，扎实做好纳税风险提示工作，着力减轻纳税人办税负担，做好纳税人维权工作，重视做好税收法律救济工作，积极促进涉税中介服务发展。

（五）推进税制改革的配套改革措施

1. 推进政府间财政体制改革，完善转移支付制度

税收制度改革需要结合财政体制改革，特别是财政层级、事

权划分和财政转移支付制度等改革的推进。首先，要积极稳步推进省直管县、乡财县管和乡镇综合改革，把财政的实体层级减少到中央、省、市县三级。其次，要合理界定各级政府事权和支出责任范围。应按照成本效率、受益范围等原则，厘清中央、省和市县各级政府的事权范围，明确各级政府的基本公共服务供给责任。从国际经验来看，全国性公共产品、与国家经济社会发展关系重大的事务由中央政府负责，区域性和地方性较强的公共产品主要由各级地方政府负责，跨区域的公共产品由中央和地方各级政府共同承担。对一些责任应由中央政府或全部层级政府负担，但效率上要求县级政府具体承担的事权，需要各级政府将资金划拨到承担具体事务的县级政府。党的十八届三中全会已经对事权和支出责任的划分做出了较为清晰的界定。下一步需要进一步细化各级政府的事权清单，将本应由中央政府承担的部分事权收归中央负责，适当加强中央事权和支出责任，理顺中央地方共同事权的支出责任分担机制。最后，完善转移支付制度，增强地方政府基本公共服务保障能力。强化和优化中央、省两级自上而下的财政转移支付制度，适时取消税收返还。完善一般性转移支付增长机制，逐步提高一般性转移支付特别是均衡性转移支付的规模及比重，完善现行因素法转移支付，增加其客观性和透明度；加大转移支付资金对中西部的倾斜力度，并结合国家主体功能区规划，加大一般性转移支付对禁止开发区、限制开发区的支持力度。整合、规范专项转移支付，逐步压缩专项转移支付的规模，对现有五花八门的专项转移支付项目进行清理、整合，严格控制新设项目，尽量减少专项转移支付对地方政府的配套要求。探索建立横向转移支付制度。

2. 推进价格机制改革，理顺税收传导机制

在很多情况下，税收政策并不是直接对调控对象产生作用的，而是通过一定的传导机制将税收政策与调控对象之间联系起来。只有健全的市场和价格机制，才能使税收政策的变化通过价格传递给微观经济主体，进而影响微观经济主体的行为。如果市场体系不完善，价格机制不健全，则会导致税收政策的目的传递不到微观主体，使税收政策的调控目的落空。

经过长时间的市场化改革，我国目前大多数一般性商品价格已由市场供需关系决定，但在基础能源领域，政府行政命令仍是主导的资源配置方式，导致资源能源价格形成机制扭曲，产品价格无法真实反映产品的稀缺程度、供求关系以及生产环境成本，从而误导上、中下游微观企业资源配置行为。因此，要更好地发挥税收政策作用，当务之急是以资源税改革为契机，进行价税联动改革，克服目前在资源能源价格体系、税制和财政体制上存在的重大缺陷，完善资源能源价格形成机制，使价格能够反映资源能源产品的稀缺性、内外部成本以及供求关系，对社会主体形成内在激励机制。

3. 统筹税费关系，清费立税，为税收改革腾出空间

清费立税是规范税收分配秩序、减轻纳税人税费负担的重要方式，是税制改革的重要基础。在税制改革中，要始终将清费与立税匹配起来，积极配合有关部门，清理相关政府性收费，将与税收性质相同或相近的收费改为税收，以法律或法规形式固定下来。取消不合理、不合法的收费，规范政府参与国民收入分配的方式，为税制改革提供更大空间。

第六节　财政减收增支压力下的
　　　　PPP 机制创新

本书前文已多次提及与考虑减税相关的"财政三元悖论"框架性认识，基于这个认识框架，在应对特朗普减税冲击"顺势而为"地做好中国自己的事情的通盘考虑中，必然要以供给侧改革"守正出奇"的理念，充分重视在中国的创新发展中大力推进 PPP（政府与社会资本合作）的机制创新，以打开一个巨大的发展潜力空间。

由财政"三元悖论"可知，减税会衍生一个新问题——在保证政府财政赤字可控的前提下使公共服务供给支出受限。如何在实现降低企业综合负担、不扩大政府赤字的同时，尽可能保证公共服务的供给数量和质量，是政策制定者需要深入思考的关键所在，这就需要抓住在中国使既有财政"三元悖论"式制约边界外推扩围或内部松动的创新方式。除必要的继续减税、税外的企业降负和积极的税改之外，中国至少还应抓住两件大事不放：一是政府精简机构，压低行政开支成本（这在本章第二节已有展开讨论）；二是大力推进 PPP 创新以融资合作提升绩效。努力缩小政府规模与充分发展 PPP 的必要性，由此便更加凸显了，本节对此将做更多的考察分析。

一、积极推进PPP制度供给创新，扩大融资提升绩效

以公共支出形成基础设施等公共服务供给是政府的责任之一，需要持续稳定的资金支撑。传统上，我国的公共服务供给由政府独家提供，然而，许多不尽如人意的地方不容忽视：一是以税收方式筹资往往导致供给不足，而以财政赤字方式支付往往导致公共债务膨胀和代际负担不公。二是上下级政府之间信息不对称，权责不清晰，上级政府无法准确判断下级政府的真实需求，地方政府之间为了争夺财政资金而"创造必需"的竞争现象会加剧区域差异和若干不均。三是政府支出用于公共工程等项目建设，往往引发超概算、拖工期、低质量以及竣工使用后服务水平差等多年来为人所诟病的问题。

千年之交后，我国进入中等收入阶段，民众的公共服务需求被进一步激活。多方压力之下，财政赤字率已于近年升高至3%，地方财政也持续增压，截至2015年底，我国地方政府的债务余额已达16万亿元。可以预见，在减税降负的过程中，至少短期内财政收入趋紧，如果其他条件不变，不增加政府财政赤字与举债规模的情况下，可用于公共服务供给的资金就会进一步减少。如果单纯靠财政资金支持公共服务供给，不但很难回应特朗普减税，而且供给能力不足与绩效难达意愿将是显而易见的，财政"三元悖论"制约之下的捉襟见肘更是无法得到改善，还会加剧矛盾。

政府发挥职能是现代国家治理不可缺少的组成要素。现阶段，面对经济社会发展对国家治理提出的更高要求，政府规模不可能无限小，我们必须在供给机制上关注除缩小政府规模之外另辟蹊

径的创新,即在传统公共服务供给方面别开生面、定将有所建树的PPP。

以PPP创新拉动政府体外业已十分雄厚的民间资本、社会资金,来与政府合作伙伴式形成有效供给来适应公共服务的多元需求,从种种公共工程相关的"托底"事项和发展事项来改善民生、增进公共福利满足民众诉求,是公共服务供给机制的有效升级,特别是这还将使政府、企业、专业机构在伙伴关系中形成"1+1+1＞3"的绩效提升机制,不仅使政府少花钱、多办事,而且能办好事、获好评。凭借PPP这一制度供给创新,可把财政"三元悖论"在中国的制约边界实际上形成安全的外推。这当然是在特朗普减税冲击下我们更应该做得有声有色的一件大事。

二、PPP的六大正面效应

PPP机制最基本的特点就是在公共工程、公共基础设施和扩展到产业新城建设与运营、国土开发中连片开发等建设项目中,形成政府和非政府主体以伙伴关系机制共担或分担风险。参与者以自己的相对优势形成强强联合,共同处置建设项目中的风险因素,实现共赢双赢的利益共享。

企业取得投资期很长的"非暴利但可接受"的投资回报水平;政府按照发展战略和符合人民群众得实惠而且实惠可持续的意愿,实现应有的政绩;专业机构按照自己特定的相对优势做贡献,实现以市场竞争主体定位的价值追求。这种利益共享带来的最值得肯定的效果,就是这些建设项目的绩效得到明显提升。PPP作为融资模式的创新,把政府体外的雄厚民间资本、社会资金拉过来使好事做实,实事做好,而且可以做得更快,更有成效;PPP也是管理模式的创新，是一种"1+1+1＞3"的绩效提升机制，在中国以及以中国本土对接的"一带一路"的全球舞台上星罗棋布、千千万万的PPP项目的发展，实际上是对接党的十八届三中全会所给出的一个核心概念，那就是治理体系和治理能力的现代化，这样它又有了治理模式创新的意义。

（一）缓解城镇化、老龄化带来的财政支出压力，构建政府履行职能的有效机制

从政府的视角来看，面对着中国的城镇化和老龄化，未来长期发展要对接现代化伟大民族复兴这样一个战略目标，政府无可选择、势在必行要推进PPP的创新。这样才能够使政府相对胜任地去履行它应该履行的职能。从基础设施到产业园区开发等这样大规模的建设投入，动员政府体外已雄厚起来的民间资本、社会资金，再加上国际方面可以参与的资金力量和资源，一起推动中国二元经济的弥合过程。只有在这种情况下，政府才可能在减税增支的压力面前，找到自己可以相对胜任的运行机制。

（二）以PPP的推进实现社会公众的共享发展，形成"1+1+1＞3"的公共服务绩效提升机制

PPP可以把政府、企业、专业机构的相对优势结合在一起，形成在公共服务的硬件支撑和管理运行体系中间"1+1+1＞3"的绩效提升机制，投入建设需要"好事做实、实事做好"的项目并使其进入运行阶段来发挥应有的正面效应。人民群众得实惠，就是从创新发展到协调发展、绿色发展和开放发展，落到归宿上的共享发展。

（三）拓展企业的生存发展空间，进一步构建成熟健全的现代市场体系

中国特色下，一大批国有企业可以成为符合条件的社会资本方来一起实现合作，共同推行 PPP。如果是可以和政府作为合作伙伴长期合作，接受"非暴利的但可接受"的投资回报水平，企业的参与自然会带来绩效提升机制，会使现代市场体系更加丰富多彩。

（四）实现与"混合所有制"改革的内在联通，形成国企改革和民企发展的共赢局面

PPP 直接对应党的十八届三中全会以后中国深化改革方面企业改革主打的混合所有制贯彻与推进过程。PPP 的实行过程中所形成 SPV（特殊项目公司），是一个现代企业制度标准化的股份制产权架构。在这个产权结构中，政府不会一股独大，在很多案例中，政府方面会尽量少持股，少出资金带动体外的民间资本加入，产生"四两拨千斤"的放大效应。混合所有制如果能够和 PPP 天然对接，会有更快的进展。越来越多的本土项目以及"一带一路"上的 PPP 项目，是混合所有制的产权架构。国企改革和民企发展可以共赢，这其中有全局和长远的意义。

（五）以选择性的"聪明投资"机制促进"过剩产能"转变为有效产能，增加有效供给，引领新常态

PPP 可以成为一种选择性的"聪明投资"来增加我们的有效供给，把实际上已经有的为数可观的一批所谓"过剩产能"，便捷地、可靠地转化为有效产能。北京地铁 4 号线 PPP 项目，与香港

方面的资本合作，在引入资金的同时引进了它们的管理经验。北京地铁 16 号线签约继续做 PPP。因为有了 PPP 的创新，签约过后一批关于这个项目建设的钢材、建材、施工机械等投入品的订单即刻成交，市场上对应的一部分过剩产能转为有效产能。这样的转变带来淘汰落后产能的竞争效应，对于中国经济社会的发展和引领新常态的意义非常重大。

（六）天然对接"全面依法治国"，倒逼、催化中国高标准法治化营商环境的打造

PPP 和中央反复强调的"全面依法治国"天然对接，会倒逼、催化中国高标准法治化营商环境的打造。PPP 对政府提出要求形成以"平等民事主体"身份与非政府主体签订协议的新思维、新规范，政府方面的"强势"会在 PPP 实施中得到约束，对于实质性地转变政府职能、优化政府行为和全面推进法治化是一种"倒逼"机制。这对中国长远发展的现代化进程具有重要意义。

三、减收增支压力下的PPP机制创新——建立PPP交易平台

（一）目前我国 PPP 发展的现状

根据全国 PPP 综合信息平台项目库发布的数据显示，截至 2017 年底，平台收录管理库和储备清单 PPP 项目共 14424 个，总投资额达到 18.2 万亿元。但从总体发展情况来看，PPP 在中国还处于初创、探索的阶段，在今后日趋发展成熟的过程中，其空间还可以更充分地打开。在今后 3~4 年，中国如果把公共部门负债率提高到 50% 左右（仍在安全区内），可增加的公共工程投资资金规模将达 8 万亿元以上，结合 PPP，有望较好地拉动民间资本跟进，

以发挥乘数效应。

在一线城市、大的省会城市、中心城市，地方政府首选的PPP合作伙伴是国有企业。符合条件的国有企业有中央级的国企以及地方辖区内的原来的融资平台。这些融资平台没有条件跟当地政府做PPP项目，但可以到其他政府辖区中与地方政府合作，这样一来，这些平台一无产权纽带，二无行政隶属关系，是符合条件的国有企业。目前的具体情况是，大城市、中心城市的项目较多被国有企业拿到手，但是靠近低端的、市县级的也有一定规模，甚至有连片开发、规模很大的PPP项目，民营企业已经在推进。按照财政部的数据，PPP项目库做成的项目数中，民营企业所占比重达45%。在未来民营企业仍有空间。

（二）建立平台的必要性

交易平台的建设是创新意义和实际作用的高度结合。基于PPP项目长运营周期的特点，有制度框架和法治条件之下的交易平台，可以使实际生活里不同的投融资偏好在一个交易平台上各得其所。在实践当中，从政府角度来看，考虑PPP的全生命周期，它的管理架构和流程中，涉及相当多的环节和复杂因素。地方和企业应该通过"购买服务"等机制，带动颇有成长空间的第三方中介机构、专业咨询的主体，一起推动PPP项目的运行。在签约以后的运行过程中，需要有一个产权以及相关资产的交易平台。交易平台可以使初始参与方（不论是国有企业还是民营企业）对接到社会其他更多的多元化主体，一起面对产权、资产交易。如果现在有一个完备的交易平台，在未来的PPP项目机会中，不会区分国有企业、民营企业或社会公众，在中国经济下行过程中发展起来的财富管理、理财公司、保险业等各种各样的资金就都有机会参与进来。这些资金要实现资产证券化，实现不同时间界限的资本调期，就要通过这个交易平台，促进公平竞争条件之下资本要素的合理流动。

（三）PPP交易平台的现实意义

目前上海和天津已顺应这一发展潮流，率先启动建立了相关交易平台，下一步应力求提高它的专业性，同时加入法治化保证下的规范性。

现实生活中已经有案例印证这一交易空间的打开势在必行，即使在没有非常规范交易场所的情况下实际上已经在推进。例如，前些年央企中信地产为主的社会资本方和汕头市的地方政府正式启动了汕头海湾濠江区168平方千米的连片开发。这一项目是要在汕头海湾中间最宽阔的地方建成一个海底隧道，通过这样一个交通大动脉使整个海湾区域连接成为全天候的公共交通体系。中信的第一步是在全球招标并启动这一海底隧道项目，预计2019年完工，交付使用后不收费；随之而来一定会激活不动产开发，在这一过程中，相关土地和不动产开发、连片开发里的溢价收入部分中信可以参与分配，这就是其投资回报的基本模式。现在刚刚开工运行两年，中信方面的现金流已经为正。社会方面包括很多民营资本都认识到未来几十年连片开发的意义所在，都积极参与进来。就一系列的后续项目开始组成各种基金、各种各样特定的子项目、SPV等，使中信得到的现金流开始为正。这其中就内含着交易平台问题，在交易平台这一舞台上，有各方一起争取共赢的机会，会更规范地与现代市场体系的市场制度建设融为一体，促进 PPP 的正面效应更好地发挥出来。

目前很多市场人士和专业人士也正摩拳擦掌，期待有更高水平的与 PPP 对接的金融产品，而交易平台正是能够提供更加丰富、与现代金融发展前沿状态可对接的这样一些金融创新。应当看到，建立交易平台与我们整个市场体系的健全发展是同向的，是合流的；交易平台及其所产生的辐射效应在整个现代化推进过程也将会产生越来越多的、千丝万缕的联系。建立相关产权、资产交易平台既是相关地市在推进 PPP 创新发展中的有益探索实践，也是 PPP 制度机制建设中的重大进步。

PPP 作为制度供给的伟大创新，在我国供给侧结构性改革当中，能够在保证减税降负以及适当控制财政赤字的同时，开启我国更多更好增加公共服务供给的新篇章。在各界对 PPP 的高度关注和积极推进中，已经表现出这一制度供给创新将给中国将带来的巨大发展空间和重要发展机遇，应更加积极理性、扎实稳妥地推进 PPP 探索实践，在创新发展中全局贡献于长远造福人民的事业。

四、关于PPP创新发展若干重要问题的探讨

在我国这几年的深化供给侧结构性改革中，PPP 的创新发展已经走在世界各个经济体的前沿。因为决策层对其高度重视，有关部门不断推出指导文件，所以很快形成风生水起的局面，这个大方向值得充分肯定。

中国在当下阶段引领新常态，并在新时代继续形成理性供给管理下超常规发展的现代化过程，其实存在着巨大的市场潜力空间和众多"有效投资"的一系列对象。首先可以一个大规模建设项目需求方面的例子来说明：中国中心区域有 100 多个百万人口规

模以上城市，国际经验表明，在这些城市抓紧建设轨道交通网是必要的。北京是个"起了个大早，赶了个晚集"的典型案例，其地铁建设在20世纪60年代就开始了，但到了改革开放新时期，由于地方政府追求任期内出政绩的短视行为，资金都被用在了地面交通环线这种每个任期内都能尽快"看得见摸得着"的建设上。但事实证明，即便圈到七环，也远远不足以解决公交体系拥堵危机的问题。好在现在政府已回头加快地铁建设，并在一定程度上缓解了北京市公共交通体系的压力，只是这方面的建设任务尚远未完成。北京现在机动车的拥有率远远低于纽约与东京，而纽约、东京都完全没有必要采取像北京这样对机动车限购、限行、限入等严格措施，道理就在于轨道交通网的有效公交供给使机动车主要用来应急和假日向外的出行。所以，北京这样的中心城市缓解公交困局的关键性不二选择，就是把中心区域建成四通八达密度足够的轨道交通网。北京如此，中国绝大多数中心城市也是如此，这种把天文数字的资源往地底下砸的建设过程，往往要持续几十年。

再举个"小项目"的例子，据有关部门统计，中国城镇区域现在缺少大约5000万个停车位，一个停车位的建设，静态算账预估为10万元的话，那么全国就是5万亿元的投资。这个例子反映了一个现实生活中非常明显的强烈需要，千头万绪的事项中，看起来的"小事"却代表着未来很长时期内必须安排的巨额投资。要想提高与日益增长的"人民美好生活的需要"相适应的供给体系质量效率，必须以改革创新为龙头来带出有效供给。

与PPP相关的"守正出奇"的机制，明显对应于市场配置资源这一决定性的、必须充分发挥作用的机制，同时它又连带了政府"更好发挥作用"的创新。在这个机制中,政府和市场主体以平等伙伴关系发挥各自相对优势,风险共担,利益共享,绩效提升。如停车位建设这个例子,5万亿元的投资如果完全由政府出钱是不可想象的,但停车位一旦建成使用便会有现金流,那么它就完全可以对应于市场机制和社会资本的投融资行为,天然地可在政府力求高水平的规划之下,运用PPP的创新来形成有效供给。

以上两点解释了为什么中国作为有巨大发展潜力和市场潜力的经济体,在短短几年之内,就走到全球主要经济体PPP创新的前沿。总体而言,PPP在我国还属于新生事物,方向正确,意义重大,但不成熟的特点也毋庸讳言,防控相关风险值得高度重视。风险防控中也需要运用大禹治水的古老智慧,在疏堵结合中掌握好"堵不如疏"、因势利导的哲理。从这个角度,这里对PPP创新中一些有关其风险点的重要认识,试作辨析与探讨。

(一)关于明股实债

明股实债已引起了管理部门的高度关注,其实际情况可大体分两类。

第一类,是PPP具有的股份制项目开发主体SPV(特别目的公司)中的社会资本方,其股权前瞻性地安排了股权回购,即地方政府逐步出钱把其股权买回来,实际上相当于这部分钱让政府先借用几年,以解决其燃眉之急。这样明确地设定回购条款,显然不是政府希望PPP所达到的规范状态,不符合PPP发展的取向,但现实案例中这种直接写入合同的情况比较少见。现在管理部门所批评的明股实债,往往针对暗中的补充协议条款,或针对"潜规则"加上了主观判断的色彩。

对这种企业股权直接安排回购，是应当予以否定的。但实际上，SPV股权的可流动，按照PPP的可持续机制建设来说，又是不应当完全否定的，在一定意义上讲是需要规范的股权交易通道。因为不少企业很难在PPP项目长达20年、30年甚至50年的情况下，一直持股。我认为，对于这类"明股实债"问题，除了正面去防范风险的"堵"之外，还应该有伴随堵漏洞的制度建设去打开通道的"疏"。第一，在"堵"的方面，应该在《条例》和文件中明确规定哪些情况属于违规，不能写进合同，也不能以附加的补充的协议方式形成白纸黑字的条款。第二，在"疏"的方面，股权的流动机制是可以对接交易市场的。前一段时间在天津、上海，只有一天之隔，都挂牌成立了PPP金融资产交易平台。这是规范的交易平台，所谓类固定收益资产、资产的证券化、PPP里的股权流动，完全可以探索对接这样的金融资产交易中心，做阳光化公平竞争环境下的交易。我认为，要承认股权往往不可能从头到尾按我们的意愿，一成不变以一个锁死状态持有到底，那么就必须在市场上给它一个通道，在这个通道里以公平竞争实现流动。整个市场上如果说能够这样把各种偏好的持股在交易平台里完成它们的要素流动，当然是一个公平竞争市场带出来的解决期限错配、资金掉期问题的机制，使不同阶段，持股主体偏好改变以后，重新组合中都有一个正当的和市场对接的机制。这其实也是在推进要素流动的情况之下，我国现代市场体系的丰富与完善。这种市场如果能够稳定形成，将会十分有利于消除社会资本方面的疑虑。

另一类明股实债，是说持股的比重非常低，似乎也可以把这种情况归纳为明股实债，社会资本方只持有5%~10%的股，政府方面持股还相对多一些,这就违背了PPP一开始推动时的初衷——希望政府少持点股,社会资本方多持点股。另外,政府方面也不能太少,现在有关管理部门的态度是至少有1/4,最好为30%。如果股权的比例明显偏低,剩下都得靠银行、金融机构提供贷款等形式的资金支持。以这个视角来展开,实际是PPP项目投资总额中股权本金的比重高低问题。这个问题相对容易解决,总结基本经验以后,可以给出一个下限,最低不能低于多少。而且政府的倾向是少花钱多办事,政府持股少一点,愿意让民间资本、企业方面持股多一点,这也应该有一个数量底线,不同条件变化中合作伙伴自愿形成的协议中,应遵守规则方面给出的区间或下限,但规则不应该规定得太死板。对这样一个股权在整个投资里所占比重高低的问题,其实不应太过计较,如果处理得好的话,相对低的股权,放大效应更强一些,未尝不是一件好事。但是这就需要定制化讨论:一个具体的项目,它的股权为15%,另外一个项目股权为30%,30%股权的项目水平未必就高于15%股权的项目水平。这确实需要具体分析。但是从管理部门来说,对特定类型的PPP项目组建SPV时,给一个伙伴各方持股底线也是必要的。应该在以后的实际工作中大体明确这样一个操作底线。

(二)关于政府购买服务与BT(建设—转交)

虽然财政管理部门对BT持否定态度,但依据相关理论分析框架,笔者认为,广义PPP里其实还包括BT。有人指责部分PPP项目是通过政府购买服务暗度陈仓,是把政府购买服务扩大到政府购买工程,这可以说是对政府购买服务,应保证工作名副其实的问题。然而,如果全面地讲,政府采购里不仅包括服务和设备的采购，还包括工程采购，广义 PPP 里面的 BT 就是没有供应方运营期的工程采购。政府自己一下拿不出那么多钱来，但是如希望这个项目仍能有希望比较快地做起来的话，就可以选择与企业合作，企业为政府垫付数年的资金，政府以后比较从容地以按揭方式把钱逐步还清。归还本金之外，多出的那一部分资金，就是企业"在商言商"拿到的投资回报，这个投资回报应"非暴利但企业可接受"，太低则企业不会签字，太高则公众监督过不去。在具体操作中，有关部门的态度似乎是百分之百排斥 BT 的，但据我观察，这实际上不可能做到。举个例子说明：中央强调要在 2020 年通过精准扶贫的方式让农村地区最后的数千万贫困人口脱贫，截至目前时间已经所剩无几了，再看一下四川凉山州的木里藏族自治县和盐源县，那里是地广人稀少数民族聚居的山区，经济上十分欠发达，那么政府要想在这个区域实现精准脱贫，不修通交通干道是不行的，因为"要想富先修路"，但凉山州政府没有这个能力，中央政府与四川省政府也没有办法直接用专款解决这个问题。凉山州除了与太平洋建设合作外，没有别的办法，由太平洋建设这个民间资本主体出钱建设干道，其建成速度会大大加快。这种方式可以不叫 BT，但它实际上就是 BT，所谓"拉长版 BT"的变形，会使政府还本付息的年度压力更缓解一些。地方政府在具体执行 PPP 创新中，需要考虑政策的导向，可以把 BT 放在最末端考虑，但这不宜理解为 PPP 就绝对不能做 BT，否则就不能适应凉山州这样的具体情况。PPP 无非就是一个把政府一下做不成的事情转换为能做成的机制。当然要正视相关的风险，要有高水平的通盘规划，具体项目要争取让时间段长一点，政府得以更从容一些。

（三）关于"保底"

现在有的PPP有保底条款或政府担保文书，违背了PPP的基本精神，就是风险共担或者对风险按照强强联合原则、以合作各方的相对优势来合理分担。PPP的协议文本里必须有风险分担方案，几十种风险因素，应由企业承担的、政府承担的、共同承担的，以及共同承担是怎么个排序，怎样的约束条件，都尽可能地写清楚。但是有的时候可能出现一种情况：政府向社会资本方允诺一定水平的回报，这就变成了保底。其逻辑上是想让企业在吃了保底的定心丸后，肯签字开工，这在相关规则上可以加以禁止。但同时，规范的PPP里可以有纳入预算执行的政府付费和可行性缺口补贴，它解决的是地方政府和企业合作时企业方面最担心的问题，即最低利润能否达到可以签字的水平，这就是风险共担框架里必须承认的临界值。企业参与进来，是有最低回报预期的，这是企业方面合理、正当的诉求。所以不必总是强调不能保底，而应强调如何提高可行性缺口补贴的合理性。在法制健全的环境下，以基于专业化测算的可行性缺口补贴安排，保障最低预期投资回报在企业接受的范围内，企业方面才能积极和政府合资做PPP。可行性缺口补贴的合理量化，可以通过专业化团队的支持帮助，政府与企业一起来努力提高方案水平。项目在执行过程中允许做的调整，也可以有规范化的调整机制。

以北京地铁4号线引进港资为例，当年知道香港的地铁系统业绩做得最好，全世界只有香港地铁可以不要政府补贴，但是到了在北京签约建设4号线的时候，补贴就得事先约定好，因为起初北京地铁票价是固定的，这就实际上碰到了一个预期保底的问题。但后来北京地铁在种种压力之下变收费机制为根据乘车距离分段抬高，那么原来的补贴水平也要随之调整，其依据还是预期保底这样一个导向。只要政府方面还考虑企业在商言商的立场，就不可能不考虑这个问题。在这个方面想透，这个所谓保底无非就是明确规定一些条款，风险如何承担，如果完全由政府一方承担风险，自然就会产生"道德风险"，企业无所顾忌，就不会真正发挥自己的内在积极性提高管理运营效率。但是从另外一个角度必须考虑到合作伙伴关系的机制下，企业是要取得投资回报的，我们无非是怎样以法治化、专业化，加上有利于形成和衷共济关系的一些制度、机制安排，使大家更认同通过伙伴关系可以把这条路走通。在原理上说，就必须承认企业预期可以保底才会进来与政府做PPP。我们努力的方向和工作的重点，应放在法治化水平和专业化水平的提高，尤其是不确定因素出现以后解决方案水平的提高。

（四）关于财政承受能力

按照指导文件要求，PPP项目已经有了规范的财政承受能力论证所形成的约束，即不得超过地方政府本年度财政一般公共支出的10%。这个规定的确有约束意义，但实际上测算起来比较模糊。即便知道年度财政支出规模的大概情况，但这个时间段里地方政府可能跟多少合作伙伴谈成PPP项目，却是逐渐演进的，年初的PPP项目很容易控制在10%以内，但是累积到了下半年、第四季度加进来的PPP项目，按照年度来算就有可能突破界限。不过好在PPP项目往往周期较长，如第一年突破测算，可弹性调低本年度相关支出而调高后几年的相关支出，这是相对容易地把年度间财政支出压力均衡化的问题。所以，10%的约束基本上只是个原则导向，量化上不可能特别较真。地方政府除了一般公共收支预算外还有基金预算，其中有一块"活钱"，这块活钱的使用去向没规定死，是可能用于PPP的政府付费的，而且目前没有任何的官方态度或意见规定说不能用于PPP。在地方政府层面通盘合理协调的倾向下，动用一部分地方基金预算的活钱支持PPP应是可以的，无非就是弹性空间里如何组织，审时度势，通盘协调，控制风险，积极地把应该抓住的重点项目建设按照PPP的方式来推进。虽然这样处理起来各种细节评价上未必能尽如人意，但也不能因为有出现偏差的可能就完全禁止，这不是对待问题应有的积极态度。可以在这方面共同探讨财政承受能力论证的弹性空间如何合理把握，如何合理匹配其他必要的机制。一旦判断某些风险点比较明显，那么有关部门就要取得基本共识去控制风险，合理的灵活并不否定控制风险的重要意义。总之，风险控制不能按照呆板的方式，一定要允许存在一定的试错空间和有创新的弹性空间，同时亦要谨慎处理防范系统性风险。

在这样一个辩证关系把握下，我们应当认清PPP的大方向，同时，积极审慎处理好风险防范和积极创新的问题。学术界应把注意力放在政府和企业怎么以伙伴关系进行合作这上面，探讨如何在一般公共支出10%封顶的原则约束下，促使相关主体挖掘其他来源的资金潜力并更好地控制风险，这样才能尽可能地形成"想干事、会干事、干成事、不出事"的伙伴团队，真正使PPP形成绩效提升而风险可控的结果。

（五）关于地方政府做 PPP 的负债问题

当下很多有关部门文件给地方政府带来的印象和困惑，是地方政府做 PPP 不能形成地方的负债，这个认识其实是不对的。因为 PPP 就是地方政府和企业一起以伙伴关系来做事情（而且是平等民事主体的伙伴关系，如果是不平等的关系，PPP 绝对没有以后长期发展的生命力），以平等伙伴关系来一起承担风险，那么地方政府当然不可能完全撇清投融资债务风险。关键在于，这个债务风险是在 20 年、30 年、50 年甚至更长时间段里的运营风险，未来出现"或有债务"风险的可能性较大。现在财政上已有 3 年滚动规划，3 年规划之下如果做成 3 年滚动预算，也只解决 3 年可行性缺口补贴的确定性问题，之后便会面临可能的"或有负债"。未来几十年里，政府要考虑对或有负债相关的支出尽可能高水平地作出预测以及合理的相关协调安排，如处理得当，对于 PPP 来说不是增加风险，而是降低风险。

所以学界有必要在资产负债表的概念下探讨 PPP 会计准则，需要有可操作的依据，大框架便是应该在理论上承认，PPP 会牵涉地方政府的负债问题。过去，地方政府负债问题曾因为没有阳光化途径而成为隐性负债，后来政府觉得不得不控制，地方融资平台不能再继续发挥隐性负债的作用，于是修订《预算法》，一边阳光化开前门，另一边又锁死融资平台不能再发隐性债，那么实际上下一步需要处理的就是 PPP 产生地方或有负债的问题。一开始有文件规定，成功转化已有项目为 PPP 项目，可以不计入地方负债的规模，这在当时的确是一个有积极意义的说法，而现在则可以动态地优化相关认识了，即哪怕已规范地成为 PPP 项目，其相关的或有负债，仍然需要并可以作出尽可能高水平的预测，进而防范风险。

客观地讲，当下中国 PPP 的发展，在全球主要经济体里已从借鉴、跟随而变成走在前沿，在"后发优势"这个概念下可以看到，中国的 PPP 正体现出诸多后发优势的特点，这是十分值得看重的。虽然这段时间政府强调防范风险，但不能认为这就是"叫停"PPP 的信号。适当的调整规范很有必要，在这之后希望我国的 PPP 能调整到一个更正常的发展节奏上。此外，有关部门还要积极调动专家的力量，通过借鉴国际经验来研究中国的实践，在 PPP 相关的资产负债会计准则这方面提出我们自己的意见。我国有可能以规则制定者之一的身份参与国际上的合作，使全球和 PPP 相关的会计准则发展得更加成熟。

（六）关于 PPP 的认定标准

最近，政府管理部门在加强管理中努力纠偏，连续下发文件要求 PPP 不能一拥而上，并指责一些地方搞了假 PPP、伪 PPP，要特别注意风险防范，这当然是有必要的。但从现在看到的信息进一步分析，有相关要点需要澄清：什么是假 PPP、伪 PPP？管理部门还没给出清晰的界限，实际生活中怎么掌握这个界限，哪边是真，哪边是假？按理说应该加快 PPP 的立法。现在已有的红头文件算是中国法规体系里有效力的依据，但其层次还太低，发改委和财政部两大管理部门各自有指南和项目库，各自发红头文件。为提高 PPP 的立法层次，政府一开始想出台《PPP 法》，但现在看来在一些基本概念上还无法达成共识，只好退而求其次先推《PPP 条例》，但这一过程并不顺利，受到中国特色的实际制约。之所以探讨这些问题，就是要更积极地考虑如何在 PPP 的创新过程中防范风险，但不能简单地将创新探索中的一些项目，由少数管理人员直接定义为伪 PPP、假 PPP。

此外，管理部门在努力防范 PPP 风险的过程中，不能认为审批就能解决任何问题。按照某些指导信息，所有 PPP 项目必须在省级批准入库后才能得到承认，不在库就不给予 PPP 的概念，似乎这是一个真伪的界限，但这个界限是有很大副作用的。不仅审批环节上审批人员的素质、专业水平等问题会影响结果，还会使拉关系、处关系等一系列的机制弊端一拥而上地扩张。PPP 的关键是法治化取向下的阳光化，在政府、企业、专业团队接受公众监督的环境下，做出尽可能专业化、规范化的真 PPP 项目。这个过程中的动态甄别不是靠各个省级审批环节上的两三个官员就能掌握好的。所以，不宜按照这样一个简单思路去推进所谓 PPP 的规范管理。不入库就不能承认，实际是增加了审批官员的无限权力，这是一个事与愿违的前景。守正出奇，还是要回到 PPP 是个阳光化机制这条正路上来。可以有一个具有引导功能的省级库，并像中央库一样作动态优化，这一轮未入库的，并不意味着下一轮也不能入库，入了库的项目，随动态优化过程也不排除再从库中调出的可能，入库可成为一种积极的引导形式，但不宜把它做成开展 PPP 项目的唯一途径——这可未必是一个在完善社会主义市场经济和建设现代化经济体系轨道上合理的机制。

（七）关于 PPP 的立法：正视和解决矛盾，以法治化保障其可持续发展

当前，PPP 急需一项专门性法规弥补法律空白。2017 年 3 月 20 日，国务院办公厅指出，要抓紧出台《基础设施和公共服务项

目引入社会资本条例》，由国务院法制办、国家发改委与财政部共同开始起草。在业界看来，目前PPP领域尚无国家层面的顶层设计标准化方案，在部分较为关键的问题上的规定模糊不清，影响社会资本在投资PPP项目时的积极性，因而，这项条例的出台将有望成为社会资本的"定心丸"。

当前加快PPP立法进程的必要性，客观上植根于PPP是催化也是倒逼法治化进程的机制创新。没有法制强有力的保障，就不可能形成PPP发展的可持续性。如果能形成条例，要比现在红头文件在立法层级上有所升级，这是非常值得我们做出积极努力的。

关于PPP立法中的基本问题，我们需要更好地深入研讨，不同观点应该充分摆出各自论据。有关立法程序不排除要进行更广泛的社会研讨。因为立法本身就应该是一个阳光化的过程，对一些重大问题的讨论是很有必要的。PPP立法无法回避的一个重大问题，是PPP项目所形成合同的契约性质问题。我们的基本观点是：政府和非政府主体一起做PPP项目，既然是伙伴关系，自愿签字，那么双方在签字时就应是平等民事主体的身份，而不是行政上的上级和下级的关系，因此PPP合同应该是民事合同。

但目前有一种观点认为，它是一种特殊的行政合同，对此我不能认同。行政关系是隶属关系，是上下级关系，不需要合同，只需要上级对下级发文件，发指令。

从中国改革的历史来看，我们有过去值得总结的经验和教训。在20世纪80年代后半期，我国曾大力推行企业的承包，实行各种形式的经营承包责任制。当时就是在政府以行政隶属关系控制企业的情况下，由行政主管部门和企业的承包者签合同。看起来它们似乎是平等的甲方和乙方的关系，但实际执行过程中，政府可以依靠行政权力不断对合同进行修正、调整。所以，这种承包通常情况是行政管理部门根据自己的想法，从年初到年尾不断调整承包合同，完全背离原来制度设计中的初衷。如果把这样的"行政性合同"的定义落到PPP立法中，会毁了PPP这个创新的事业。

另外，还有一种调和的说法，说PPP合同契约可以是民事合同和行政合同的混合体，两者性质兼而有之。我们也不能同意这种观点，这种调和在实际执行中会矛盾百出，非常混乱，最终一定会落入不可持续的状态。

按照研究者的分析，在PPP签合同之前，政府方面公共权力在手的情况下，政府有裁判员的身份。但是当具体的某一个地方政府，作为伙伴一方，和另外的非政府的主体即社会资本的一方自愿签字形成具体的PPP项目合同的时候，双方则形成了平等身份，这时候都是运动员，而裁判员是法律。当然，上级政府也会有某种裁判员的身份，要监督和推动法律实际约束效力的落实，但是具体参与PPP项目的这家地方政府，是绝对不可能再保持着行政主管部门的身份去和自愿签字的对方企业一起，来形成契约履行中的实际关系。如果它依仗这是"行政合同"的行政主管身份，那它随时可以蔑视或者改变、撕毁原来的契约条款。这样的一种所谓的PPP机制，是无法形成企业的稳定预期和企业可持续参加PPP项目的长效机制的，那就真可称为"伪PPP"了。

PPP是一种创新事物，非常需要一定的创新空间，但是同时，我们凡是看准了的原则和要领，就应该及时设立规则来规范它。确实当前常常有一些项目被批评为假PPP、伪PPP。我们如果有这样一个立法的升级，应该尽可能清晰地划定什么是非假、非伪的

PPP，这是很现实的重大问题。

立法是一件很严肃的事情，希望能够积极推进这个过程，但总体上最关键的是不能回避矛盾问题，在立法过程中间，力求最充分地调动专业人士共同讨论，还应该广泛听取企业和社会各界的诉求以及意见建议。在重大问题上应该召开专题研讨会，对于一些特别的关键点，也不排除在立法的一定阶段上以听证会的方式体现它的阳光化和优化与社会各界的互动，以凝聚可能的共识，来促成法的制定并尽可能达到高水平。总之，我国的PPP立法应尽可能把专业智慧和社会诉求的互动掌握好，努力寻求以公平正义为取向的最大公约数。

第七节　中国税改中宏观政策调控的协调

中国"顺势而为"的减税减负和税改，需要在经济运行中处理好与宏观政策调控的关系。本节对此将进行相关分析讨论。

一、我国当前减税减负政策的调控目标

政府预算报告显示，2016年，我国全面推开营改增试点，全年降低企业税负5736亿元。2017年，我国继续实行积极的财政政策，注重合理调整政策力度和着力点，减轻企业税收和缴费负担，全年预计减税3500亿元左右。具体包括：第一，完善营改增试点政策，释放更大减税效应；第二，扩大享受减半征收企业所得税优惠的小微企业范围，年应纳税所得额上限由30万元提高到50万元；第三，科技型中小企业研发费用加计扣除比例由50%提高到75%；第四，继续实施2016年到期的物流企业大宗商品仓储设施城镇土地使用税等6项税收减免政策。

从降低企业缴费负担看，第一，全面清理规范政府性基金，取消城市公用事业附加等基金，授权地方政府自主减免部分基金。第二，取消或停征中央涉企行政事业性收费35项，收费项目再减少一半以上，保留的项目要尽可能降低收费标准。各地也要

削减涉企行政事业性收费。第三，减少政府定价的涉企经营性收费，清理取消行政审批中介服务违规收费，推动降低金融、铁路货运等领域涉企经营性收费，加强对市场调节类经营服务性收费的监管。第四，继续适当降低"五险一金"有关缴费比例。第五，通过深化改革、完善政策，降低企业制度性交易成本，降低用能、物流等成本。实行上述降费政策，全年再减少涉企收费约2000亿元。

减弱当前国内经济下行的风险，更在于调整产业结构、实现经济战略转移、促进居民收入的公平分配等。稳增长所关注的焦点，更多的是中长期经济增长的持续稳定性，所采用的政策工具更多表现为间接而不是直接方式，无论是财政政策还是货币政策及其他经济政策都是如此。通过实施积极的财政政策稳增长、调结构、促民生，改变税收政策理念，倡导适度赤字的财政政策，实现"减税降费"的目的，为企业松绑，营造宽松的营商环境，增强微观主体的经济活力和竞争力，让企业扩大盈利空间进而增加投资意愿，省下更多的钱用在投资、创新、扩大就业、员工涨薪等方面。

二、我国减税减负中宏观政策调控的协调

减税措施发挥作用不是单一的，还需要与财政、货币、汇率、价格等杠杆措施相配合，才能发挥综合效用。为了应对刚性的财政支出，减轻财政压力，使减税政策取得预期效果，有关减税的安排还需要有其他政策配套实施。

过去几年的调控实践证明，我国的宏观调控过多依靠货币政策，使货币政策对经济增长的边际效用逐步递减，信贷对推动实体经济的效用也越来越低。过于紧缩的货币政策固然能够奏效，

但也不可避免地会伤及实体经济,因而常使决策当局面临"两难"。在这种情况下,如果继续过多依靠货币政策,一方面可能并不能提振实体经济,另一方面金融风险也将更加集聚,流动性将更多地流到股市、债市和房地产市场,会增加风险。而财政政策强调"有保有压""有扶有控",不但能调控总量,而且在结构优化和抑制通胀上也能发挥不可替代的作用。为适应调控重心偏向供给管理,财政政策理应发挥更大的作用。在货币政策面临两难困境、操作空间日益狭窄之时,财政政策有条件也有必要更趋积极,充分发挥其在促进经济增长、调整经济结构、防止物价反弹方面的作用。我国应利用好时间窗口,更多依靠财政政策进行宏观调控,提前以"收紧金融、放松实体"的政策组合来对冲美国经济政策的"三板斧"的溢出效应。

(一)适度扩张赤字率,与发行国债相配套

在减税减负背景下,当出现收不抵支时,阶段性提高赤字率,或通过有限度的发行国债来弥补收支缺口。在抑制通胀的供给方面精准着力,通过投资、补贴、奖励等手段调节短期供给,从而使其价格保持在合理的水平上,提高财政政策的针对性,减少外部经济的影响,减少政策的扭曲。同时政府应减少直接投资,把更多力量用在保证社会底线上,让"市场出清"的企业职工获得妥善安置。

目前增加财政赤字还有一定的余地,赤字率提升背后的一个主要原因是财政支出里有一部分支出是刚性的,例如,社保的补贴。中国社会老龄化以后提取退休金的人越来越多,因此这一项刚性支出的金额每年都有一定比例的上升。为应对此类支出,政

府可以适度扩张赤字率，但要注意强调优化支出结构，提高财政支出的使用效率，加大在教育、就业、社会保障、保障房建设、公共医疗卫生、公共文化等民生方面的支出，确保"三农"、战略性新兴产业、节能环保、西部开发、自主创新等领域的财政投入，重点投向前期重大投资项目的后续建设，确保项目建设顺利进行。

（二）与货币政策相配套

在政策调控方面，政府可以通过控制货币供应量来调节整个经济，用发行货币的手段来配合减税政策，扭转经济萧条的局面，但必须警惕这种财政性的货币发行可能引发的通货膨胀；货币政策保持中性，在流动性并不短缺的市场中，通过市场出清，消除过剩产能，让没有效率的企业退出市场，消除过剩产能，依靠经济结构调整而非政策刺激来恢复投资信心，鼓励企业资金更多用来投资；提高货币政策的有效性，从改善信贷投放能力和优化信贷结构入手，引导货币信贷平稳适度增长。

货币、信贷投放要中性偏紧。由于有足够的窗口期和美联储温和的加息、缩表行为，央行提前的缩表力度不宜过大。当前全球进入了金融周期峰值的拐点，信贷投放的增速下降。在全球金融周期进入下行区域，而实体经济并未步入稳健复苏的通道时，尚不能采取过度紧缩性的货币政策。要坚持稳健货币政策的基本取向，保持合理的社会融资规模，应坚持让信贷规模及货币增长回归常态，采取预调微调的方式，进一步优化信贷结构，更加注重满足实体经济的需求。

继续实施资本管制。2017年由于中美在人民币汇率上的政治冲突下降，加上人民币一篮子货币汇率指数定基和编制方法的变化，人民币对美元汇率承受的贬值压力可控。房地产价格高企要靠其他手段来逐步消化，如加大土地供应的政策、房地产税收政策。目前中国股市的估值整体上没有明显泡沫。楼市或者股市任何一个市场塌陷，资本外逃的意愿更加强烈，汇市也难以维持稳定。楼市、股市和汇市三大资产市场呈现出"稳楼市、温股市和弱汇市"的格局将是合意的局面。在资产市场价格相对稳定的背景下，继续推进供给侧结构性改革，但应侧重于"去杠杆、降成本"。

（三）与减支政策相配套

减税举措的单兵突进或是被迫加大举债规模而"以债补税"，可能是引发新一轮的收费浪潮。缩减财政支出可以减少财政赤字，从而减轻政府征税的压力。比如，精简政府机关人员、调整公务员工资、缩减财政支出等。因此，从我国现阶段经济形势来看，虽然通过"一揽子刺激政策"的实施，经济得以迅速从金融危机的阴霾中走出来，但这些"刺激政策"中的大部分措施，如出口退税、增加贸易盈余、发放消费券等都属于短期刺激政策，对经济的长期增长没有太多的积极意义，加上国际环境的复杂性使未来的增长仍存在着诸多变数。政策应更多地从调整经济结构和技术改造等长期重构政策来考虑如何促进经济的增长，通过减税提高企业和劳动者的积极性，鼓励创新，促进资本和技术的发展，从而使经济能持续健康增长。

（四）结构性减税的同时应推进"一揽子政策"措施

从已实施的结构性减税政策的短期影响来看，其直接后果就是减少了政府税收收入，给预算平衡带来了风险。因此，在继续推进结构性减税政策实施的同时，应进一步优化财政支出结构，压缩公共产品的供给成本，提高公共支出资金的使用效率，以确保预算平衡。同时，应借助于财政压力的倒逼机制推动其他相关改革。

（五）辅之以必要的经济制度改革

在把减税作为主导政策的同时，辅之以必要的社会经济制度改革，如社会保险制度、金融投资制度改革等，以保证有效供给的扩张。全面反思过快的金融创新战略，放低金融创新的步伐，脱离实体经济的创新模式必须要扭转。在稳定资产市场价格预期的背景下，继续推进供给侧结构性改革，对冲金融周期下滑带来的冲击。

三、我国减税减负中产业政策的作用及其机制优化

在供给侧改革视野之下，产业政策是"理性供给管理"的重大命题。它在经济运行中的产业视角上，要处理区别对待、突出重点的供给侧结构性政策的问题。它的优化，对于中国自有特别的意义，但对于其他经济体事实上也都成为不可回避的问题。这一命题的现实意义要纳入改革这个概念与有效制度供给相结合，成为供给侧结构性改革这样一个通盘考虑的组成部分。

实际上，产业政策和技术经济政策、环境政策，还有中国人已经讨论了多年的"政策倾斜支持机制"等，是密不可分、息息相关的。致力于新供给经济学研究的学者，认为需要在理论创新中对已有的主流经济学的认识成果进行提升，或者说得再直率一

些，反思之后需要补课，克服迄今为止主流经济学认识基本框架上的不对称性，关于一些重大的理论、原理的假设条件，也需要升级。比如，我们以往认识范式里的完全竞争假设，有它的意义和启发，不可缺少，但是需要再进一步升级为不完全竞争假设，以更好地对应现实世界的真实情况而提高理论的解释力与指导力。在此视角之下，过去和产业政策相关的理论方面存在的明显不足或者不成形，是可以而且应该得到新的一轮理论密切联系实践反思之后的矫治与改进的，而且应把政治经济学（或称理论经济学），以及我们过去已经有概念的产业经济学、发展经济学、制度经济学、行为经济学等来进行兼收并蓄，力求把它们打通。

（一）理论联系实际看待产业政策的必要性

从理论考察和实践印证方面展开，就应该提到三个关键词，分别是"市场失灵"（或者可以称为"市场缺陷"）；"不完全竞争"；还有一个就是"赶超战略"。理论上，一般都承认有市场失灵问题——除了个别学者认为这个命题还可以再讨论——新供给研究群体是接受这样一个基本认识的。这种市场失灵引出政府干预的必要性，其实在需求管理的框架下已经在这方面有了一个较成形的"反周期"操作，它的理论依据是什么呢？就是需要有必要的国家干预或者政府干预，去弥补市场失灵。但是我们现在有所推进的认识是政府的介入和干预，不仅要处理应对有效需求不足的反周期问题，还需要解决包括在"不完全竞争"假设之下的必须努力提供和优化的政府的政策供给，这个政策供给在现实意义上——理论上也可以论证的，就是要解决不完全竞争中的供给优化问题，以及要让政府的政策和市场机制结合好，其中特别需要解决的是政府要发挥应有作用而优化有效制度供给的问题。供给侧的政策供给，制度供给对于中国的现实意义，是一望而知的。

在后发经济体的科学决策和政策优化设计全过程里，其实必须把握一个"赶超战略"的思维。中国人的这一战略思维，集中体现为在改革开放新时期确立、现在看起来有可能把路越走越宽的"三步走"现代化战略。这个战略我认为它的精神实质或者它必然要把握的内涵，就是国际竞争合作中间非均衡发展状态之下的从追赶到赶超的全局战略。这方面显然有不同意见的争议。比如，我们认为在华盛顿共识里有给人非常重要的启发，它最初始的理论假设是完全竞争，这可以使我们更好地认识市场"看不见的手"的重要意义，也对接党的十八届三中全会所说的市场在资源配置中发挥决定性的作用，但是全球金融危机发生之后，不仅是中国这样的发展中经济体，而且像美国这样的发达经济体，无一例外实际上都要解决不得不处理的一系列供给管理的问题，倒推出来的理论问题是什么？供给管理这种区别对待、突出重点的操作，一定对应的是不完全竞争，我们的基本结论就是：现实世界的真实图景不是完全竞争，而是不完全竞争，我们需要在进一步讨论问题的时候，把原来的完全竞争假设上升到2.0版的不完全竞争假设，这并不否定完全竞争这个假设在理论上的启发和重要意义，但是要指出它不够用了。在不完全竞争的情况下，显然与分行业考察的差异性是息息相关的，那么再往下当然就要引出产业政策的问题。关于一般竞争行业我们已经有了概念，所谓一般竞争领域是指竞争程度比较完全的那些领域，从现实生活中观察，比如，餐饮业、理发业、服装业等，似乎没有人想给它们施加产业政策,因为没有什么特别的必要性,可以认为这种行业比较接近完全竞争假设所给出的情况,但是真实世界里其他很多的行业却不行,如不考虑产业政策、技术经济政策等,是感觉过不去了。

所以一般竞争行业之外,还有其他的一些不完全竞争的行业,如有些状态我们可以称为寡头竞争,一个行业里已经形成了几个实际上"大而不能倒"的这种主体,它们在竞争中可以形成一种同谋,甚至有的行业在某些阶段上会出现独家垄断,几乎把竞争因素都排除掉的局面。当然,如果从政府管理当局来说认为需要通过反垄断法来消除这种情况,当然一般认为也是合理的。反过来讲,反垄断法是不是也有产业政策、行业政策色彩呢?可以连同起来考虑。

如果把市场存在缺陷、政府需要干预的认识所引出的应有理论前提是不完全竞争的假设确立起来,研究者面对的任务当然就更复杂艰巨了。比如,要想研究供给管理,特别是优化的"理性供给管理"的问题,建模是很困难的,论文发表不出去,而研究工作者必须发论文才能评副教授、副研究员,以后还要评教授、研究员,当然对这样连模型都建不起来的问题,会望而却步,但这并不表明,研究界对这个事情可以放弃研究的努力。

面对新一轮更复杂的供给侧结构问题突出的研究任务,笔者认为要紧密结合"赶超战略"的思维。这样的一个战略,和现在林毅夫教授等非常强调的新结构经济学里的比较优势战略,是有共同点也有不同之处的。林教授所强调的新结构经济学,还有我们现在表述的新供给经济学,都注重结构和供给侧的问题,这显然是共同的地方;都非常强调有效市场,还要加上有为政府——

我们在表述上更多强调"有为",还要加个"有限",但是也是大同小异;但在这两个理论框架里的差异方面,我体会林教授他们的基本思路是认为只要把握好了资源禀赋条件,进而对接比较优势战略,就基本解决了结构优化升级的问题,但我们觉得这还不足。这种比较优势战略有它的适应性,但是也有明显的局限性,它在实际生活里还难以有效地支持我们必须解决的超常规发展,即从追赶到赶超、后来居上的发展问题。比如,最突出的是在国际合作与竞争的局面里,走在前面的先发经济体,会因为物质利益驱动而自然要打压后发经济体在所谓比较优势框架之下与它在高端的交易,换句话说,就是中国人现在已越来越多感受到的"花多少钱也买不来,人家决不卖给你"的高端技术,这是比较优势战略的认识框架没法去回应和解决的问题,而对于后发经济体真正实现现代化来说,这又是至关重要的问题。

所谓"赶超战略",当然要注意到它很容易有偏差的状态,以赶超为名违背客观规律,甚至有"大跃进",使我们过去得到了非常惨痛的教训。但是实际生活里"小孩子和洗澡水不能一起倒掉",要解决中国在落伍之后以及被其他发达经济体甩下的这一大批发展中经济体摆脱落后状态的问题,所要选择的路径,必然是超常规的,从追赶到赶超的这样一种赶超战略,不可弃而不用,否则中国是不可能在落后以后再重新回到第一阵营的。这种从追赶到赶超的理论分析,我们已经有了一些发掘,一些很有影响的西方学者,包括克鲁格曼等人,都已经涉及一个与后发优势对接的蛙跳模型,我们在新供给研究里,也把这样一种认识对接到以供给侧成功创新支持生产力往上提升,会带来整个经济社会阶跃式发展的曲线,它不是一条看起来直线式的倾斜上扬曲线,而是到了某一点量变为质上一个台阶，然后再到某一个点又可能上一个台阶，所谓分阶段整体跃升式的上扬发展曲线。这种超常规发展，在客观规律的探究方面是很有必要的，不是仅限于主观的愿望，因为整个事物的发展就是不平衡的。西方学者也注意到英国超越荷兰，美国超越英国，怎么解释？我们认为这不是简单的比较优势战略能够包容的一个命题，需要比较直率地摆明看法。

如果从理论联系实际的角度来说，可说到的实证考察还相当多。比如，我们观察"二战"之后日本的发展过程，日本人的供给管理和产业政策是做得有声有色的，虽然到了经济泡沫被戳破以后，又有很多的反思——这里面肯定有毛病和缺陷，但是在20世纪40年代后半期、50、60年代，至少那个阶段上做的一些事情，现在看起来肯定是明显利大于弊，支撑了日本的经济起飞和进入发达经济体行列。90年代中期世界银行的工作文件（working paper）里有一个专题，专门讲日本的政策金融、财政投融资，所支持的就是非常鲜明的产业政策方面的重点："二战"刚结束，这种财政投融资——就是政策性的产业重整与发展的融资机制，支持的是重化工业的恢复，即钢铁、煤炭等，然后很快转为50年代初抓住当时世界市场上的机会，支持日本的造船工业发展，再往后到50年代的后半期，支持的是自动化机械这种社会化大生产流水线及制造业效率提高，然后很快转入所谓"半导体"——现在听到半导体，就知道它后面对接的是信息革命。这种产业政策的支持到了20世纪70、80年代以后，越来越带有对非一般竞争领域里的支持特色，比如，最后支持的主要是日本的保障房建设等，但它仍然是可以与市场对接的机制。

我们再考察一下美国人的实践。在20世纪80年代，那时我还被称为中青年经济研究者——当年风行于全国的《亚柯卡自传》,就是一个非常优秀的美国企业家谈自己怎么救活了克莱斯勒公司,他的那本书读下来给我印象很深的一个说法是,亚柯卡做了这么多讨论回顾后提出的一个核心观点:重振美国之道就是掌握好 industry policies——中文翻译为"工业政策"——实际上讲的就是产业政策。这种当时被亚柯卡最为看重的产业政策,也可以见于前述日本人发展中的经验总结等,但是确实没有看见后来的学者把它纳入一个理论框架而充分地系统化。但到了这次全球金融危机爆发之后,我们不用等待国外学者把新一轮的调控经验做条理化的总结,我们自己应可以从现实出发走到理论创新的前沿位置。

创新认识的起点仍然是看实践:美国人的调控实践显然跳出了主流经济学教科书讨论的范围,在危机发生之后,关键节点上,美国人总结不救雷曼兄弟公司而使金融海啸迅速升级为席卷全球的金融危机的教训之后,在后来相对果断地先后动用公共资源注资花旗集团、"两房公司"(房地美和房利美),一直走到以公共资源注资实体经济层面的通用汽车公司,而给通用注资施以援手,就成为美国实际上反危机过程的一个拐点,原来市场上弥漫的恐慌情绪表现出明显的收敛,再往后便进入一个复苏过程。作为世界第一大国,复苏过程中美国当局也运用了几轮量化宽松这样的需求管理手段,但同时做得有声有色、可圈可点的是一系列产业政策、技术经济政策的供给管理措施,这些措施是找不到教科书里的理论支持点或者相对较充分讨论的,但是它对于全局的意义一望即知。比如,大家都知道的油页岩革命,不仅在反危机的过程中提振信心和提升景气,还实际上影响以后整个全球基础战略能源的格局；3D打印机，是适应信息化时代对于定制化的需求——成为既要保持社会化大生产的特征，又要解决现在越来越具体的定制化的市场需求和工艺难点方面的一个重大突破；我们还注意到"信息高速公路"这个克林顿总统在职时就不遗余力作为第一大重点抓的产业政策，后来又有一轮又一轮的升级，当下的全球信息革命中大家不得不承认美国人是独占鳌头引领潮流；还有我们注意到"制造业重回美国"，这也是一个非常重要的产业政策实施方略，显然不是简单地重回美国，而是智能化时代的"否定之否定"升级版的螺旋式上升的回归。还有我们注意到人力资本方面实际与产业政策、技术经济政策息息相关，美国本来就有大家看到的在全球吸引人才的优势，但直到现在还不遗余力地要继续强调引揽全球高端人才到美国服务。再有就是在一些具体经济增长点上特别明显的"点调控"式的倾斜支持，比如我们知道做事情非常有胆魄的特斯拉创始人马斯克，他的重点产品之一是电动汽车，且不说其他的什么管道式的高速火车，还有在民间航天方面已经取得的重大惊人进展，只讲电动汽车这个领域，他是在面临瓶颈期的时候，迎来了美国能源部华裔部长朱棣文对特斯拉生产线的视察，跟着很快就有一笔为数可观的美国能源部的优惠低息贷款，来支持他突破这个瓶颈期。后面的发展也不敢说就能一帆风顺，但是可以看得很清楚，特斯拉的电动汽车产品已经在中国布局，而且到中国布局的同时，已经有了从北京到上海间最典型的长距离高速干道沿线怎么建充电桩的方案，已经是谋定后动地在市场攻城略地——这些事情后面可看到政府供给管理的作用，非常值得我们进一步从实践再上升到理论。在这个领域里不客气地说，我们认为实践早已经走在了理论的前面，很遗憾，到现在为止没有看到美国有影响的经济学家、有影响的经济学文献有任何系统化的总结,来反映美国的这套供给管理实践,但是我认为中国人不必等,我们可以捅破这层窗户纸,可以站到最前沿。

我们现在要做的事情,不是为了创新而创新,而是顺应现实需要,突破经济学的局限性。在新供给经济学的框架下所做的创新,就是要把这种已经有的实践提升到理论,在基础学理的层面给出观察分析和深化认识,进而就有可能更好地支持我们的科学决策和政策优化。

中国人自己的实践这方面更是告诉我们,从来就不可能在借鉴学习需求管理的同时,绕过供给管理问题,只不过原来在概念上不够明晰而已。朱镕基同志当年在邓小平南行之后被小平同志点将在一线主持经济工作,他非常有意识地借鉴了搞市场经济必须有间接调控框架而必须做反周期的机制安排,下决心启动了难度极大的从1994年1月1日开始的财税配套改革,在中央银行体系旁边配上了经济性分权的财政体制,这些取得明显成效后,跟着就碰到1997年的亚洲金融危机。1998年第二季度亚洲金融危机在中国的影响显性化之后,他敏锐地意识到必须做过去没有做过的年度中间的预算方案的重大调整,发行长期建设国债,实行总量扩张,这是反周期需求管理首先考虑到的问题。但接着,便不得不考虑这些长期国债建设资金拿来怎么用?所以提出了六大重点,包括大江大河的治理、病险水库的修复等(1998年大洪水让这个问题更加迫切了);还有铁路、公路、机场等基础设施的升级换代;再有他当时特别关心的实施农村粮食流通体制改革,按照他的思路来做必须在全国建几千万平方米的国有粮库作为硬件支持；还有当时已经意识到的农村今后发展必须要有农村电网的改造（以后对接中央的"新农村建设"方略）；还有房地产业对于国民经济的支柱意义已非常明显了，但房地产业不只是要有市场轨，还必须要有配套的保障轨，所以提出重点之一是经济适用房建设，等等。六大重点到了第二年又必须调整，原来说的一分钱也不允许用于加工工业，扩展到长期国债建设资金可以结合着财政贴息等机制，用于大型骨干企业的技术改造以支持国有企业三年脱困。这些处理的都是产业政策问题、供给管理问题。

到了温家宝总理启动四万亿一揽子经济刺激计划的时候，首先在综合判断下的认识决策是"信心比黄金更重要"，不启动不行，跟着的就是这些资金怎么安排？一连串的国务院常务会议，每个会议讨论具体一个领域、一个行业里到底怎么摆重点、处理结构问题，又离不开产业政策问题。后来有关部门做了大量调研后提出了促进战略性新兴产业，列举了七大重点，后来中央专门开会讨论，文化创意产业也可以列为第八大重点。这些只是一个框架，实际上表明现实生活里不可能回避这样的突出重点、兼顾一般、在重点领域的事项上突破带动全局，争取超常规阶跃式发展的问题。从追赶到赶超，才能实现中国三步走的"中国梦"愿景。

这些现实的案例中，还有当年的中长期科技发展规划里内部讨论设立的16个重大专项，当时被称为绝密的大飞机项目，现在不必保密了，这是一个国家依产业政策、以举国之力像"两弹一星"式的操作来寻求突破的具体案例，现在终于看到中国国产大飞机C919已经进入取得适航证的阶段，如果不出意外几年之内会配备到各个主要航线上，形成前所未有的国产供给能力，而且中国现在已经接到来自全球的几百架国产大飞机的订单，以后这个数目还会继续上升。这样的供给能力的提升，与前面的供给方案、产业政策的设计及其必须有的优化，显然是紧密联系在一起的。

（二）产业政策制定和实施中挑战性的"双刃剑"特征

产业政策做得好是追赶—赶超中的利器，搞得不好会出现失误，而且这种失误往往在政府介入之后带来很大冲击力。这方面在理论上，大家都注意到已经有了"市场失灵"之后的对"政府失灵"的认识，还与政府的作为密切相关，处理不当就会产生"设租寻租"这种扭曲——政策倾斜处理得好，它是加分；处理不好就是减分。

实践中确实有一些看起来不令人满意甚至可以称为失败的案例。日本人曾经在有很好的发展势头之时，注意到美国的硅谷经验，后来有日本政府强力支持的筑波——一个比较集中的片区，类似于硅谷那样一个高科技区域，加入政府的政策倾斜支持，有发展，但是显然跟硅谷的成就无法相提并论。并不是说政府强力支持以后，有很多形式上的创业团队一起努力，就一定能引出合乎意愿的结果。中国的案例也是如此，大家知道有关部门曾经一致同意，搞一个家用电器领域扭转大众低端分散投资的成规模主导性的带头项目——从录像机到VCD（影音光碟）生产的一个旗舰企业，不要再搞乱七八糟的"小游击队"，所以集中力量搞了一个华录项目，结果这个项目还没真正按照原来的方案投产的时候，整个市场已经变了，VCD已经被淘汰。这方面还有更复杂的案例，就是前几年的光伏产业。当时对太阳能认为必须努力发展，有"金太阳工程"的政府资金支持，但到底走光伏的技术路线还是薄膜的技术路线，到现在也没争出个结果，而在光伏发展过程中，有一段时间近乎全军覆没，出现严重的危机。不能简单地说是因为地方政府和企业头脑发热，必须检讨的是好不容易在国内消耗了资源环境、生产出可以产生清洁能源的光伏电池，为什么不能在国内市场销售供自己用？不是表面上有些人所说的我们就是没有智能电网的配套能力，其实就是在这方面体制的攻坚克难不能突破，已经有的中国的智能电网制造能力不能如愿在这方面升级，以及竞价入网的机制不能真正往前推进，没有使这种太阳能电在技术方面形成一定配套条件，让它跟着竞价入网机制一起解决怎么为国内所用的问题，等等。这套制度安排和制度供给不足，形成了最大阻碍，而不是我们的技术和生产能力的供给真的卡了壳。这些方面都非常值得探讨。从光伏的案例来看，产业政策要处理得好，不仅是一个政策本身的问题，它还明显牵动着中国"啃硬骨头"的配套改革问题。

还有一些具体的案例，也可点到为止说一下。比如，"能繁母猪补贴"，应该讲这也是一种产业政策。能繁母猪补贴对应于前些年政府特别关心的猪肉价格猛涨危害民生，怎么来增加供给的问题。希望增加猪的存栏供给能力，指定财政部门紧急做方案设计，当时形成的很清晰的供给管理方案，是找到作用力最主要的关键点：增加"中青年母猪"数量，最后把它表述为一个文绉绉的"能繁母猪"概念，谁有能繁母猪，就要给予特定的政策支持，即财政资金的补贴，让更多的主体考虑养殖能繁母猪。实际生活中，这个政策的扭曲其实很难避免，到了基层，农户散养的这些母猪和公猪的区别，似乎相对容易掌握，哪头猪能繁哪头猪不能繁，那可就模糊了，特别是基层报上来以后并没有能力去一一核查，以后上报主体胆子越来越大,形成越来越多的弄虚作假,套取补贴谋取利益。此案例在产业政策可能出现偏差这一点上,给我们留下了深刻印象。

还有科研经费管理,在某种意义上跟产业政策、技术政策相关。产业技术创新需要有产学研互动,需要有课题研究,包括大量自愿参加的横向课题研究。前一段时间有关部门在管理环节上搞得过于繁文缛节、煞有介事、严格细致,却是依照完全违背科研规律的官本位标准、行政化原则、繁文缛节取向,现在不得不由中办、国办联合发文来纠偏。当时是病来如山倒,现在是病去如抽丝,我们还得拭目以待,看能不能真正回到符合科研规律的轨道上。这种供给管理、细化管理搞不好就是非理性的。在学者讨论中我也能理解,大家甚至可以愤愤不平地指斥这种种产业政策的不合理。但我还是觉得理性讨论不能走到另外一个一概否定的极端。

所以,小结一下,产业政策在创新事项上如何兴利抑弊,是真问题,对于中国和类似的后发经济体要追赶、赶超——能不能真的实现赶超谁也不能打包票,但至少要追求赶超目标,必须要考虑供给侧管理与改革,以及理性供给管理下如何优化产业政策,这是一种历史性的考验。换句话说,不能因为政策设计可能失误,贯彻机制可能走偏,就完全对产业政策、供给管理弃而不用,那是一种无所作为的状态。应该力求理性,力争做好,积极谨慎,有所作为,这是我们在认识上的一个基本导向。当然,这又涉及需要学理支撑的科学决策、优化设计、防范风险、有效纠偏等问题。

（三）供给侧改革中产业政策的守正出奇及其机制

要把这个问题放在时代大背景下：中国的供给侧改革在优化需求管理的同时应该以攻坚克难的改革，有效的制度供给作为龙头，以结构优化为侧重点，来争取理性供给管理的守正出奇。这个守正就是首先必须坚持：无论怎么讲供给侧结构性改革，必须是承前启后、继往开来，在市场化取向的改革轨道上，来攻坚克难，争取在改革深水区把"硬骨头"啃下来。市场经济的共性规律是必须遵守的，认识、顺应、尊重乃至敬畏市场规律，后面才能真正把握好十八届三中全会所说的发挥市场的资源配置决定性作用。

但是不要以为守了这个正，把市场经济已有的经验和我们过去已经在市场经济轨道上形成的初步经验拿来解决中国新阶段的现实问题，我们就可以一路现代化了，没有这么简单的事，"守正"之后还必须实现成功的"出奇"，就是以供给侧的创新支撑起来的出奇制胜。创新就必然有不确定性，就可能出现失败风险，但是又决不能放弃努力，必须在守正之后力求实现成功的创新。如果能够把有效市场和有为、有限的政府优化结合，来解放生产力、释放潜力活力和打造新常态由"新"而"入"常的升级版，也就能带动整个供给体系质量和效率的提高，形成发展后劲，来继续超常规发展以实现伟大民族复兴。要把这些落地，实际的问题就是供给侧改革、理性的供给管理视野之下的这些产业政策怎么样设计和优化的问题，它们必须跟转轨改革配套，不是一个简单的技术性和管理性问题，一定要跟改革中"冲破利益固化的藩篱"结合在一起。通盘考虑形成动态优化的产业政策和技术经济政策，它的决策实施、监督、绩效考评、纠偏、问责机制等方面有这样几个要领：

第一，科学决策方面，首先肯定要有一个总揽全局的政府发挥公共职能作用的"规划先行、多规合一"的新境界。政府各部门一直不得不做规划，但是过去我们的规划出来以后往往就扔在抽屉里难以切实执行，在执行中可行性上受到的约束，又跟我们过去的各部门各自为政、九龙治水有密切关系——发改委有经济社会发展规划、产业布局规划，其他的各个部门也都有规划，包括国土开发规划、城乡建设规划、公共交通体系规划、环境保护规划、科教文卫事业发展规划，财政现在还必须要有中期规划，所有这些规划分头编制，九龙治水便会非旱即涝，各部门在需要互相衔接的方面往往互不买账，不能有机地结合。这个问题要真正解决，当然也是一个难题，但如果大部制改革、扁平化改革真正实施以后，规划在状态上要"规划先行而多规合一"。现在的京津冀一体化，就是要强调规划先行、多规合一，三地打破行政区划的界限，合在一起把所有的相关因素都放在新的一轮京津冀发展的通盘规划里，所有的功能区、交通设施、医院学校、产业园区、宜居城市建设的各种要素，能想到的全部在内，单靠基层单位、市场主体按"试错法"是不可能形成优化结构的，这属于全局综合绩效的前置条件。可以说，这也表明政府职能更好地发挥作用，在某些领域里其实还必须发挥主导作用。政府牵头的这种顶层规划，当然也涉及现在学术界内大家也注意到的非常尖锐的不同意见的争议，比如，周其仁教授和华生教授，都是我非常敬重的学者，他们都学养深厚，但是他们思路是有明显不同的。这本书中的上述说法更多地引自华生教授在这个问题上的看法，所谓"建筑不自由"不是说绝对无自由，但是现在各国所能走的路，一定是一个国土开发的顶层规划罩着所有的不动产开发建设和所有的建筑物，这是别无选择的大框架。但这里面又需要掌握好必要的弹性、多样性，应给出市场发挥作用必要的弹性空间，防止偏差，要根据这个机制一起考虑。规划先行、多规合一之下，政府一定要充分地让专家、智囊、智库发表意见，听取社会公众的意见、建议与诉求，吸收民间智慧，但实话实说，最后还是必须要有一个决策集团来拍板，比如，京津冀一体化可能有不同技术路线，专家提出不同的方案，总得有一个最后走哪个技术路线的决策问题，当年新中国成立之初，梁陈方案被迅速否定，就是没有人能够听得进去这个方案，结果半个多世纪以后才发现这个方案的水平真高，现在大多数人都认为梁陈方案显然体现了专家里真正的高水平、真知灼见，但是扼腕叹息生米已经做成熟饭。现在新的一轮，又带点儿另外一种梁陈方案的影子特点，在未来两年多的时间，北京所有的管理机构都必须迁出五环落到通州的潞河镇，在那里将有一个城市副中心，又是大兴土木才能解决的一个基本格局问题，希望这是能够被时间和历史检验的决策。这种事情，是我们供给管理这方面结合着产业政策必须有的框架性决策，如果在整个国土上在不动产的格局不可能轻易做调整这样一个制约条件下的顶层规划不合格，那么产业政策所支持的那些相关的布局，怎么可能优化？这是一个大前提。

第二，有了规划上的多规合一，后面它的动态优化也还要多轮进行，并加强多重监督。有些相关的具体的产业政策，比如，能源政策，通盘规划之后又有必要多轮优化。全中国资源禀赋显然是基础能源以煤为主，而且作为世界第一人口大国，我们别无选择。

煤之外的能源，原油、天然气现在进口依存度超过60%，不可能再高了。美国的油页岩革命，中国人能借鉴到什么程度现在很难说。原来想进一步发展的水电、核电，现在种种制约之下它们在电力供应中的比重是下降的。我们的风电、太阳能电拼命发展，现在也只占到整个电力能源供应的3%左右，在可以预见的很长时间内，不可能挑大梁。现在整个社会用电，80%左右是煤烧出的火电，煤怎么清洁化利用，是中国和其他任何经济体相比完全不可同日而语的问题，对我们形成的压力是在胡焕庸线三重叠加格局之下的非常之局，那么非常之策来自哪儿呢？显然是要有一个高水平的顶层规划带出一系列的产业政策、清洁技术政策，并根据实施情况的追踪分析及时进行必要的动态优化且多轮操作。这方面如果说必须抓住政府要发挥的主导功能之外，还要有阳光化实施的全套的监督制度安排，要严防设租寻租。

搞政策倾斜区别对待，一定会发生设租寻租。日本总结第二次世界大战后财政投融资经验时特别强调两条：一是专家集体决策，二是多重审计监督，就是尽可能把设租寻租的空间压到最低限度。尤其在不动产投融资这种双轨制格局里，这种多重监督的意义是不言而喻的。有学者特别强调中国应该取消所有的双轨制，但个人观察认为实际上不可能。比如说与房地产相关，有市场轨，一定还要有保障轨，在可以预见的历史时期之内，不可能取消公租房、共有产权房这个保障轨，必然要双轨运行，处理不好就是前一段时间以经济适用房为名形成十几种五花八门很容易扭曲的方式，到现在指导方针上清晰了，就是公租房、共有产权房两种主导的方式，这就体现了一定的进步。金融方面不可能只有商业性金融，必然还要有政策性金融，我们有时候把它称为开发性金融、绿色金融等，实际上是一个有别于市场轨的大轨道上的不同表述，它们必然要在可以预见的相当长的时间内加入双轨运行，而且政策性金融、开发性金融、绿色金融等，显然是要匹配产业政策、技术政策来做倾斜支持的。掌握得好，就是得分，掌握得不好，就是丢分。

第三，绩效考评一定要努力发展，虽然很有难度——因为它是超越微观经济主体那个直观的成本效益分析眼界的，还要加上综合效益、长远后劲、社会经济的正负外溢性这些复杂问题，但是我们必须要在这方面努力。在供给侧管理、供给侧改革这些方面，对其复杂的结构问题，现在我们可能很难拿出一个量化模型，但至少先要拿出一个理论模型，再由粗到细争取对它做出量化上进一步的把握。

第四，要有纠偏和问责机制。既然是要走阳光化的现代化之路，既然要全面依法治国，那么这个纠偏和问责显然也是要在全面法治化框架下通盘设计的，这里面当然不应该排除有奖也有罚，必要的奖励机制与问责机制，应该结合在一起设计。

（四）减税与产业政策的实施

从总体上讲，当前我国的产业政策对减税政策制定中的指导作用仍相对薄弱，减税减负未能充分发挥有效的激励作用，带动我国的产业升级。减税政策除了针对投资于农、林、牧、石油、天然气等少数行业的企业给予一定的税收减免作为鼓励以外，基本还停留在笼统地鼓励发展科技产品出口企业和先进技术企业的阶段，期望投资于国家重点发展的能源、交通以及原材料等基础性产业的外资企业得不到减税政策的鼓励；减税政策对高新技术产业的扶持力度也还不够,实施效果并不明显,有待进一步改革和加深。

对我国经济发展有重要促进作用的,有利于环境保护、资源节约和产业结构优化升级的产业以及需要政府大力支持的新兴产业,像农业、交通、水利、金融、保险、物流、信息、能源、法律、装备制造业和咨询服务业等行业的发展,应从我国现阶段的实际国情出发,在整体产业发展规划的指导下,进一步加强税收减免的力度,给予其最大化的税收减免,同时还要对特定的产品、技术和装备制定差别的税收优惠政策。

在美国减税以及我国当前的经济发展条件和经济结构状况的基础上,为完善和深入我国减税减负政策制定和实施,以减税促进我国产业结构优化调整,应充分发挥产业政策的指导作用,对需要限制发展和淘汰类的产业和产品,像钢铁、电石、焦炭、铁合金、电解铝和汽车制造等产业,我们应当有效发挥税收政策的限制作用,尤其是对于那些造成环境的严重污染、资源的极度浪费以及生产安全性差、条件恶劣的传统产业及其产品,除了应该采取一些必要的行政制裁手段以外,还应出台有针对性的征税政策,如加倍征收这类企业的所得税和流转税等措施,协调产业政策,制定有效的税收办法予以处置。

应根据我国产业结构调整的总体目标,不断改革和完善相关的减税政策及措施。除了制定行之有效的减税政策外,还应采取一些强化税收征管的办法,双管齐下,综合治理:加强日常检查、专项检查,加大处罚的力度,以提高税收政策的效果和作用;综合运用降低税率、税前列支、投资抵免和再投资退税等多种方式,积极应对当前我国经济发展过程中出现的新问题、新矛盾。实施有增有减的结构性减免税措施,落实产业结构调整和经济结构优化升级的宏观战略,以充分发挥我国当前产业政策对减税政策的调整导向作用。

第八节　思想再解放，改革再深入

2018年，我们迎来以党的十一届三中全会召开为标志的改革开放40周年。抚今追昔，万千感慨，砥砺奋进，继往开来。面对完成"强起来"新时代中实现现代化"中国梦"历史飞跃的机遇与挑战，我们亟须新的一轮思想解放。

2018年1月23日，习近平总书记主持召开的中央全面深化改革领导小组第二次会议，主题就是强调"思想再解放，改革再深入，工作再抓实，推动全面深化改革在新的起点上实现新的突破"。会议所强调的"思想再解放"，意味深长。

改革需要的是实事求是、解决思想前提下的制度创新，中国波澜壮阔的改革如邓小平同志所说，是共产党领导下的"生产关系的自我革命"。在行进到"攻坚克难""啃硬骨头"和"涉险滩"的关键阶段之后，迫切需要以新的一轮思想解放为大前提，冲决落后于时代、阻碍着创新发展的陈旧思维，以开启和推动新时代作为现代化的"关键一招"，带来"最大红利"的改革实践。特朗普减税的"压力"，客观上可以成为我们进一步解放思想、深化改革的动力。

在改革进入深水区、攻坚克难艰巨任务横亘于前的新的历史起点上，再次强调思想解放，就必须进一步地强调和贯彻落实党的实事求是思想路线，牢牢把握我国处于并将长期处于社会主义初级阶段这个"基本国情"与"最大实际"。只有在解放思想中真正摆脱屡屡兴风作浪的左倾教条主义的影响与干扰，才能在思想认识和实际行动中确有把握防止"跑步进入共产主义"这种为害甚烈的错误再次损伤和破坏我们的现代化事业。如果超越阶段直接搬用"消灭私有制"的共产主义远景目标来指导现实，听起来冠冕堂皇，却必将损毁实事求是拨乱反正以来形成的多种经济成分并存、公有制与非公有制经济都构成中国特色社会主义重要组成部分的基本格局，必然无法有公信力地保护产权和鼓励民营经济蓬勃发展，导致我们丧失在实现"中国梦"道路上应有的前进定力，毁坏在社会主义初级阶段以数十年改革开放带来的生产力解放的大好局面。面对脱离实际猛唱高调的"左倾冒进"言论，我们非常有必要重温邓小平南行中的金句："要警惕右，但主要是防止左。"我们党在历史上被极"左"害苦了，国家和人民在历史上被极"左"害苦了，以"左倾幼稚病"来试图超越阶段，必将在客观规律面前碰得头破血流。沉痛历史的种种场景我辈仍历历在目，在思想解放旗帜下坚定不移地贯彻实事求是解放思想，以经济建设为中心的党的基本路线，正如习近平总书记十九大报告所说，是党和国家的生命线，人民的幸福线。

再次强调解放思想，就要坚持和发展充满生机活力的马克思主义，这正是合格的马克思主义者的应有作为。决不能停留于生吞活剥地背诵马克思主义经典作家的某句原话。比如，《共产党宣言》中确有"消灭私有制"的表述，但紧跟着还说："共产主义并不剥夺任何人占有社会产品的权利，它只剥夺利用这种占有去奴役他人劳动的权利。"在《资本论》第一卷中，马克思还明确表述了应在资本主义时代成就的基础上，在协作和生产资料共同占有的基础上"重新建立个人所有制"的思想。虽然学术研究中对此还没有形成一个十分一致的解读意见，但我们已可以结合《资本论》中马克思已指出的股份制对生产资料私有制的"扬弃"，再结合当代实际生活中股份制的发展使其成为"公有制的主要实现形式"，以及"混合所有制"的股份制形式成为"社会主义基本经济制度的重要实现形式"，来认识其"积极扬弃"的现实功能。马克思主义本质上是在与时俱进的科学探索中动态发展的思想体系，党中央所重视和强调的"马克思主义的中国化"，也就是要在中国的实践中坚持和发展马克思主义，而且今后还要不断发展。如果不能与时俱进坚持和发展科学真理，我们是不配称作马克思主义者的。

再次强调思想解放，就需要正视已经形成的利益固化藩篱而求其破解。中国改革中只有人受益而无人受损的"帕累托改进"空间已经用完，业已十分坚固的部门利益、局部利益和短期利益的局限性，相当广泛地表现在一系列具体的改革与发展事项上，正日益凸显其惰性和阻碍作用，但是，"触及利益比触及灵魂还要难"，因为"天下熙熙皆为利来，天下攘攘皆为利往"，改革开放以来的动力机制，初始就是"明确物质利益原则"而抓住发展硬道理，调动一切积极因素，"使人民群众认识自己的利益，并团结起来为之而奋斗"，但正如邓小平晚年所说，当发展起来之后，问题并不比不发展的时候少，比如，如何针对收入差距扩大情况下部门、地方、小团体利益和短期利益的固化，升级改造相关体制机制、优化再分配，已成为十分得罪人、十分棘手但非解决不可的难题。新一轮思想解放，势必要求在继续贯彻物质利益原则的同时，反思并直言不讳指出利益格局从原来的"平均主义"向新阶段的"过度分化"的演化，及相关的新的不公正性弊端，借鉴收入再分配调节的基础性制度建设与政策运用的国际经验，并密切结合中国实际，设计实施攻坚克难的提高直接税比重、推行基本社保的全社会统筹、"大部制"与"扁平化"和落实省以下分税制以及从官员开始实行财产申报制度配合反腐倡廉等改革方案。对方方面面刻意回避的"得罪人"的难题，需要捅破窗户纸，这些就是新的思想解放的重要任务之一，而鼓起捅破这层窗户纸的勇气，正是要求改革者牺牲自身利益而出以公心。同时，中国社会必须进一步强调给改革者"有所作为"空间的重要性。

再次强调思想解放，更需要正视已出现的极端化思维和观点交锋中的暴戾氛围而加以矫治。信息时代的"自媒体"功能加上网上"碎片化"特征的爆炸式传播效应，正面说是使当下观点的多元化表达十分便利，反面说是使非黑即白的极端化思维最易吸引眼球和形成"羊群效应"，形成思想和舆论宣传中的挑战性问题。在改革"步履维艰，综合疲劳"的深水区，新一轮的思想解放中，一方面仍应在某些"贴标签"式问题上继续把握邓小平称作"一大发明"的务实明智的"少争论，不争论"来引领舆论倾向，另一方面又需要在无法回避争论亦有必要深化认识的思想领域，培育和倡导理性讨论的国民素质，充分尊重"百花齐放、百家争鸣"的学术发展规律。思想讨论中"我不同意你的观点，但誓死捍卫你发言的权利"，应成为中国现代化过程中国家治理锁定"包容性发展"、国民"走向共和"的思维根基，也应构成思想解放在新阶段上文化宣传管理部门（官方）与受众（社会公众）的底线共识。

习惯于官本位、行政化框架的舆论管理而实行不讲道理的硬性压制,逆党心、失民心,有百害而无一利。新的思想解放,应从"坚持真理、修正错误""批评与自我批评"等中共优良传统和宪法、党章、改革开放基本路线中用好用足观点交流、理性讨论的坚实政治基础和巨大思想空间,鼓励创新发展,容忍试错失误,抑制恶俗弱智,开阔国民心态,从混沌中走出澄明激越、凝聚正气、催人奋进的中国"软实力"提升之路。

再次强调思想解放,一定要正视中国官场和社会仍然流行的一些落后于时代发展的思维定式而力求摒弃。明哲保身、因循守旧、偏狭嫉妒、故步自封、热衷于拉关系搞小圈子、只知看领导眼色一味投领导所好而漠视群众冷暖和社会诉求、讲排场重形式忽视内涵……凡此种种,都是改革创新的大敌,尤其是诸如此类的陋习积弊,一旦与公共权力结合,更是祸害连连,误事误人,祸国殃民,亟应排除。新的思想解放,需要针对性地引出官民思维特性的良化发展和社会风气的现代化改造,并发掘中华民族传统文化中的精华以弘扬光大,吸收人类文明的一切积极成果来支持改革、振兴中华!

再次强调解放思想,十分需要把中央决策层已明确表述的"供给侧结构性改革"战略方针与主线,正确地把握为改革开放在新的发展阶段和"攻坚克难"中的承前启后、继往开来,澄清思想迷雾,力求决战决胜。改革是解决有效制度供给问题的"生产关系自我革命",进入深水区后冲破利益固化藩篱的实质性推进,首先便是调整制度结构、优化利益格局的问题,所以,"供给侧结构性改革"的表述是完全符合基本学理并具有鲜明指向性的。在实际生活里,在改革如履薄冰的艰难推进中,既有以供给侧改革为名实行非理性、违背市场经济规律的"加强供给管理"的扭曲、变味，也有把"供给侧改革"与"深化体制改革"对立起来而横加指责的紊乱认识。我们应以合乎供给侧结构性改革本意的理性供给管理与此改革概念相配合，澄清相关的思想迷雾和防止以供给侧改革为名滑入"搞新计划经济"误区，把改革取得决定性成果作为决战决胜的核心任务。

既然中国的现代化是一场长跑，我们就必须有充分的毅力、定力、战略耐心和百折不挠的韧性，去逐步实现它；既然中央已清晰地判断中国为实现现代化的改革已处于取得"决定性成果"的关键阶段，并做出自十八大以来的顶层规划和十九大供给侧改革的主线的认定，那么攻坚克难、以全面改革冲过"历史的三峡"而对接"中国梦"，就应该成为纪念改革开放40周年的主线与主题。既然改革是"把不合理的去除，把合理的树立起来使之合法化"的除旧布新过程，那么继续鼓励地方、基层、微观主体的创新试验、"摸石头过河"中的试错式首创与"自下而上"及时的经验总结，仍然具有重大的意义。

以"思想再解放"促进"改革再深化"，是目标导向与问题导向的结合，"顶层规划"与"摸着石头过河"的结合，思想解放前提下守正（掌握共性规律）和出奇（以特色创新出奇制胜）的结合。改革尚未成功，同志仍须努力，将中国改革开放的现代化伟业进行到底。

我们要把特朗普减税的外部压力变为深化改革做好中国自己事情的动力，顺势有为地在深化供给侧结构性改革中打造现代化经济体系，去迎接现代化"中国梦"！

参考文献

贾康.税费改革研究文集［M］.北京：经济科学出版社，2000.

贾康，苏京春，梁季，刘薇.全面深化财税体制改革之路：分税制的攻坚克难［M］.北京：人民出版社，2015.

贾康.再谈房产税的作用及改革方向与路径、要领［N］.国家行政学院学报，2014（4）.

贾康.走向"现代国家治理"的财税配套改革——从《决定》到改革元年基本思路解读［J］.财会研究，2014（9）.

贾康，梁季.我国个人所得税改革问题研究——兼论"起征点"问题合理解决的思路［J］.财政研究，2010（4）.

贾康，梁季.配套改革取向下的全面审视：再议分税制［R］.财政部财政科学研究所研究报告，2013（160）.

贾康等.中国住房制度与房地产税改革［M］.北京：企业管理出版社，2017.

杨斌.综合分类个人所得税税率制度设计［J］.税务研究，2016（2）.

胡怡建，杨海燕.我国房地产税改革面临的制度抉择［J］.税务研究，2017（6）.

吴旭东，田芳.房地产税税率：影响因素、税率测算和方案选择［J］.地方财政研究，2016（4）.

后 记

本书是在中信出版集团邀约之下，我们于繁忙工作中努力形成的一本应时之作。由于主客观种种原因，推出的时间未能如愿更早一些。但面对现在成书的文稿，虽然我们深知还有种种不足之处，却又深信书中内容对于广大读者具有认知价值和参考作用。在此要特别感谢中信出版集团乔卫兵先生等领导和方雷女士等编辑的宝贵指导、帮助，也感谢汪娟娟、徐梦维、周娇娇、刘洋等硕士研究生参与对特朗普减税法案的应急翻译，感谢杨青青硕士研究生参与书稿校对和协调工作。当然，书中粗糙、不足之处，我们文责自负，欢迎广大读者批评指正！

作者
2018 年 3 月